fotogrifftabelle für gitarre

Jeromy Bessler
Norbert Opgenoorth

Satz und Layout: B&O
Umschlagillustration: OZ, Essen (Katrin und Christian Brackmann)

Wittfelder Stich 1, D-53343 Wachtberg
www.voggenreiter.de
Tel.: 0228.93 575-0

Auflage 2026

ISBN 978-3-8024-0683-6

Inhalt

In diesem Buch sind die einfachsten und wichtigsten Gitarrenakkorde zusammengestellt. Diese Akkorde stellen natürlich nur eine Auswahl aus den tausenden von möglichen Gitarrenakkorden dar. Die Akkorde sind (chromatisch) nach ihren Grundtönen geordnet. Akkorde, die enharmonisch verwechselbar sind (und damit identisch, wie beispielsweise G♯ und A♭) sind nur in der Schreibweise mit Kreuz notiert.
Innerhalb des jeweiligen Grundtones ist die Reihenfolge der Akkorde immer dieselbe: **Durakkord** (kein Kürzel), **Durakkord mit Sexte** (Kürzel: 6), **Durakkord mit hinzugefügter None** (Kürzel: add9), **Durakkord mit Quartvorhalt** (Kürzel: sus4), **Durseptakkord** (Kürzel: maj7), **Mollakkord** (Kürzel: m), **Mollakkord mit Sexte** (Kürzel: m6), **Mollseptakkord** (Kürzel: m7), **Dominantseptakkord** (Kürzel: 7), **verminderter** Akkord (Kürzel: 07) und **übermäßiger Akkord** (Kürzel: +)
Diese Grifftabelle soll als Nachschlagewerk dienen, in dem ein Akkord bei Bedarf schnell gefunden werden kann, sie muss nicht auswendig gelernt werden!

Alle Akkorde sind als Diagramm und als Foto abgebildet, um den jeweiligen Akkord möglichst anschaulich darstellen zu können.
Viele der Akkorde sind in verschiedenen Griff-Varianten dargestellt. So kann je nach Fähigkeit, Handgröße und gewünschtem Klang zwischen den Akkord-Varianten (den sogenannten **Voicings**) ausgewählt werden.

In diesem Buch wird die international übliche Schreibweise verwendet, bei der das deutsche „H“ als „B“ und das deutsche „B“ als „B♭“ bezeichnet werden.

Die Akkord-Diagramme

In den Akkord-Diagrammen werden die Saiten mit horizontalen, die Bundstäbchen mit vertikalen Linien dargestellt.

Die Finger der Greifhand werden nummeriert:

1 = Zeigefinger
2 = Mittelfinger
3 = Ringfinger
4 = kleiner Finger

Leersaiten sind durch einen kleinen Kreis „o" links neben dem Diagramm gekennzeichnet; Saiten die nicht mit angeschlagen werden dürfen oder gedämpft werden müssen, mit einem „x". Wenn ein Akkord nicht im ersten, sondern in einem höheren Bund gegriffen werden soll, wird unterhalb des Diagramms die entsprechende Lage näher bezeichnet. Wenn ein Akkord ein oder mehrere Barrés (d. h. ein Finger greift mehrere Saiten) erfordert, ist dies durch schwarze Balken dargestellt. Die Ziffer innerhalb des Balkens gibt den Greiffinger an.

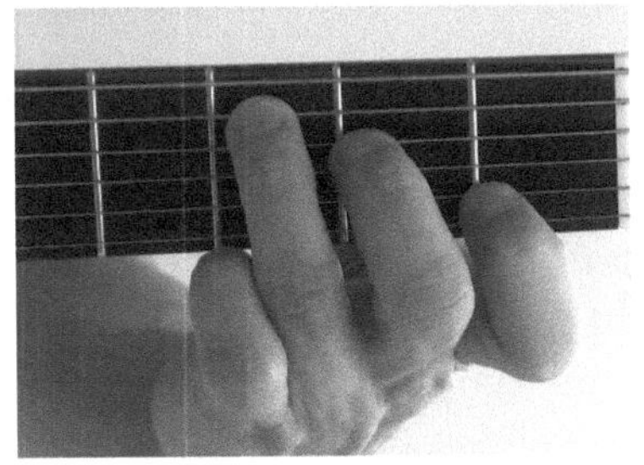

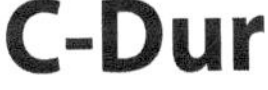

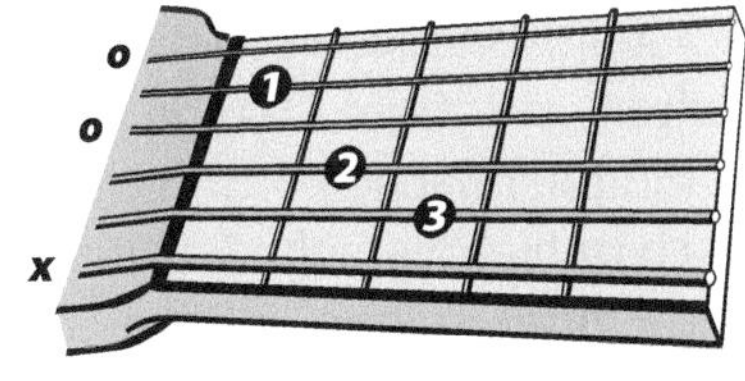

Dieses Diagramm bedeutet:

- Die tiefe E-Saite wird gedämpft bzw. nicht angeschlagen.
- Der 3. Finger greift die A-Saite im 3. Bund, der 2. Finger greift die D-Saite im 2. Bund. Der 1. Finger greift die B-Saite im 1. Bund.

- Die G-Saite und die hohe E-Saite werden als Leersaiten (nicht gegriffen) mit angeschlagen.
- Der Name dieses Akkordes ist C-Dur.

Tipp: Um die Akkorde einwandfrei greifen zu können, sollten die Fingernägel der linken Hand relativ kurz sein; viele (vor allem die komplizierteren) Akkorde können mit langen Fingernägeln nicht einwandfrei gegriffen werden.

Zur Handhaltung

Der **Daumen der Greifhand** sollte in der Mitte der Halsrückseite ungefähr gegenüber der Position des Mittelfingers auf der Halsvorderseite liegen. Diese Haltung soll ein möglichst leichtes und entspanntes Greifen auch schwierigerer Akkorde und großer Spannen ermöglichen. Bei dieser Handhaltung bildet der Daumen das Gegengewicht zu den anderen Fingern der Greifhand. Um Verkrampfungen zu vermeiden, sollte der Daumen möglichst wenig Druck auf den Hals ausüben. Verändert wird diese Daumenposition nur bei großen Streckungen.
Die richtige Handhaltung ergibt sich automatisch, wenn man sich vorstellt, eine kleine Orange oder einen Billardball in der Hand zu halten und diese Orange gegen den Gitarrenhals eintauscht. Die Handinnenfläche berührt den Hals der Gitarre nicht; besonders kritisch ist hier die hohe E-Saite, die nicht gedämpft werden soll.
Die **Finger** sollten in allen Gliedern gekrümmt sein und die Saite möglichst senkrecht und nahe am jeweiligen Bundstäbchen greifen, um einen sauberen Ton zu ermöglichen. Die richtige Fingerstellung entspricht ungefähr der beim „Auf-dem-Tisch-trommeln".
Bis auf wenige Ausnahmen sollten die Greiffinger im 1. Fingerglied nicht gestreckt oder durchgedrückt sein.

Die Fotos

Zusätzlich zum grafischen Diagramm ist jeder hier vorgestellte Akkord als Foto zu sehen. Diese Fotos sind als optische „Hilfestellung" für noch nicht so erfahrene Gitarristen gedacht und sollen bei der richtigen Positionierung der Finger der linken Hand eine Hilfe sein. Die Fotos sind aus der Perspektive eines imaginären „Gitarrenschülers" aufgenommen. Ein Blickwinkel direkt von oben (also aus der Sicht des Gitarristen) zeigt bei den meisten Gitarrenakkorden nur ein verwirrendes Durcheinander von Fingern und in vielen Fällen sind die höheren Saiten nicht sichtbar, weil sie von den Fingern verdeckt werden.
Aus Gründen der besseren Darstellung und Erkennbarkeit wurden viele der Akkorde mit nicht idealer (Hand-)Haltung fotografiert; also einer Handhaltung, die ein Profi-Gitarrist so nicht verwenden würde. In der Praxis sollten für ein entspanntes und müheloses Spiel selbstverständlich die für Hand- und Fingerhaltung genannten Grundsätze beachtet werden.

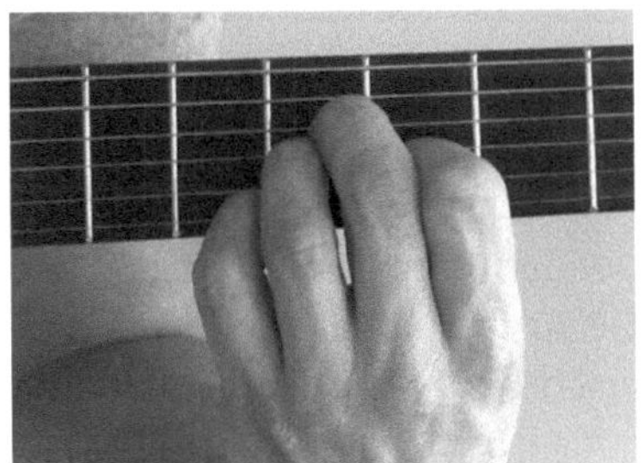

Ideale Handhaltung
Hier verdecken sich die Finger gegenseitig, der Griff ist kaum zu erkennen.

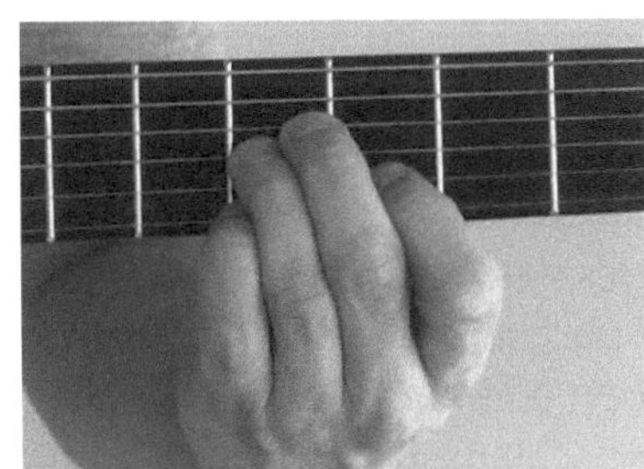

„Falsche" Handhaltung
Mit nach unten gekippter Hand ist der Griff wesentlich besser erkennbar.

Der Anschlag der rechten Hand

Dies sind die wichtigsten Anschlagsarten:

1. Plektrum: Einige Akkorde dieser Tabelle erfordern bei reinem Plektrumanschlag eine gut entwickelte Dämpftechnik.
2. Plektrum und Finger kombiniert (Hybrid Picking): Daumen und Zeigefinger halten das Plektrum wie gewohnt, die restlichen drei Finger der Anschlagshand sind frei. Das Plektrum wird gewöhnlich für die drei Basssaiten, die Finger für die Melodiesaiten benutzt. Manche Gitarristen bevorzugen diese Variante wegen der vielfältigen Möglichkeiten.
3. Fingerpicks: Diese vor allem in der Folkmusik verwendete Anschlagsart vereint die Vorzüge des Plektrums (direkter Attack und schnelle Wechselschläge sind recht einfach) und des Fingerspiels (Akkordtöne gleichzeitig spielbar).
4. Finger alleine: Diese Methode bietet die subtilsten Möglichkeiten, den Klangcharakter eines Akkordes über den Kontakt von Fingerkuppe und Nagel zur Saite zu beeinflussen, einzelne Stimmen hervorzuheben u. ä.

Jede dieser Anschlagsarten hat ihre eigenen Vor- und Nachteile; die letzten drei haben gegenüber dem reinen Plektrumanschlag vor allem den Vorteil, dass die Töne eines Akkordes wirklich gleichzeitig gespielt werden können. Im Laufe der Jahre und mit wachsender Spielpraxis entwickeln die meisten Gitarristen ihre eigenen Vorlieben oder verwenden (je nach gewünschtem Ergebnis) einfach alle Anschlagsarten ...

Powerchords

Sogenannte Powerchords sind unvollständige Akkorde, die nur aus zwei oder drei Tönen bestehen. Ein Powerchord enthält keine Terz, ist also weder ein Durakkord noch ein Mollakkord – und kann deshalb beide ersetzen. Powerchords werden vor allem in der Rockmusik gerne verwendet, denn sie haben noch einen weiteren Vorteil: sie klingen mit Verzerrung gut, während „normale" Gitarrenakkorde bei starker Verzerrung leicht zu einem undefinierbaren „Klangbrei" werden. Außerdem können Powerchords sehr einfach transponiert werden und eignen sich hervorragend für schnelle Akkordwechsel und abgedämpftes Rhythmusspiel.

Hier sind die Powerchords mit den Grundtönen F, G und A dargestellt (alle diese Powerchords bestehen aus Grundton, Quinte und der Oktave des Grundtones).

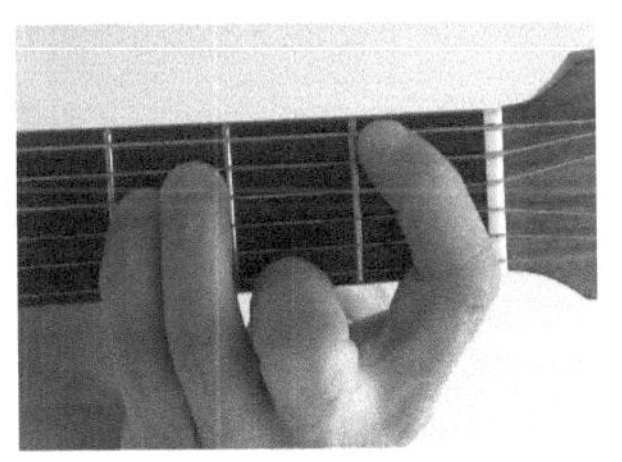

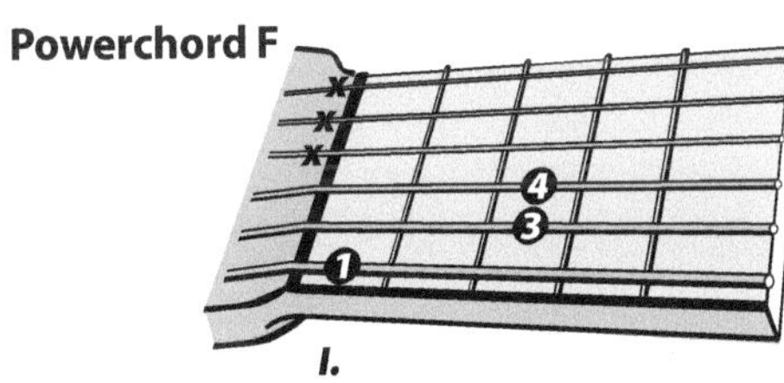

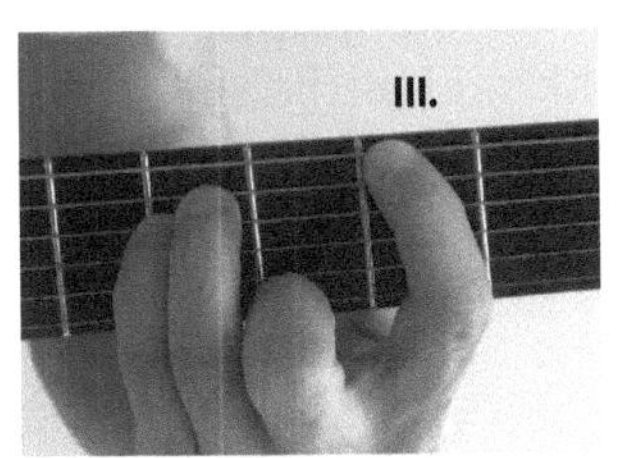

Powerchord G

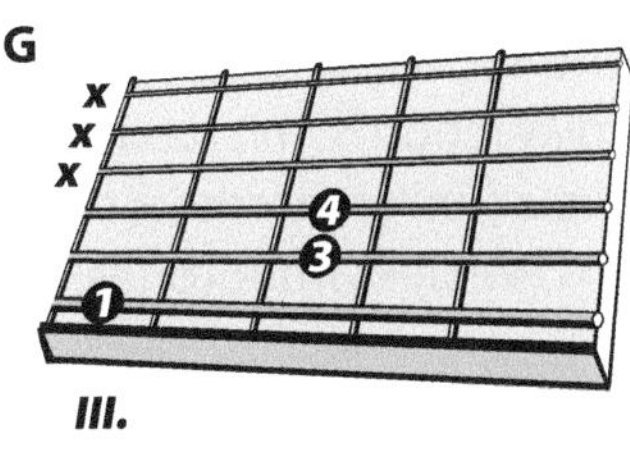

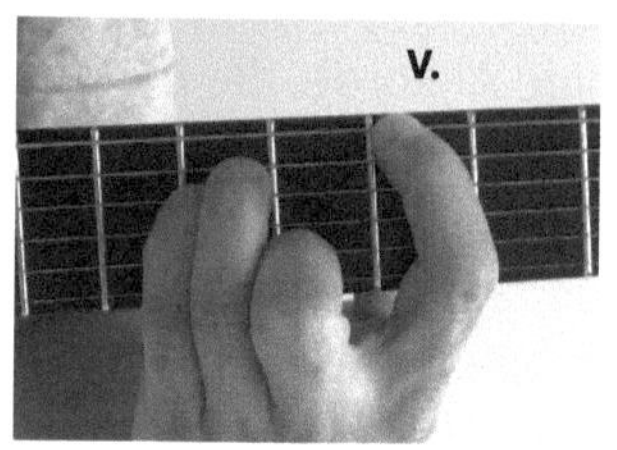

Powerchord A

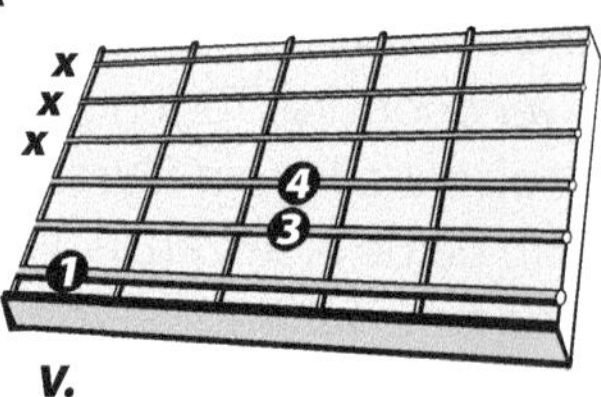

Diese Powerchords sind aus normalen Barrée-Akkorden entstanden, der Grundton liegt auf der tiefen E-Saite.
Mit dem folgenden Diagramm der Töne auf dem Griffbrett können weitere Powerchords durch einfaches Verschieben abgeleitet werden; beispielsweise befindet sich der Powerchord mit dem Grundton f♯ auf dem 2. Bund der tiefen E-Saite.

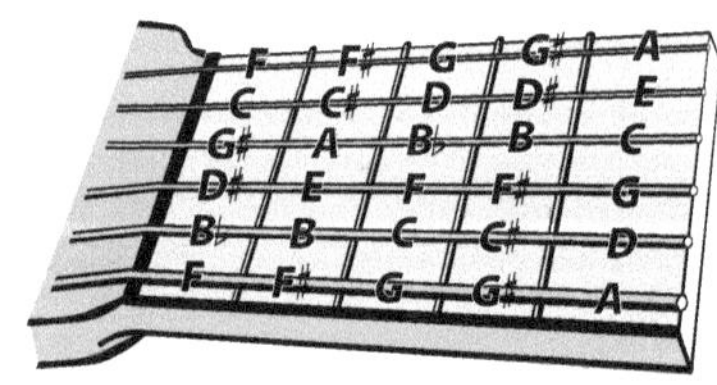

Powerchords werden häufig auch auf der Saitengruppe A-, D- und G-Saite gespielt. In der nächsten Grafik sind als Beispiele die Powerchords mit den Grundtönen B♭, C und D dargestellt. Auch diese Powerchords bestehen wieder aus Grundton, Quinte und der Oktave des Grundtones; der Grundton liegt auf der A-Saite.

Powerchord B♭

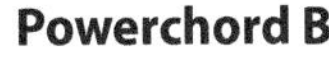

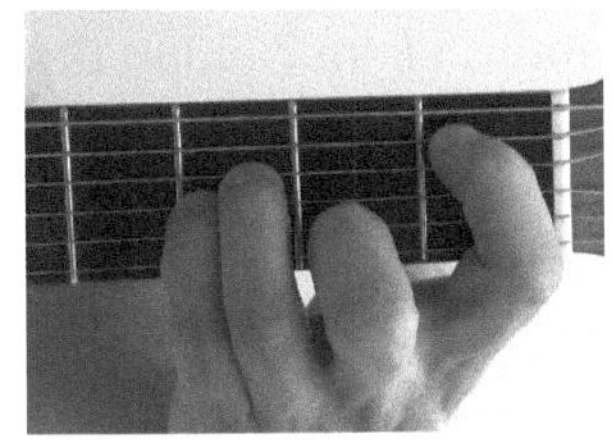

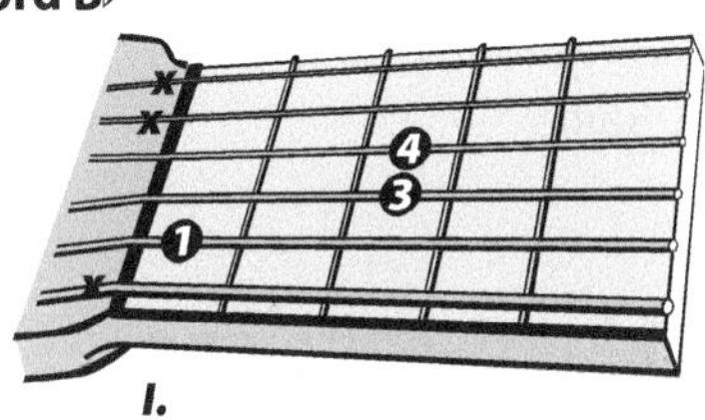

Powerchord C

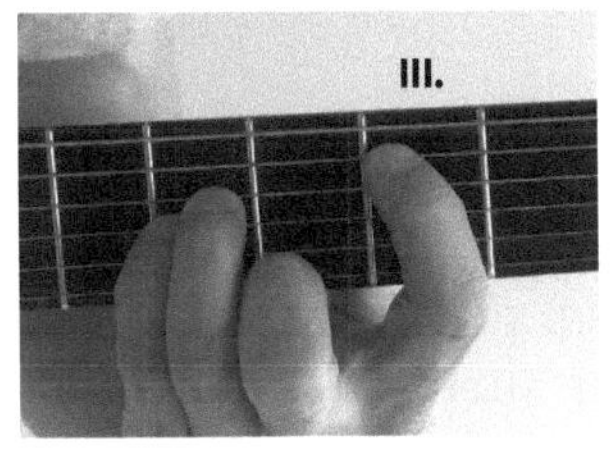

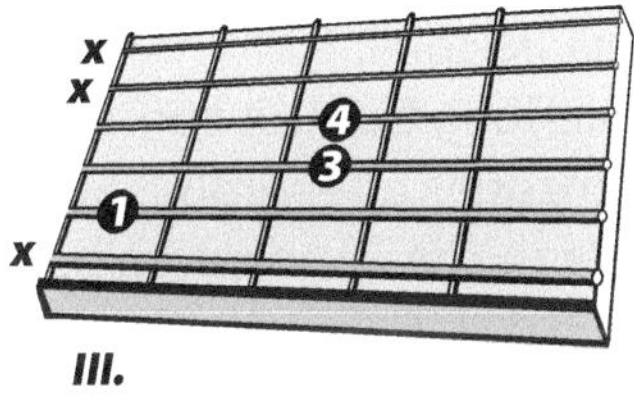

Powerchord D

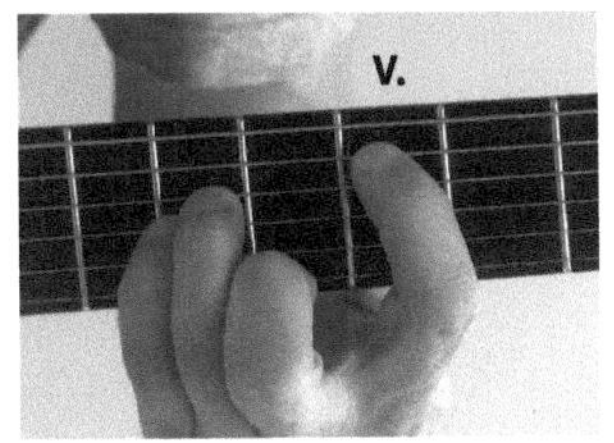

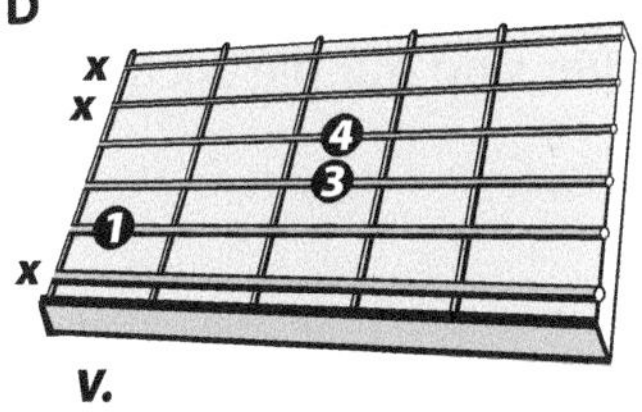

Mit der Übersicht über die Töne auf dem Griffbrett können von diesen Akkorden ebenfalls weitere Powerchords abgeleitet werden; so befindet sich der Powerchord mit dem Grundton E im 7. Bund der A-Saite.

Akkordsynonyme

Einige Akkorde können unterschiedlich bezeichnet werden. Das bedeutet, derselbe Akkord kann verschiedene Namen tragen, je nachdem, aus welchem „Blickwinkel" er betrachtet wird. Dieser „Blickwinkel" kann von der harmonischen Umgebung des Akkords, seiner Funktion innerhalb eines Stückes oder der Absicht des Musikers abhängen.
Ein Beispiel:
Die Töne C-E-G-A könnten als ein C6-Akkord (also C-Dur-Akkord mit hinzugefügter großer Sext) bezeichnet werden.
Wenn die Töne desselben Akkordes anders sortiert werden, zum Beispiel A-C-E-G, könnte derselbe Akkord auch als Am7-Akkord (also ein A-Moll-Septakkord) bezeichnet werden.
In diesem Fall sind C6 und Am7 Synonyme für denselben Akkord.
Akkordsynonyme zu kennen, erweitert die Verwendbarkeit der bereits gelernten Akkorde. Der gerade erwähnte Akkord könnte also z. B. sowohl die Tonika in einem Stück in C-Dur, als auch die Tonika in A-moll vertreten, usw.

Hier sind nur die wichtigsten Akkordsynonyme aufgeführt.

Akkordsynonym-Tabelle (in C)

Akkordsymbol	Akkordtöne	Mögliche Synonyme
sus4	C-F-G	F sus2
6	C-E-G-A	Am 7
6 sus4	C-F-G-A	F add9
6 / 9 (o. 1)	E-G-A-D	A 7 sus4
6 / 9 (o. 3)	C-G-A-D	D 7 sus4
6 / 9 sus4	C-F-A-D	F 6 / 9
add9 sus4	C-F-G-D	G 7 sus4
m 6	C-E♭-G-A	Am 7 / ♭5
m 7	C-E♭-G-B	E♭ 6
m 6 / 9	C-E♭-G-A-D	Am 7 / 11 / ♭5
m 7 / 13	C-E♭-G-A-B♭	Am 7 / ♭5 / ♭9
m maj7 / 6	C-E♭-G-A-B	Am 7 / 9 / ♭5
m 7 / 9 (o. 1)	(C)-E♭-G-♭b-D	E♭ maj7
m 7 / 9 / 11 (o. 1)	(C)-E♭-G-♭b-D-F	E♭ maj7 / 9
7 / 9 / 13 (o. 1)	E-G-B♭-D-A	Gm 6 / 9
7/♭9 (o. 1)	(C)-E-G-B♭-Db	D♭o, Eo, Go, B♭o
7 / ♭9 / ♯11 (♭5) (o. 1)	(C)-E-B♭-Db-G♭	G♭ 7
7 / ♯9 / ♯11 (♭5)	C-E-B♭-D♯-G♭	G♭ 7 / 6 / ♯11

Akkordsymboltabelle

Symbol	Akkordaufbau
Dur	1 - 3 - 5
6	1 - 3 - 5 - 6
add9	1 - 3 - 5 - 9
6 / 9	1 - 3 - 5 - 6 - 9
sus2	1 - 2 - 5
sus4	1 - 4 - 5
maj7	1 - 3 - 5 - maj7
maj7 / ♯5	1 - 3 - ♯5 - maj7
maj7 / 9	1 - 3 - 5 - maj7 - 9
maj7 / ♯11	1 - 3 - maj7 - ♯11
maj7 / 13	1 - 3 - 5 - maj7 - 13
maj7 / 9 / 13	1 - 3 - 5 - maj7 - 9 - 13
moll	1 - ♭3 - 5
moll 6	1 - ♭3 - 5 - 6
moll 6 / 9	1 - ♭3 - 5 - 6 - 9
moll 7	1 - ♭3 - 5 - ♭7
moll 7 / b5	1 - ♭3 - ♭5 - ♭7
moll 7 / 9	1 - ♭3 - 5 - b7 - 9
moll maj7	1 - ♭3 - 5 - maj7
moll maj7 / 9	1 - ♭3 - 5 - maj7 - 9
moll add9	1 - ♭3 - 5 - 9
moll 7 / 11	1 - ♭3 - 5 - ♭7 - 11
moll 7 / 9 / 11	1 - ♭3 - 5 - ♭7 - 9 - 11
moll add11	1 - ♭3 - 5 - 11

7 .... 1 - 3 - 5 - ♭7
7 sus4 .... 1 - 4 - 5 - ♭7
7 / 9 .... 1 - 3 - 5 - ♭7 - 9
7 / 9 / 13 .... 1 - 3 - 5 - ♭7 - 9 - 13
7 / 9 / ♯11 .... 1 - 3 - ♭7 - 9 - ♯11
7 / 9 / ♭13 .... 1 - 3 - ♭7 - 9 - ♭13
7 / ♭9 .... 1 - 3 - 5 - ♭7 - ♭9
7 / ♭9 / ♯11 .... 1 - 3 - ♭9 - ♯11
7 / ♭9 / 13 .... 1 - 3 - 5 - ♭7 - ♭9 - 13
7 / ♭9 / ♭13 .... 1 - 3 - 5 - ♭7 - ♭9 - b13
7 / ♯9 .... 1 - 3 - 5 - ♭7 - ♯9
7 / ♯9 / ♯11 .... 1 - 3 - ♭7 - ♯9 - ♯11
7 / ♯9 / ♭13 .... 1 - 3 - 5 - ♭7 - ♯9 - b13
7 / ♯11 .... 1 - 3 - ♭7 - ♯11
7 / 13 .... 1 - 3 - 5 - ♭7 - 13
7 / 13 / sus4 .... 1 - 4 - 5 - ♭7 - 13
7 / ♭13 .... 1 - 3 - 5 - ♭7 - ♭13

o7 .... 1 - ♭3 - ♭5 - 𝄫7
+ .... 1 - 3 - ♯5

Dieses System der Akkordbezeichnung ist zwar am weitesten verbreitet, es gibt jedoch eine Reihe von Varianten in der Schreibweise, z. B.

Moll	=	-, min.
maj7	=	Δ, Δ7, M, M7
o7	=	o, dim.
+	=	augm.

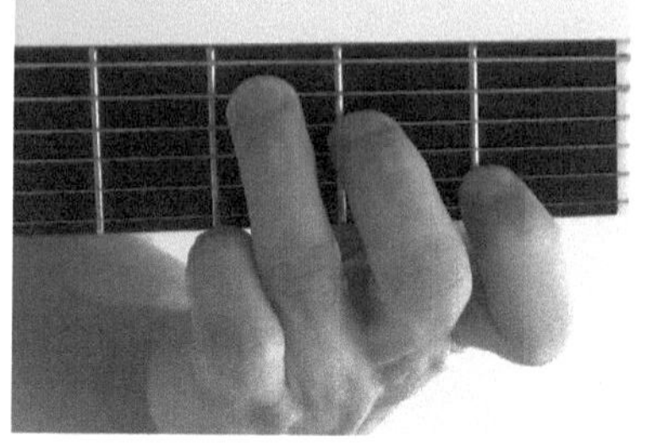

C-Dur

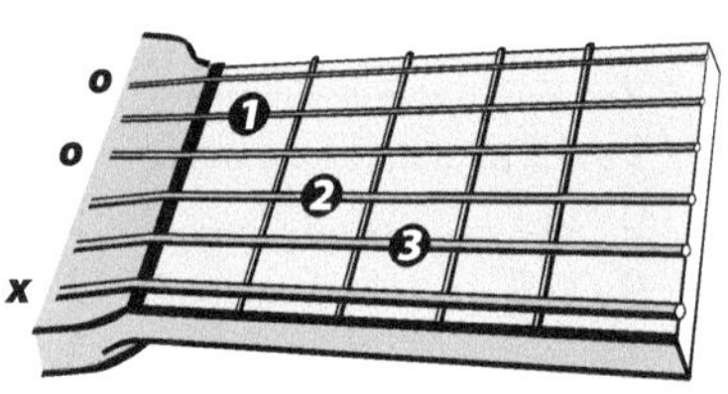

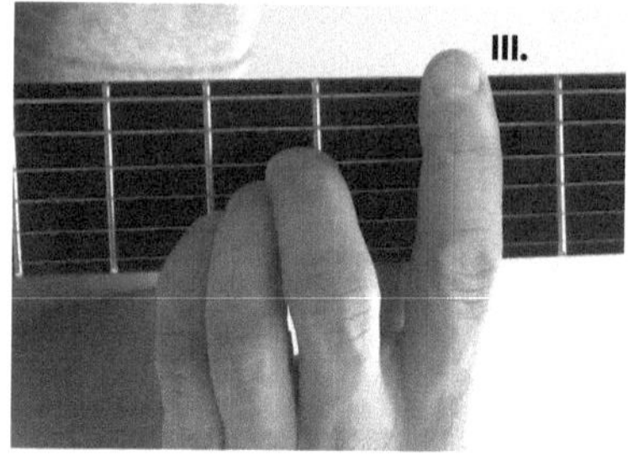

C-Dur

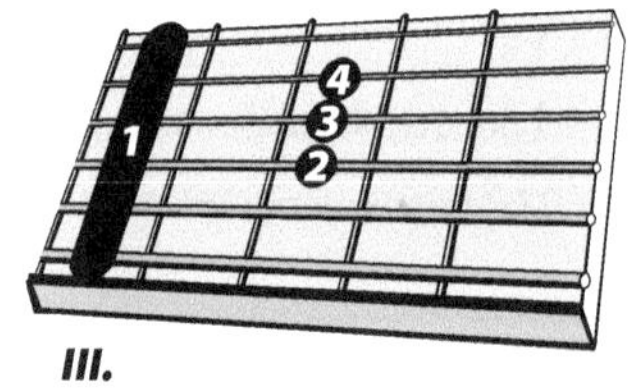

III.

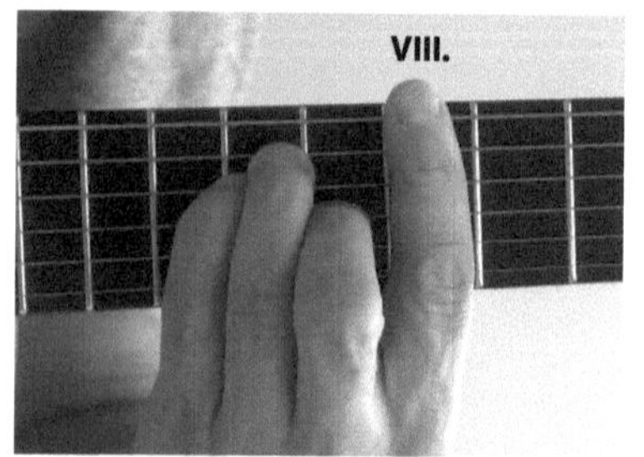

C-Dur

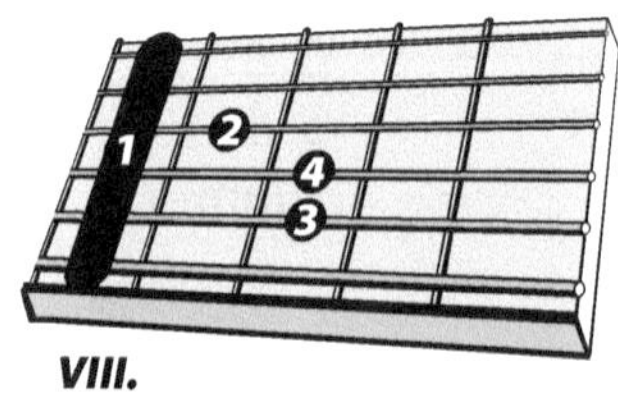

VIII.

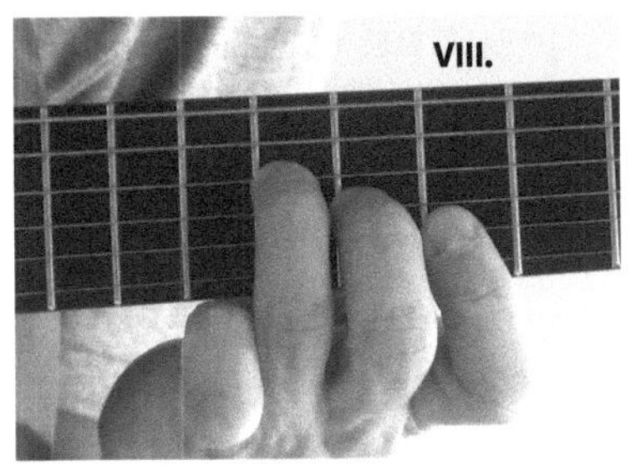

C-Dur

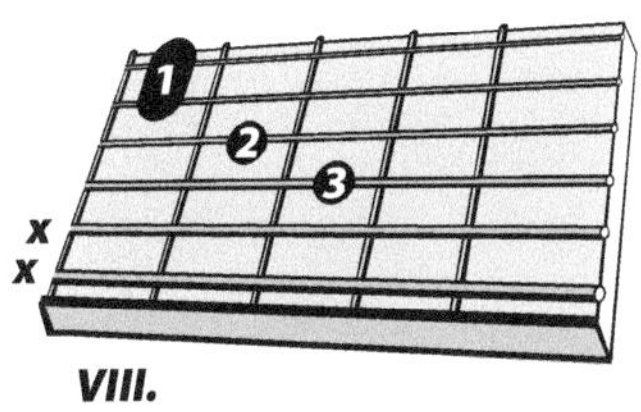

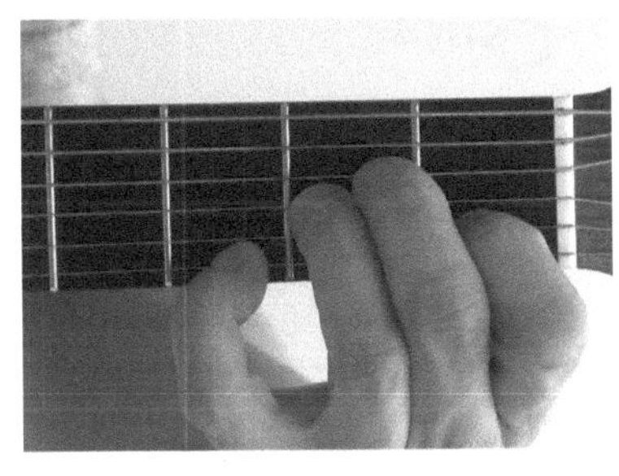

C6

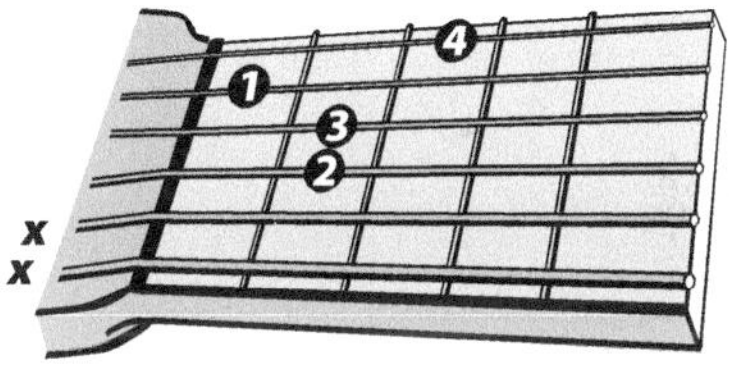

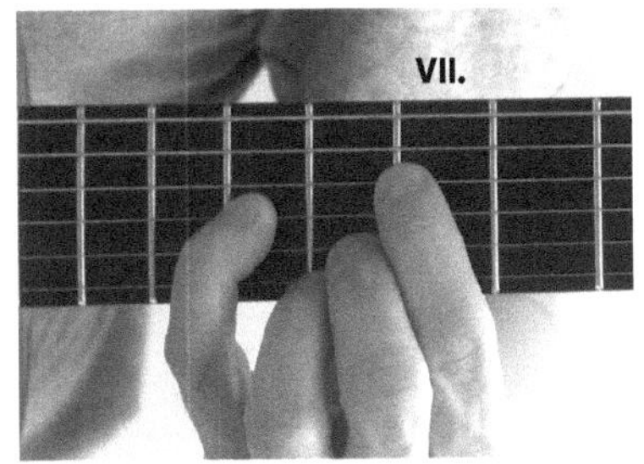

C6

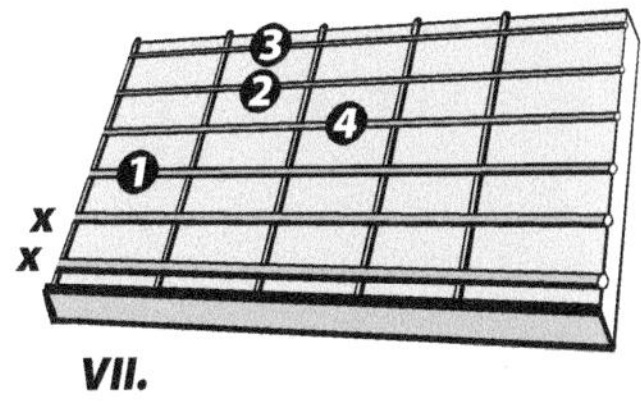

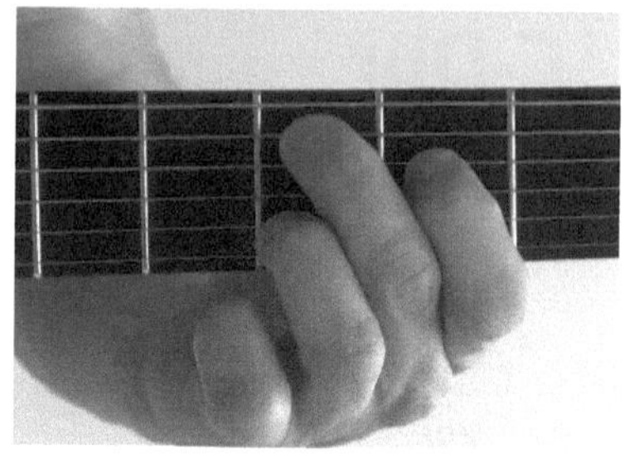

Cadd9

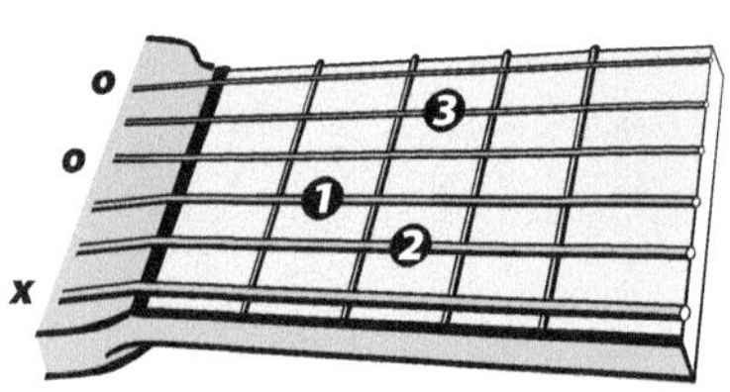

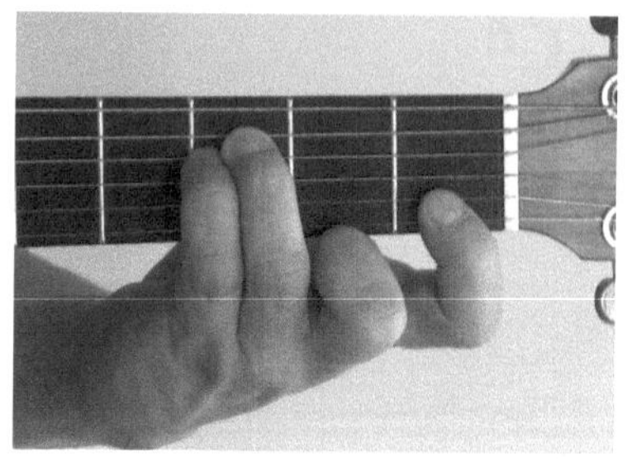

Csus4

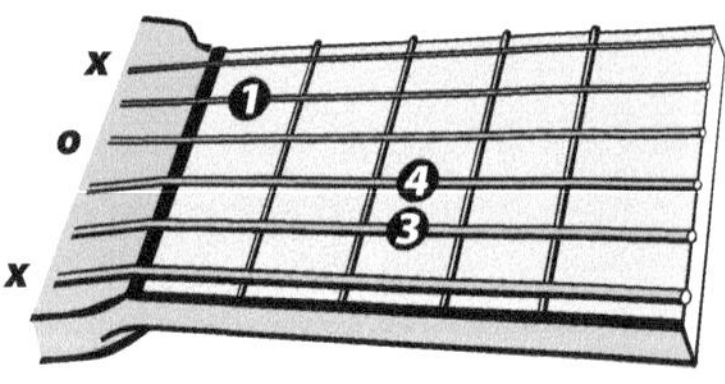

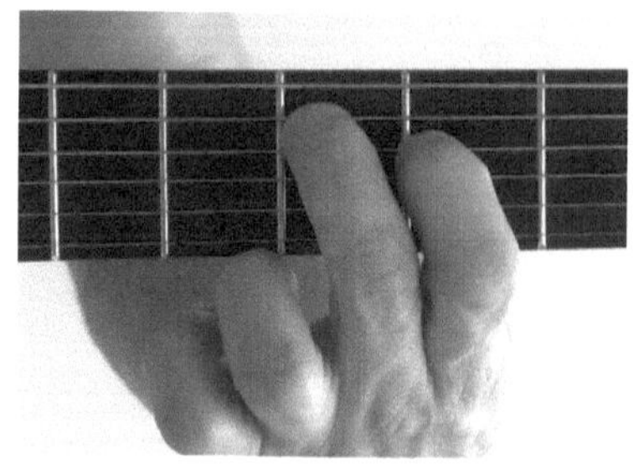

Cmaj7

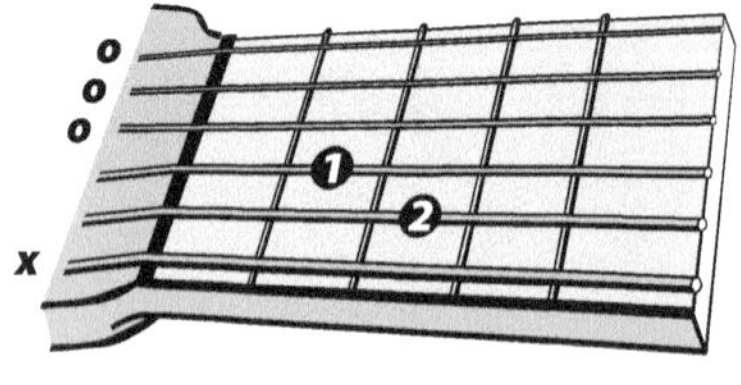

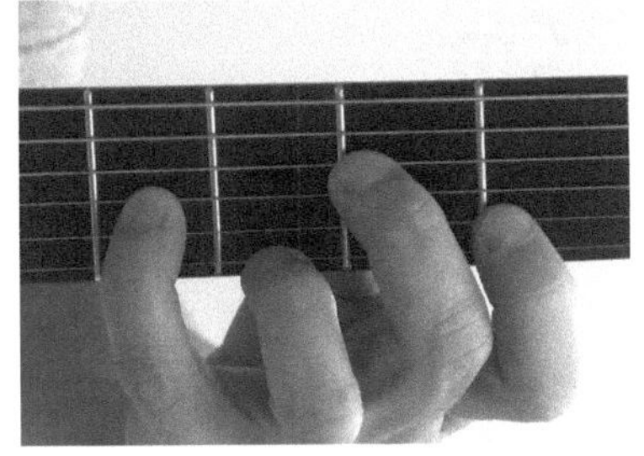

C^maj7

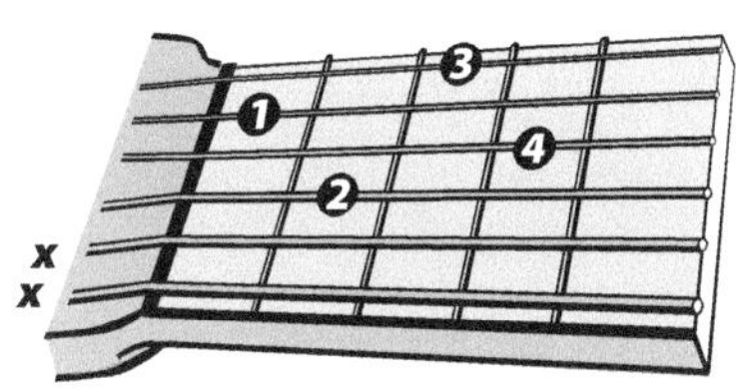

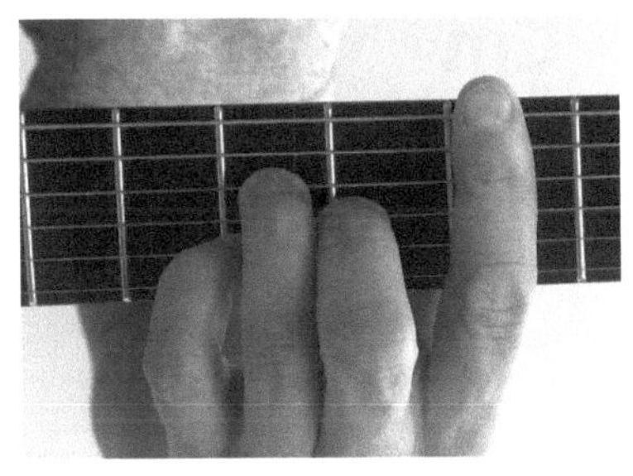

C^maj7

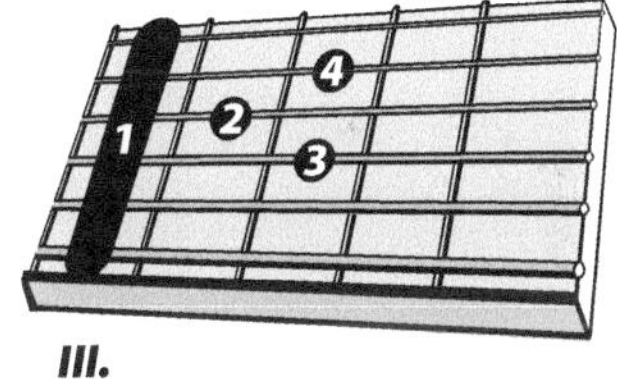

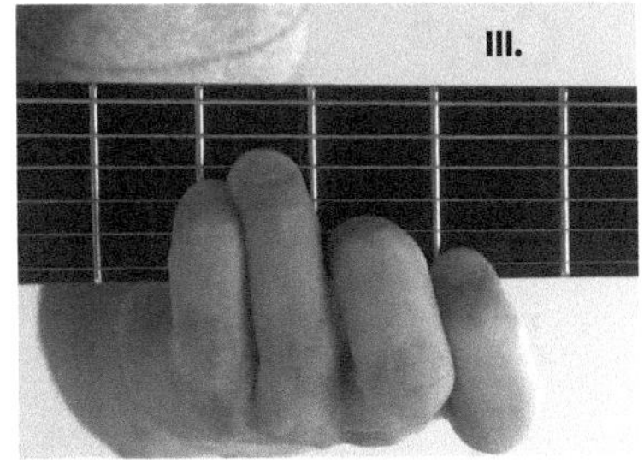

Cm

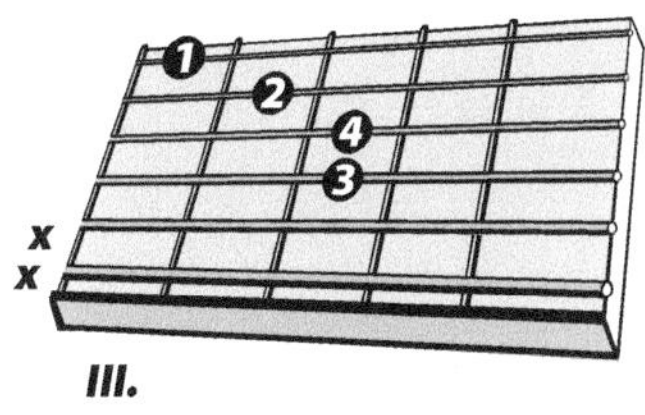

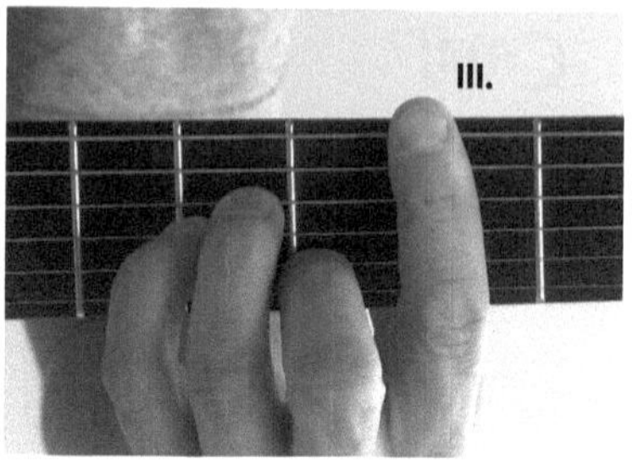

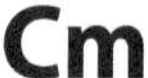

Cm

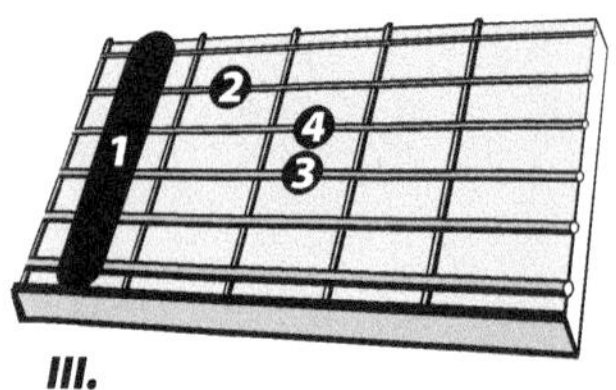

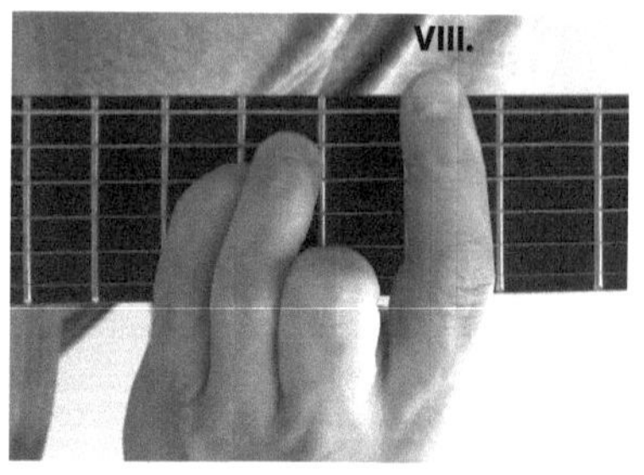

Cm

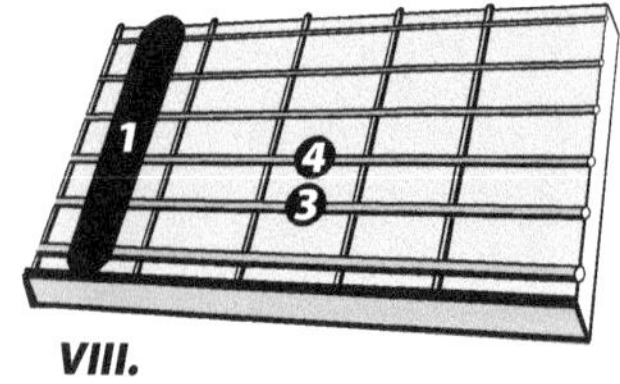

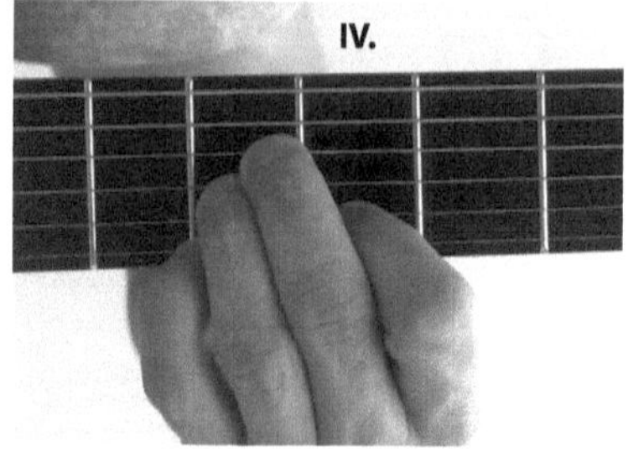

Cm^6

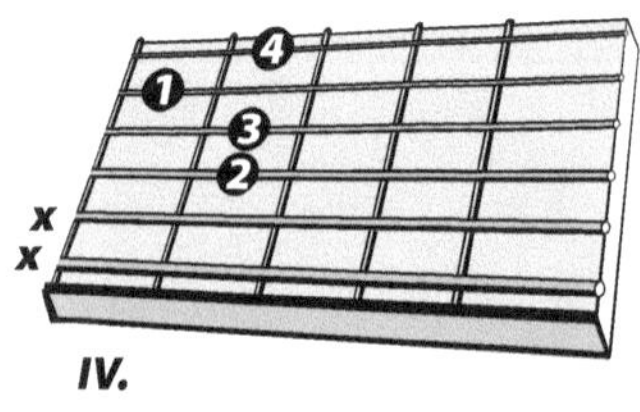

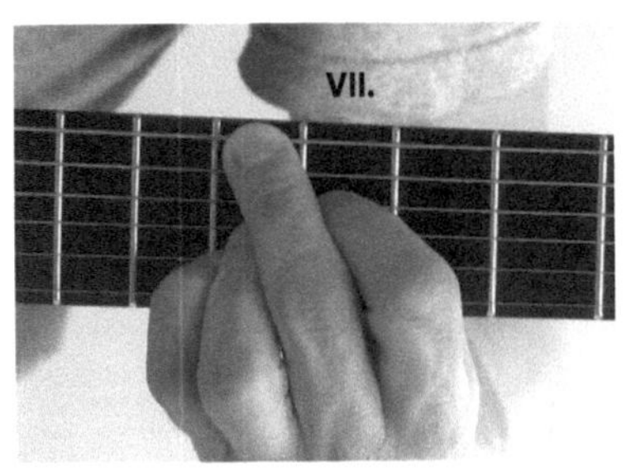

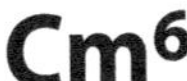

Cm^6

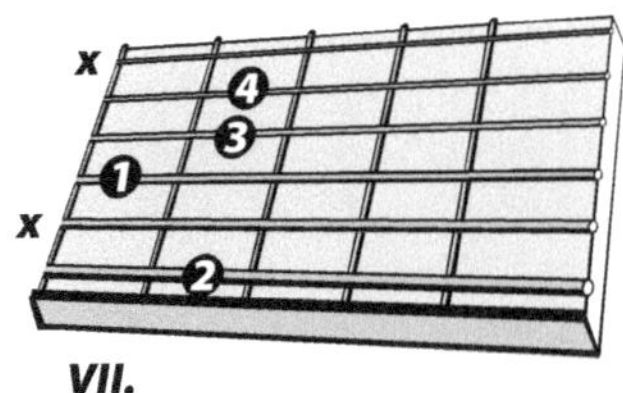

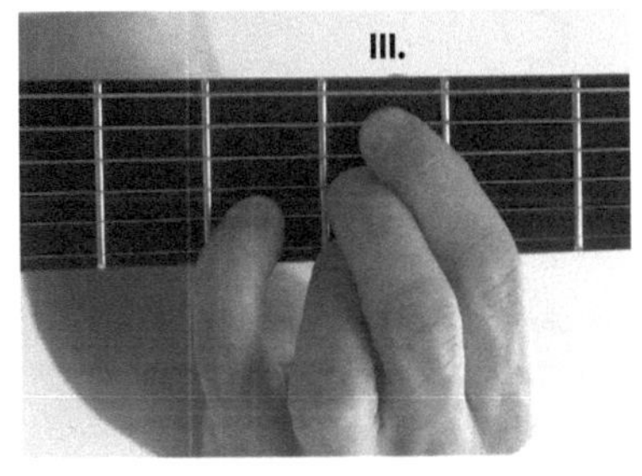

Cm^7

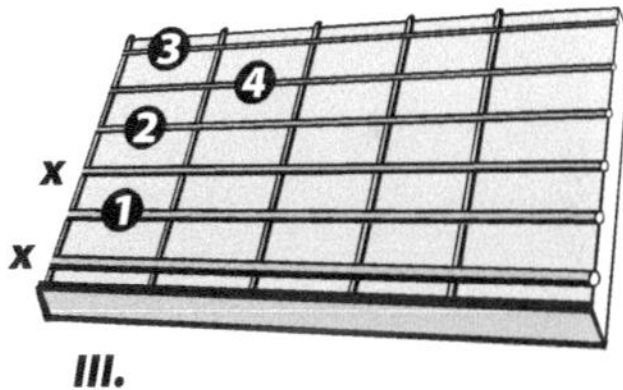

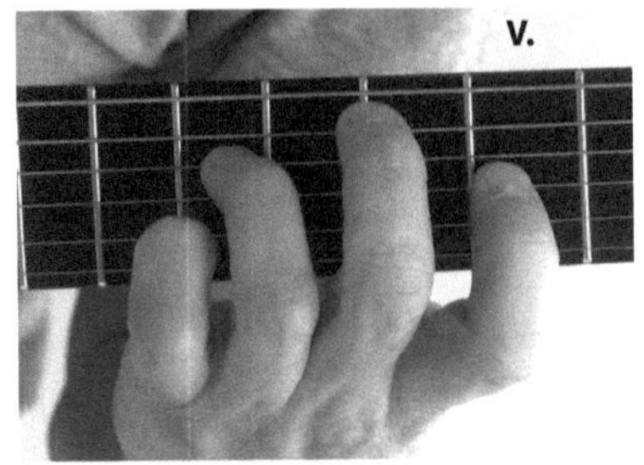

Cm^7

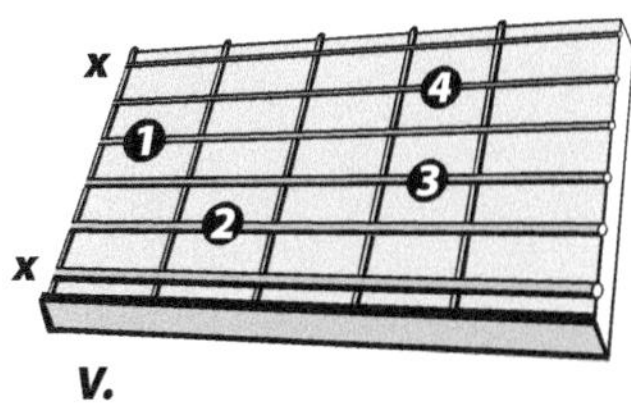

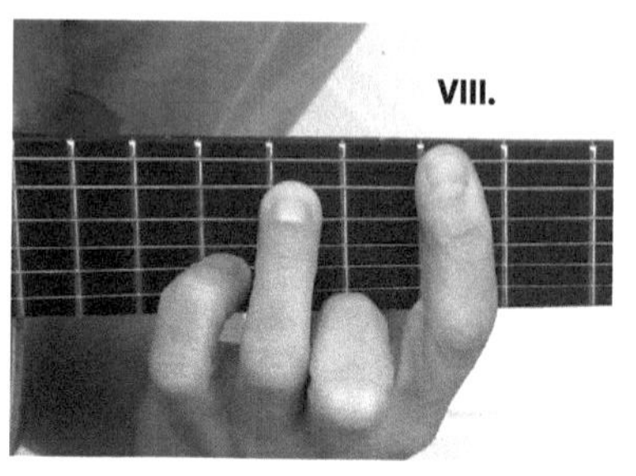

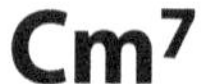

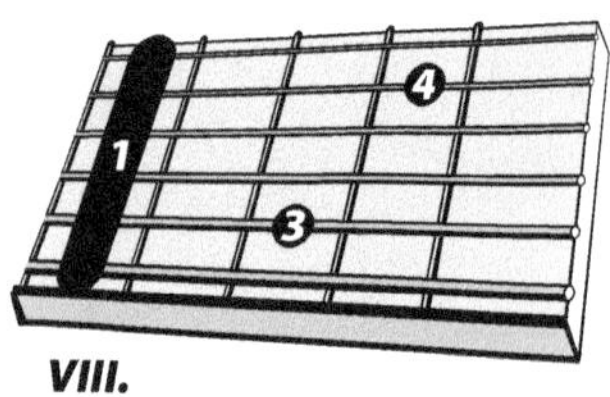

C^7

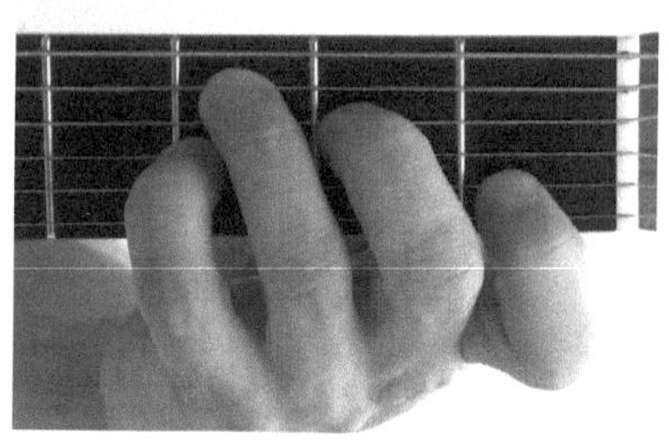

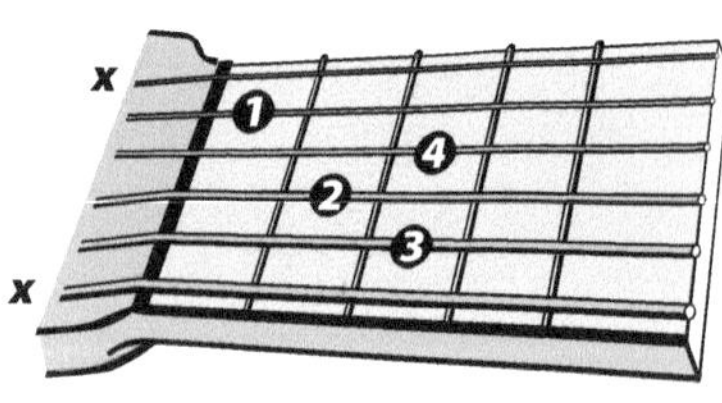

C^7

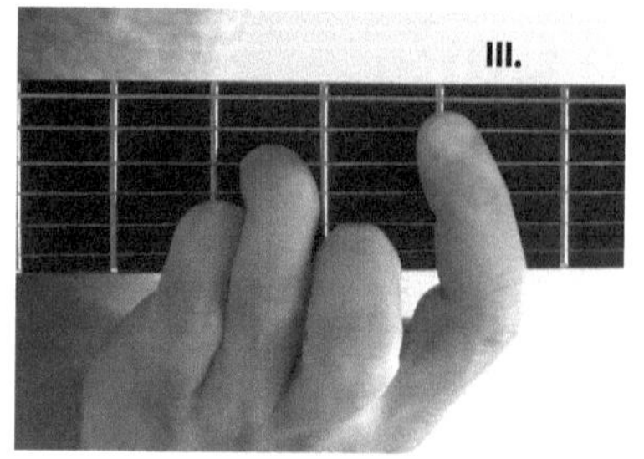

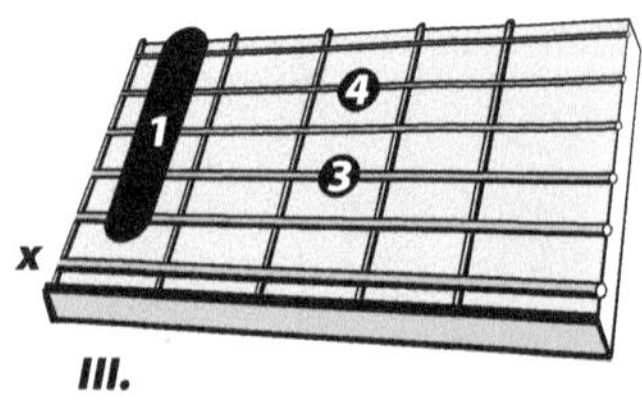

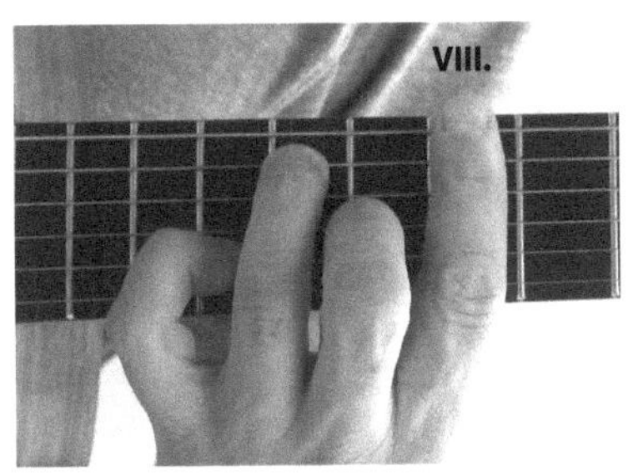

C^7

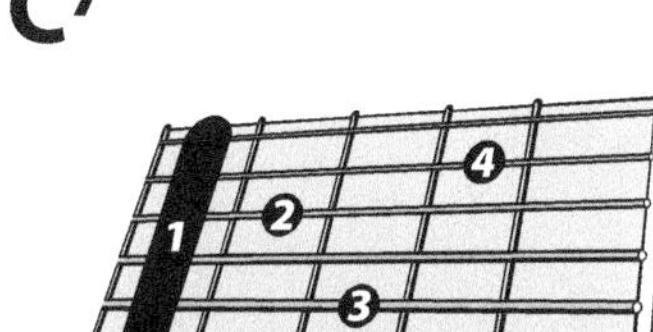

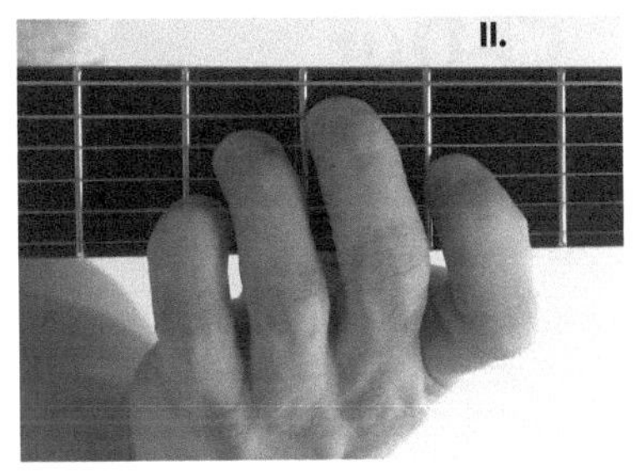

C°

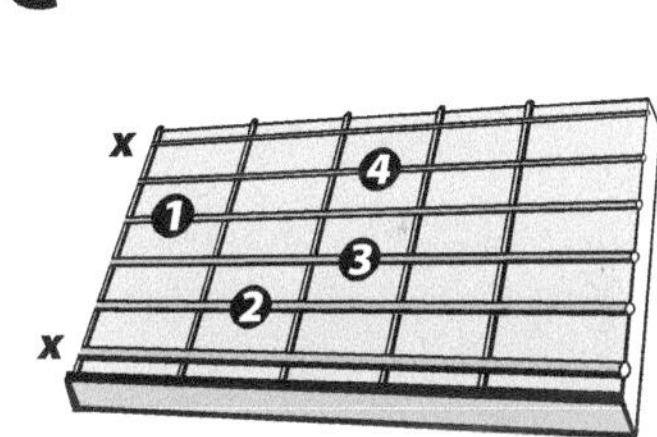

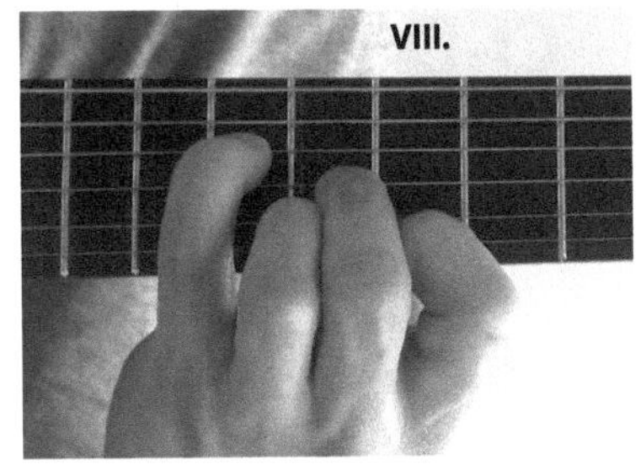

C^+

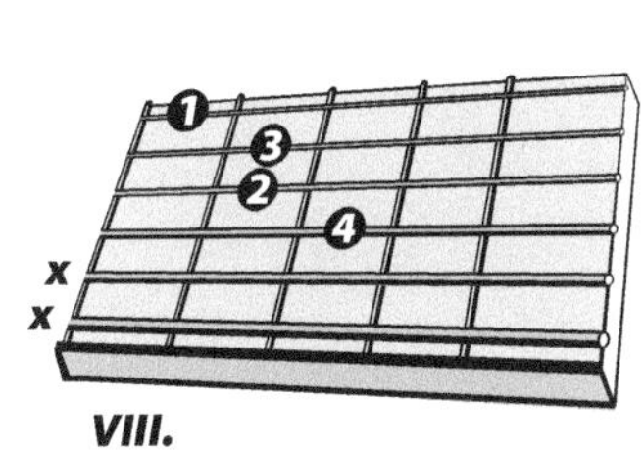

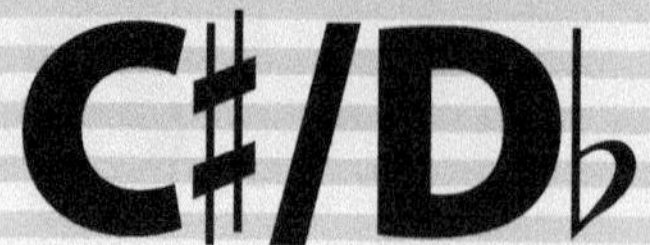

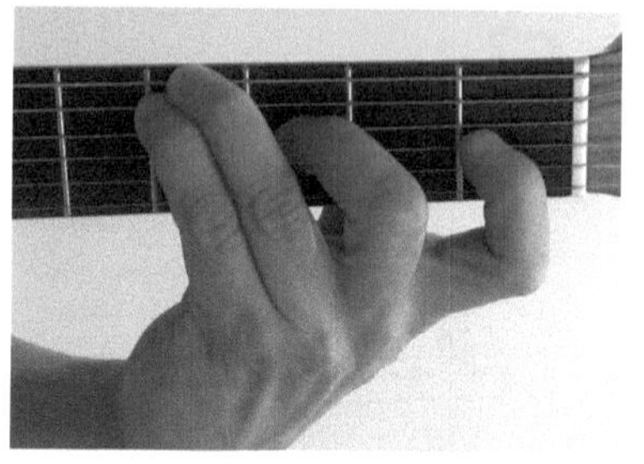

C♯-Dur

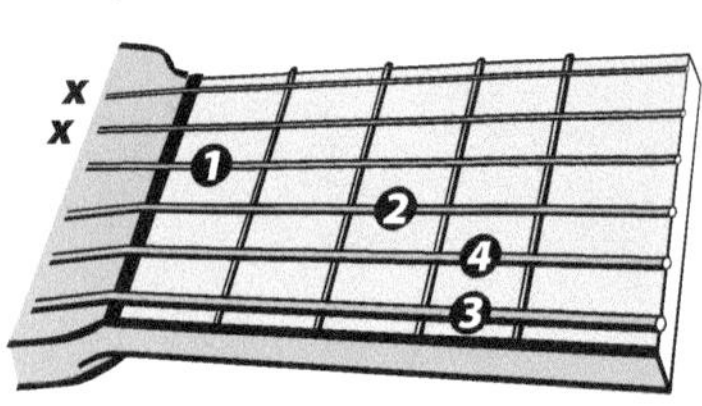

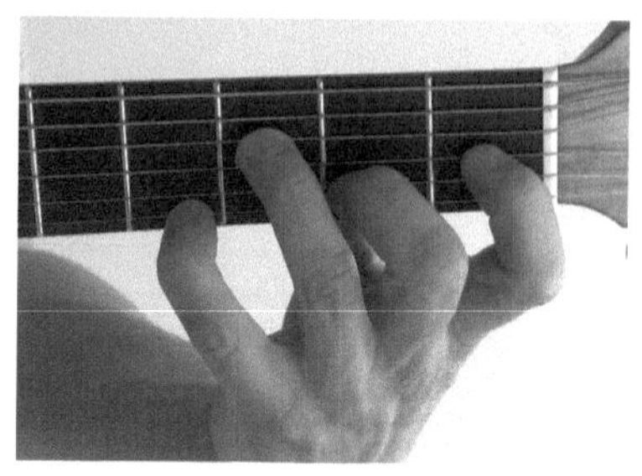

C♯-Dur

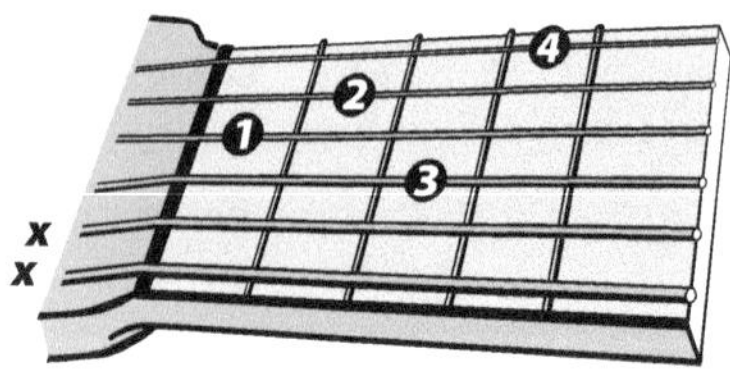

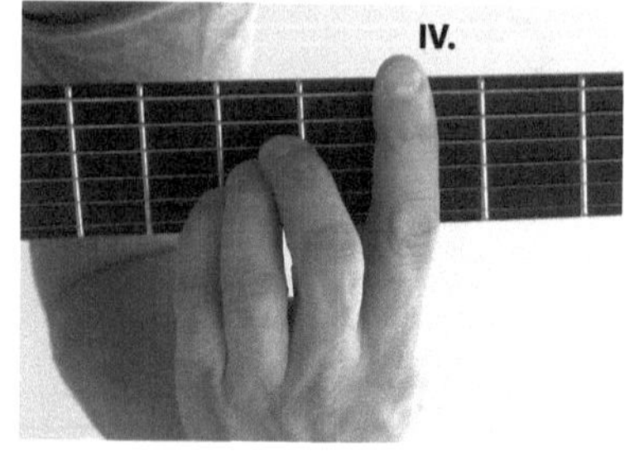

C♯-Dur

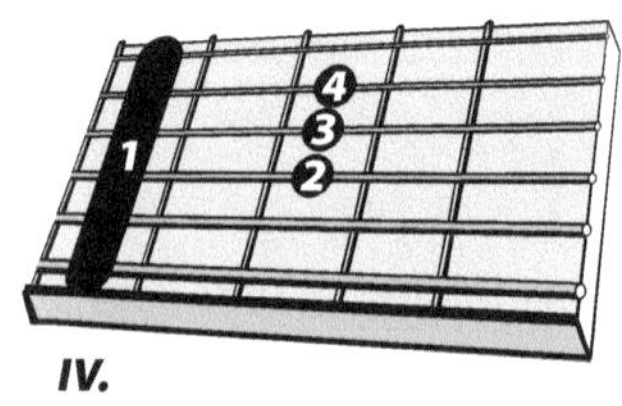

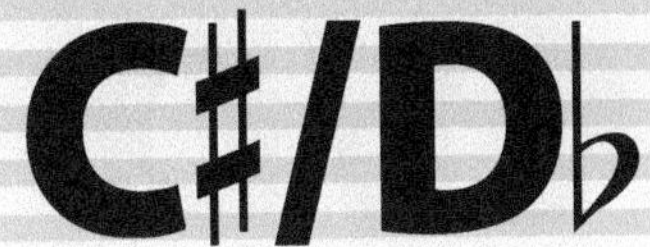

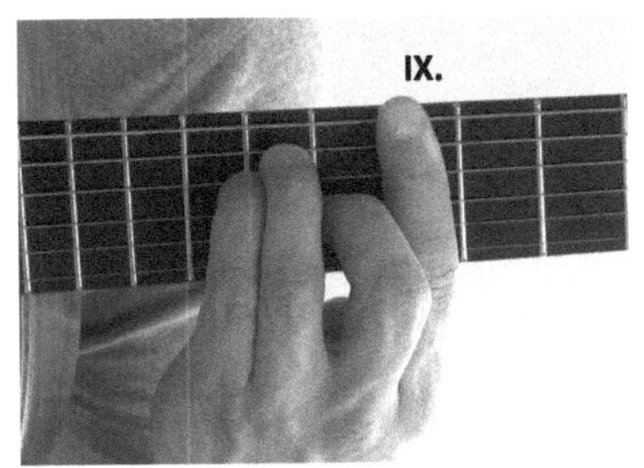

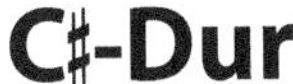

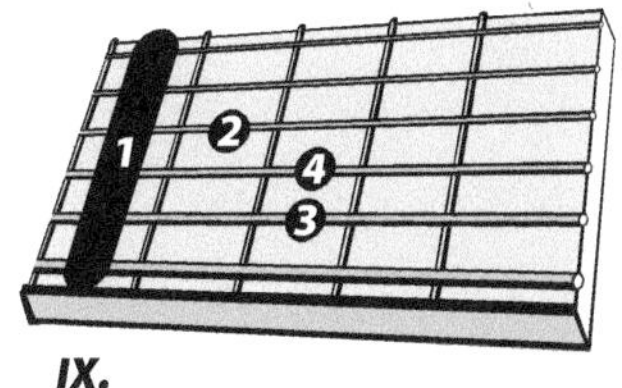

IX.

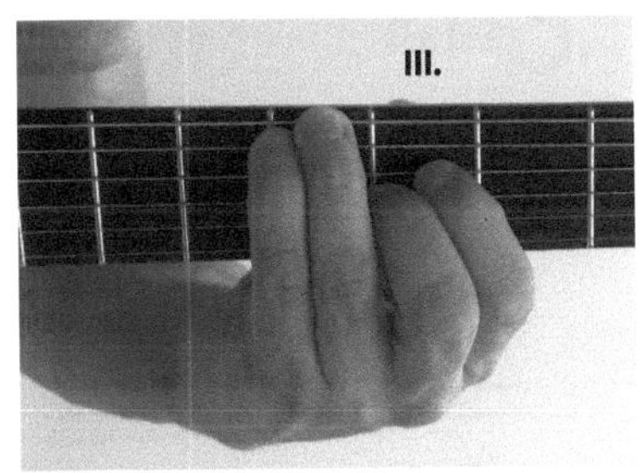

C♯6

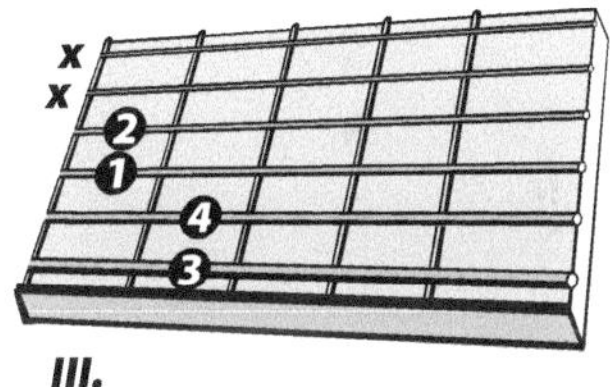

III.

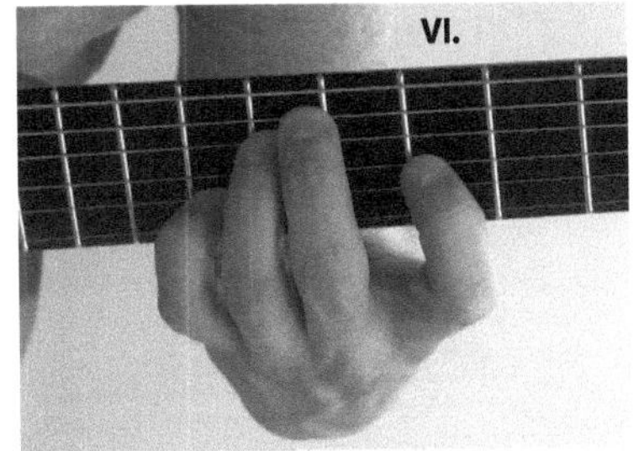

C♯6

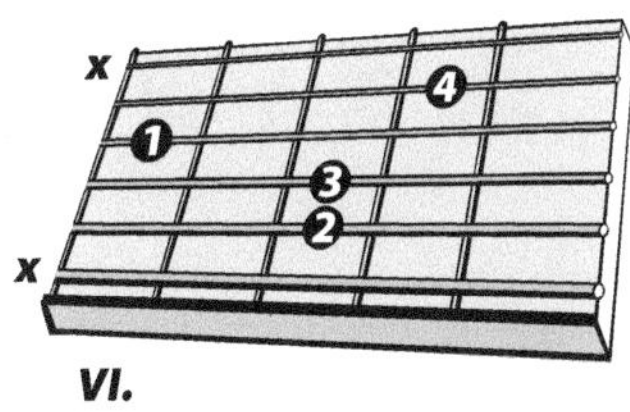

VI.

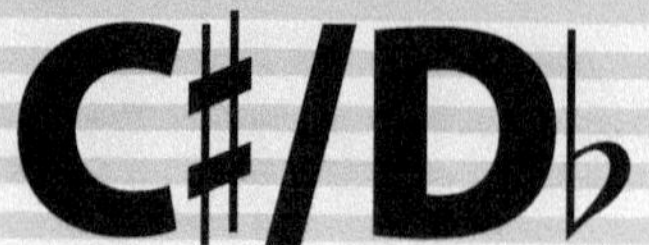

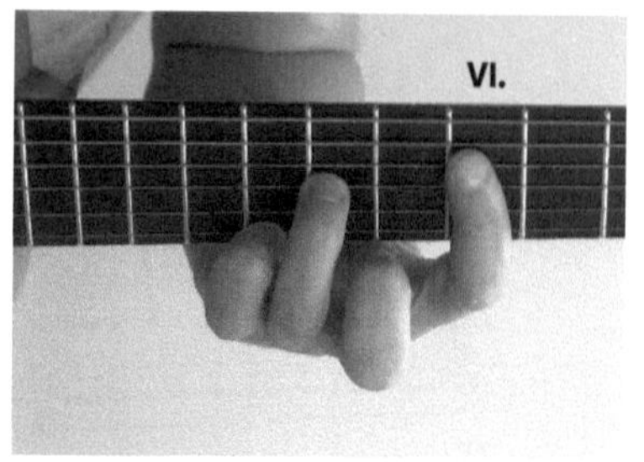

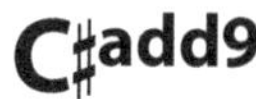

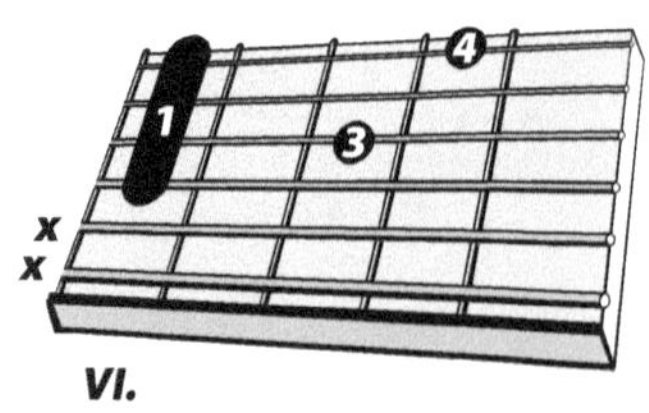

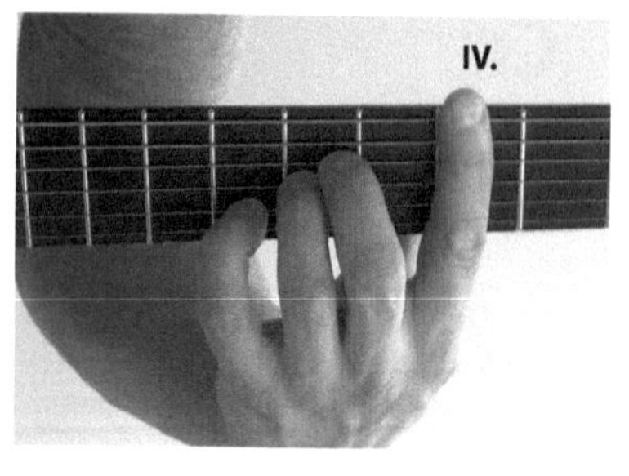

C♯sus4

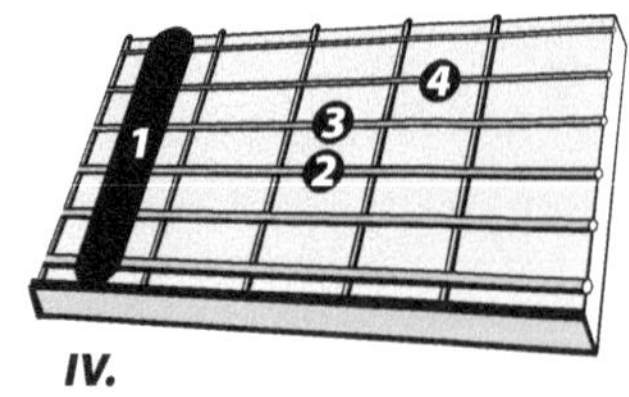

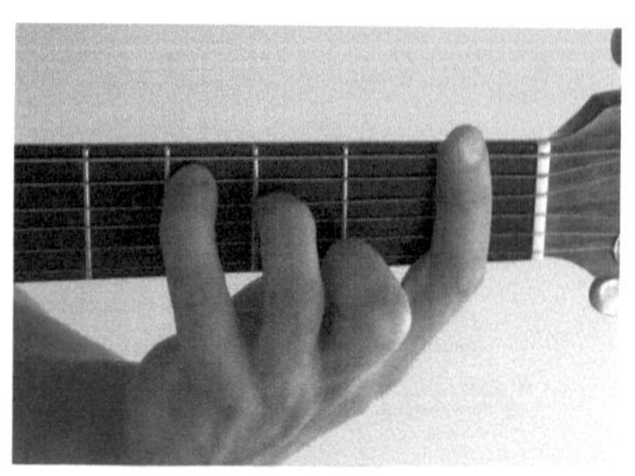

C♯maj7

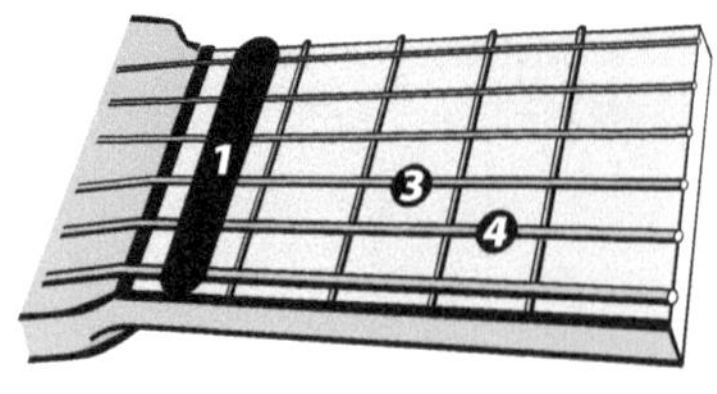

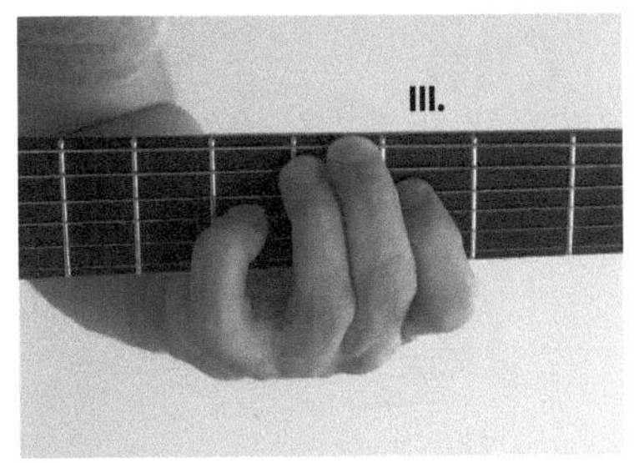

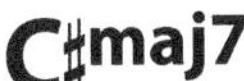

C♯maj7

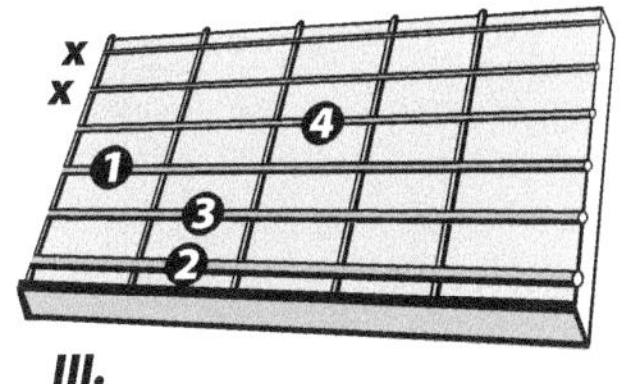

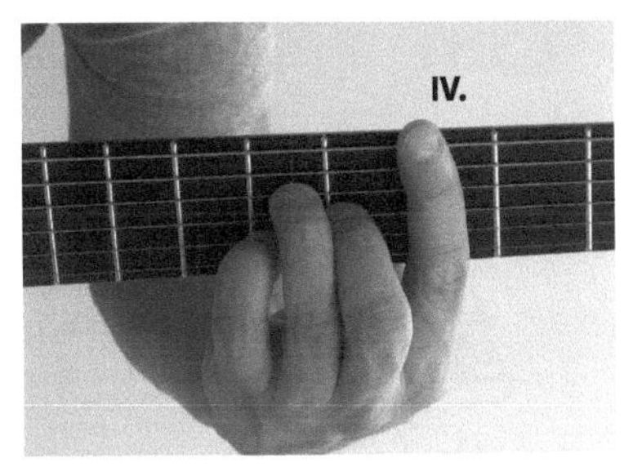

C♯maj7

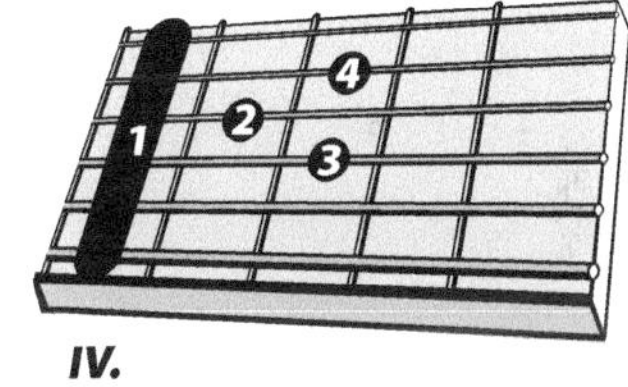

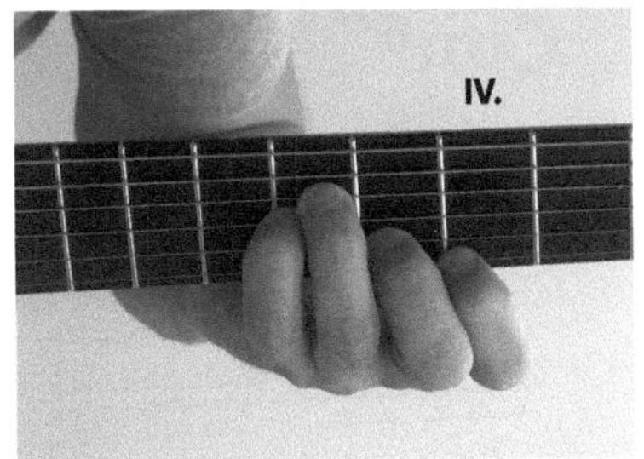

C♯m

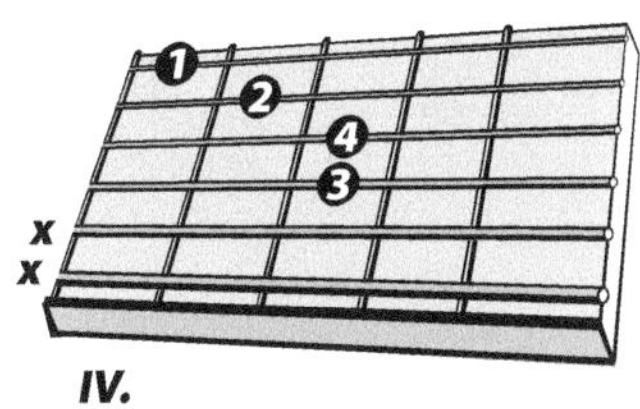

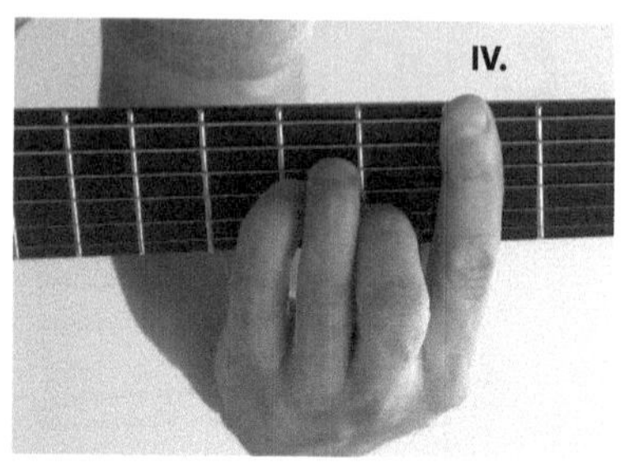

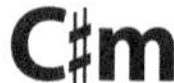

C♯m

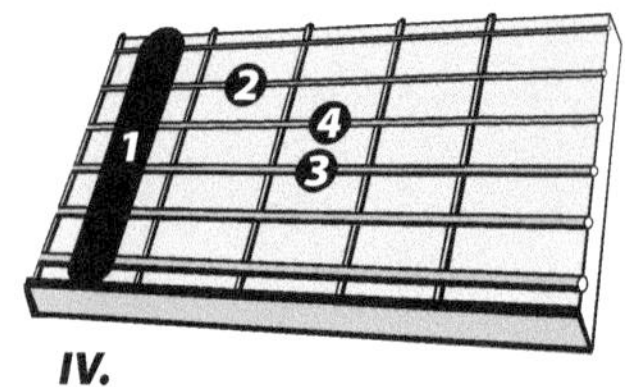

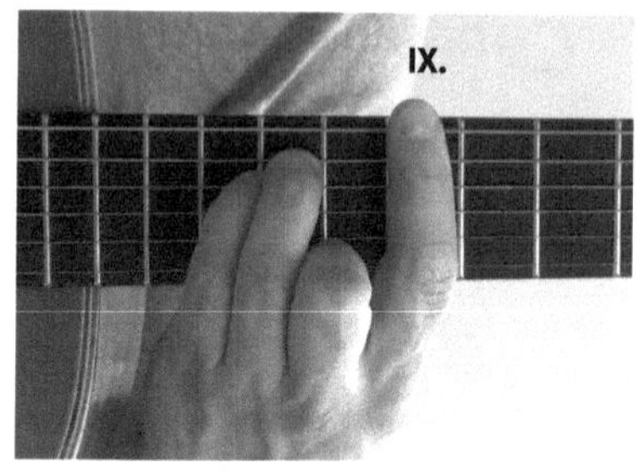

C♯m

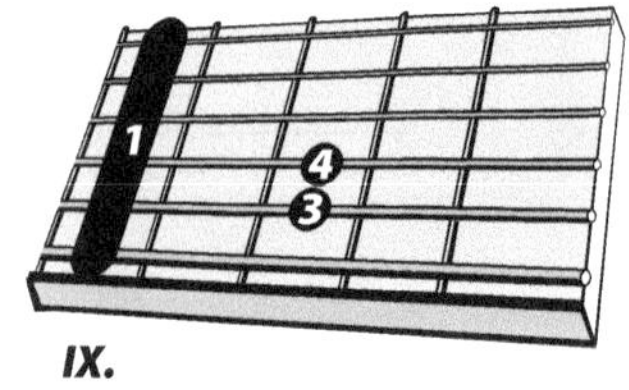

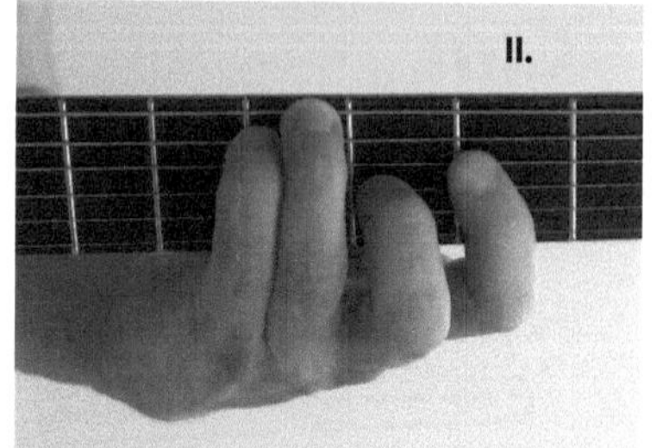

C♯m6

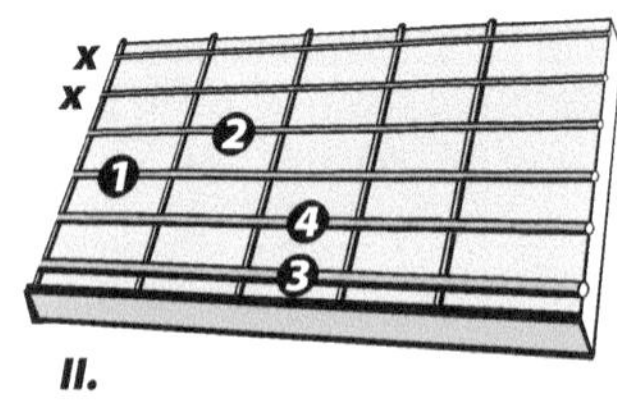

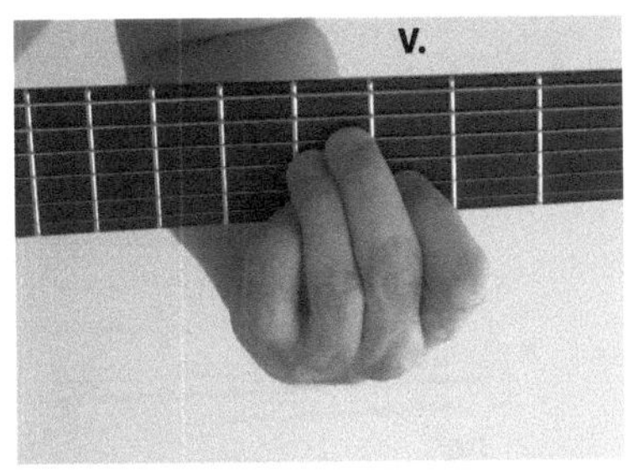

C♯m^6

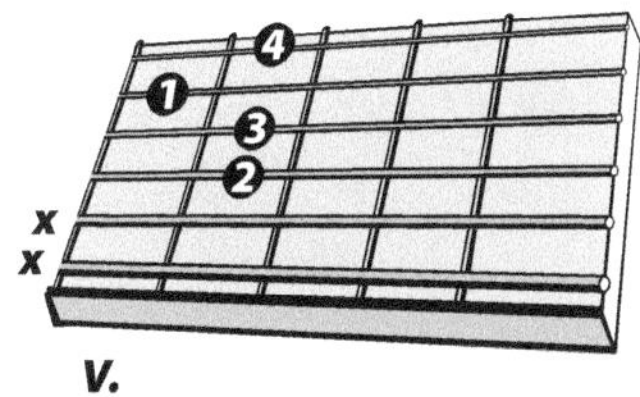

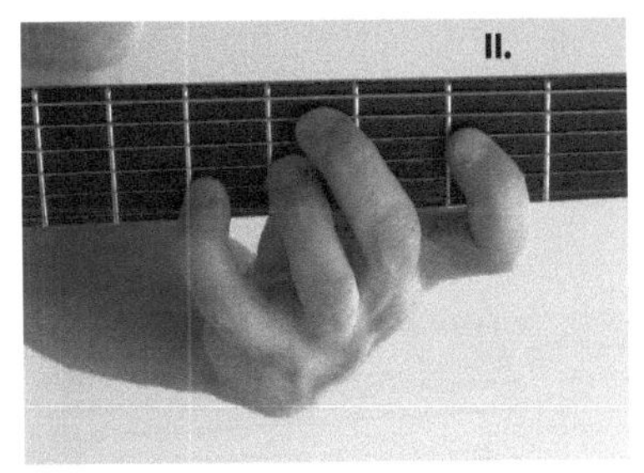

C♯m^7

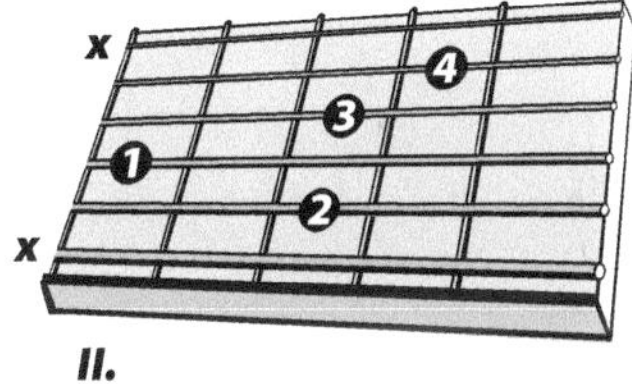

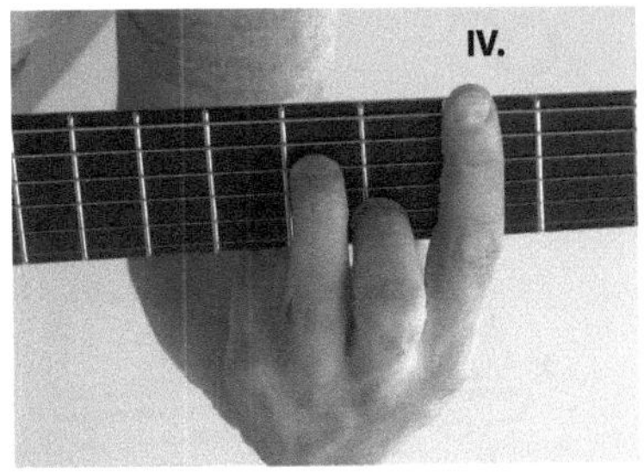

C♯m^7

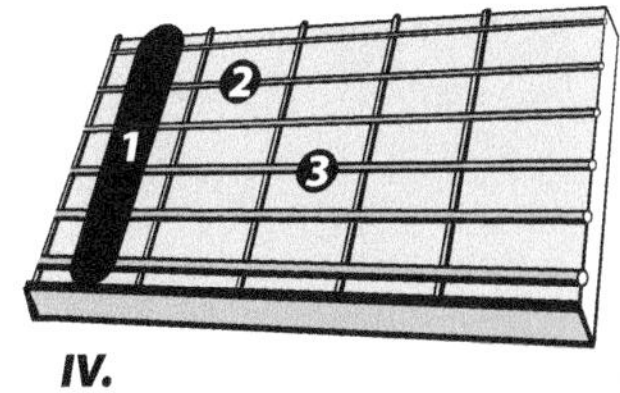

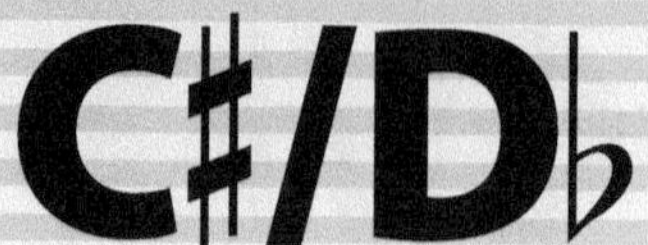

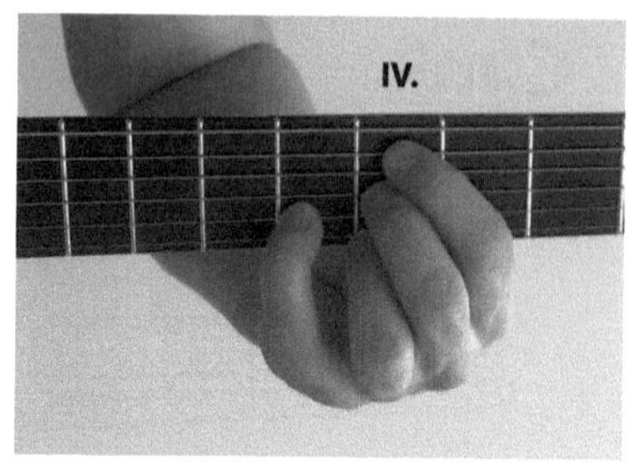

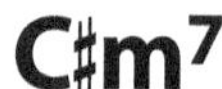

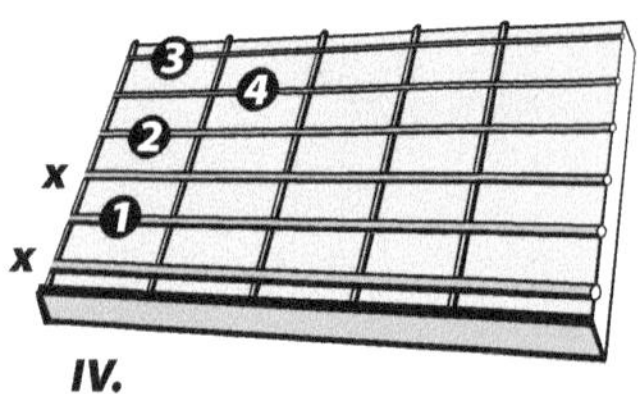

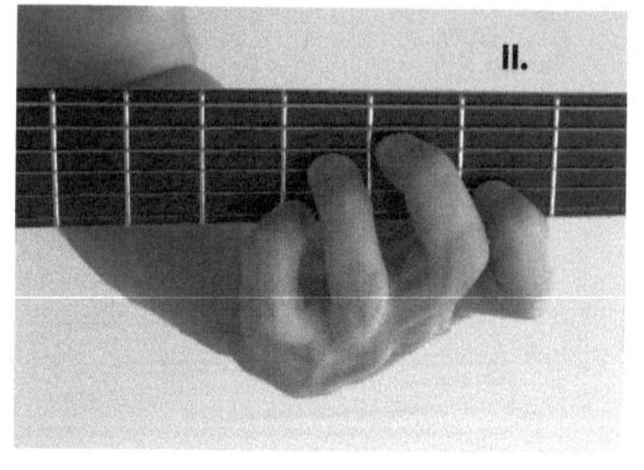

C♯7

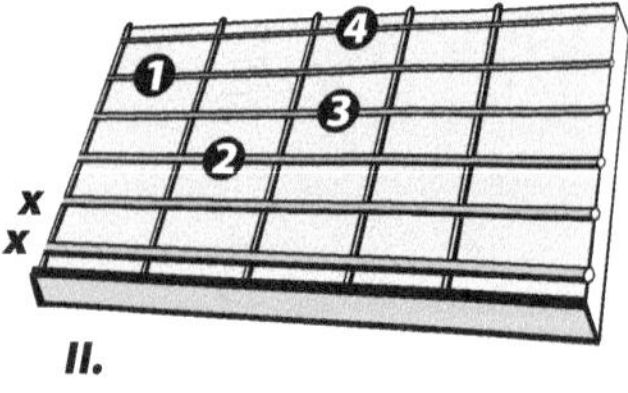

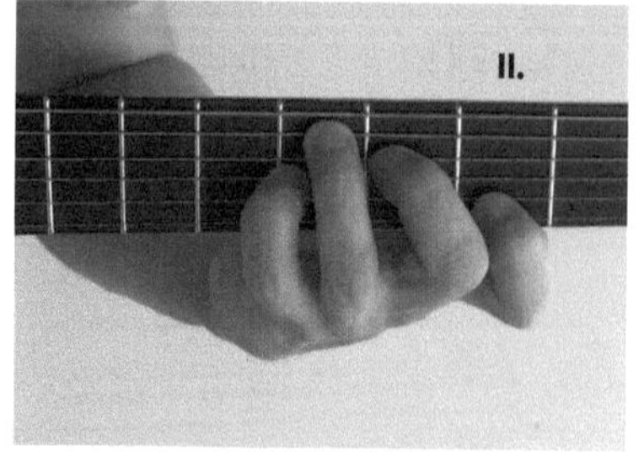

C♯7

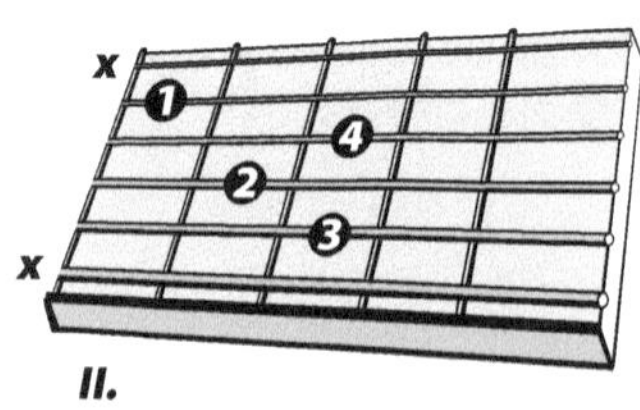

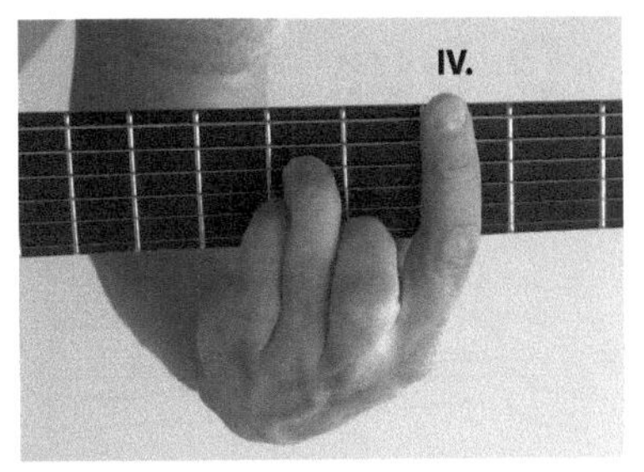

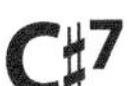

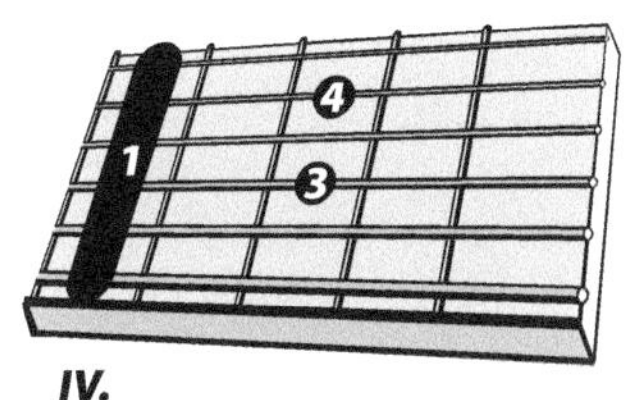

C♯°

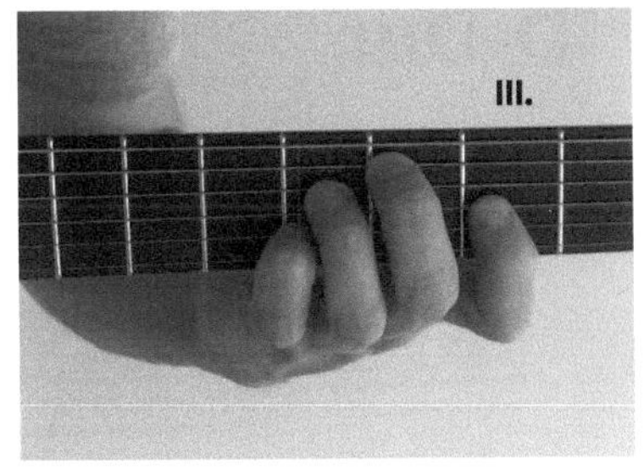

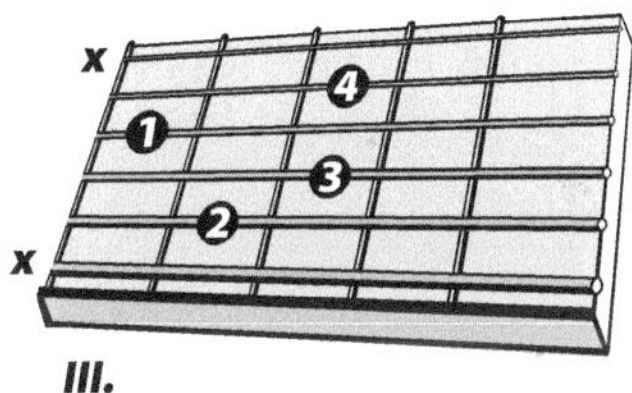

C♯+

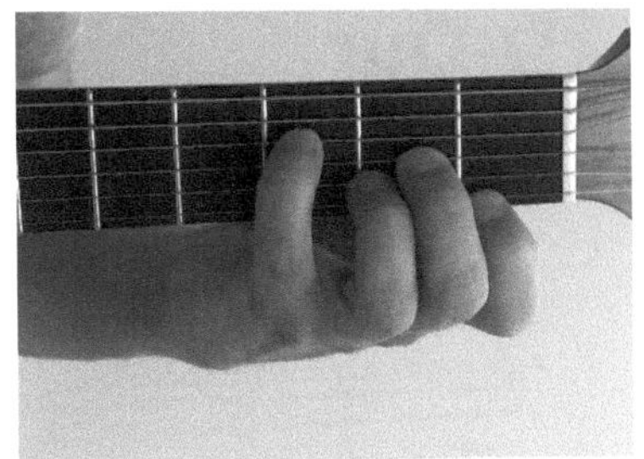

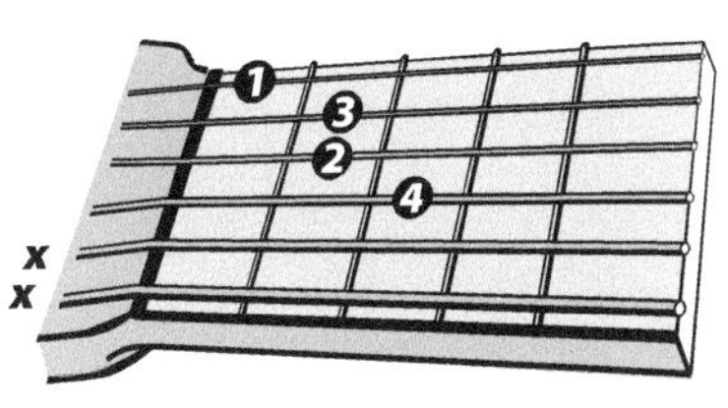

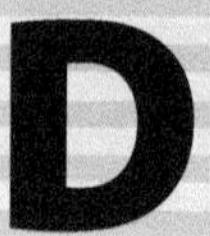

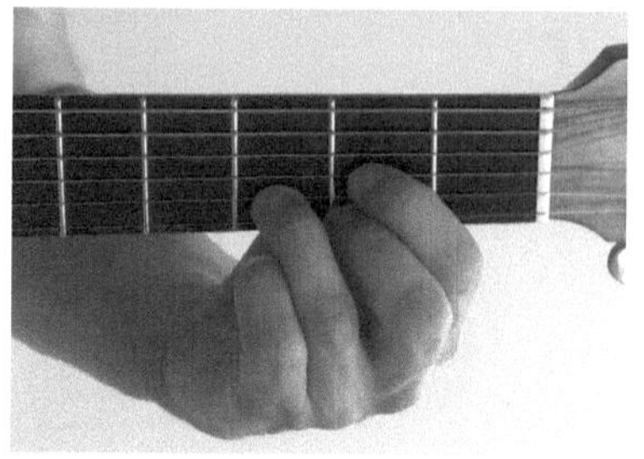

D-Dur

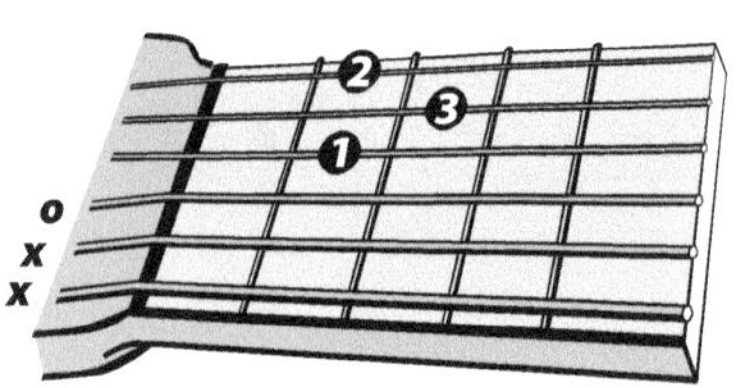

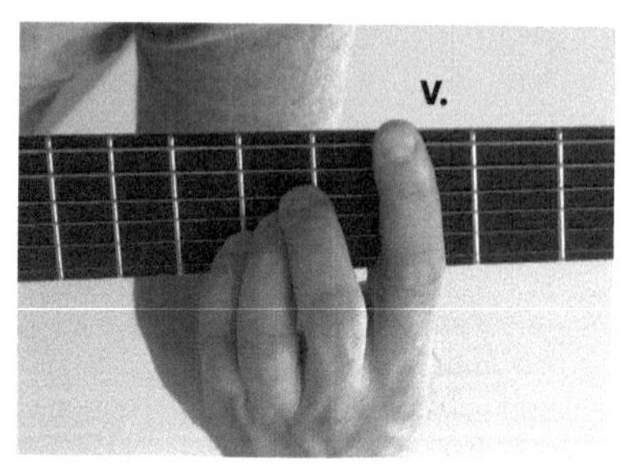

D-Dur

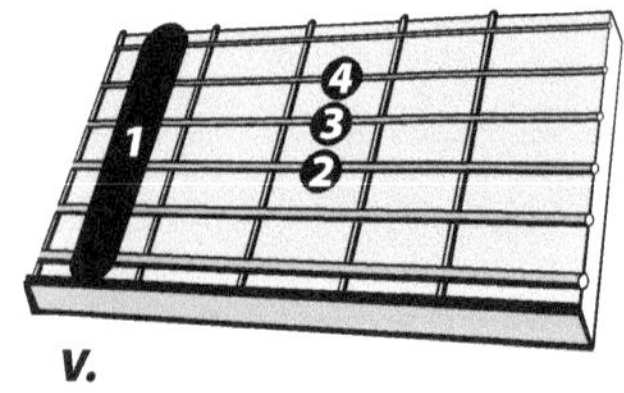

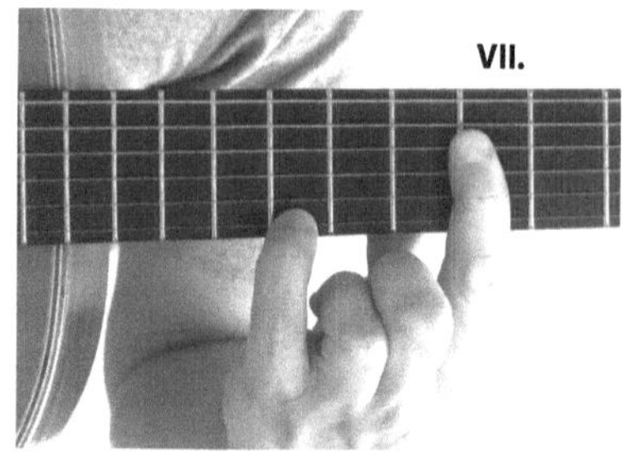

D-Dur

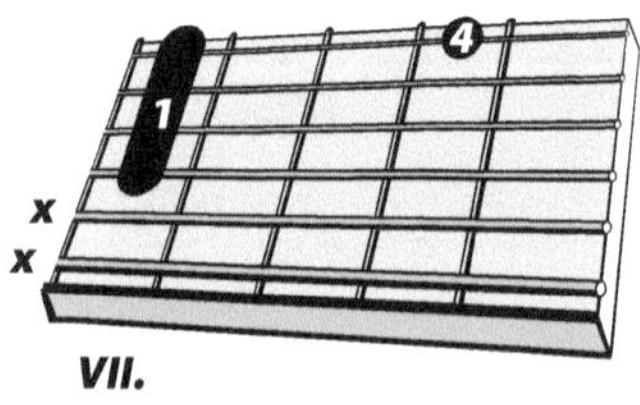

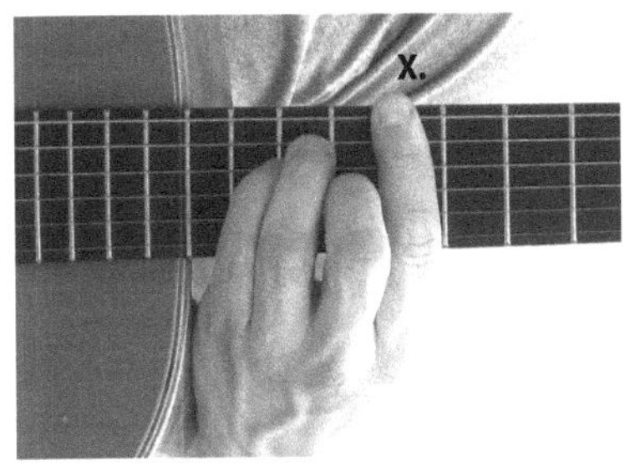

D-Dur

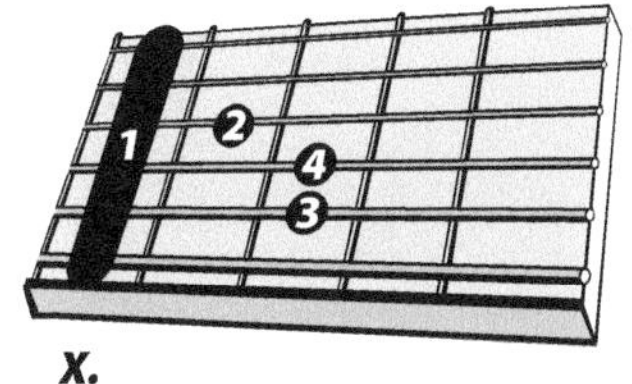

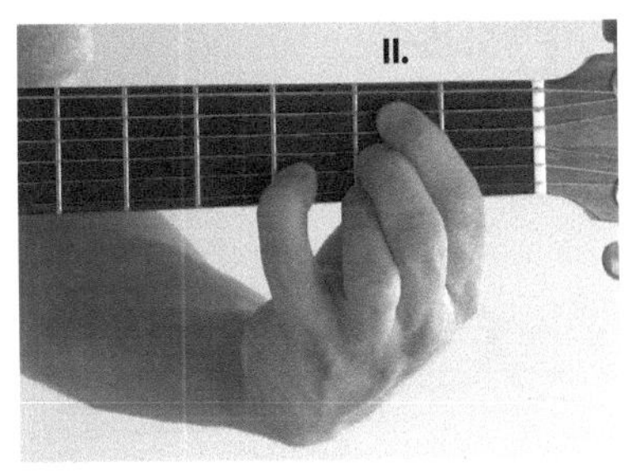

D6

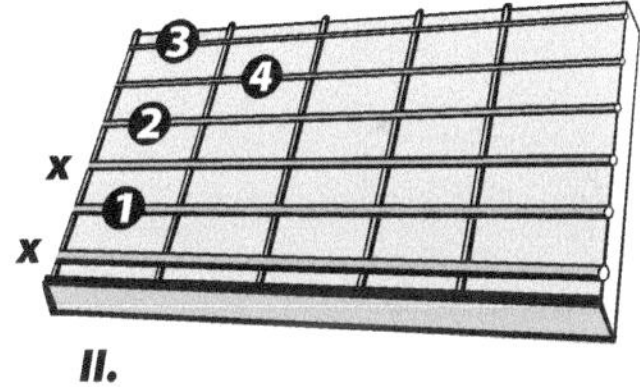

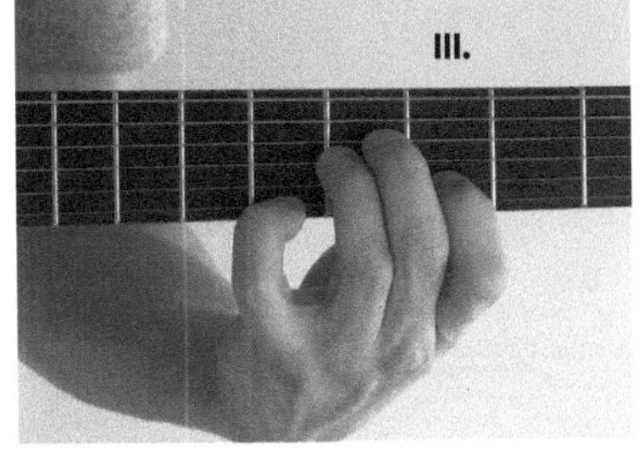

D6

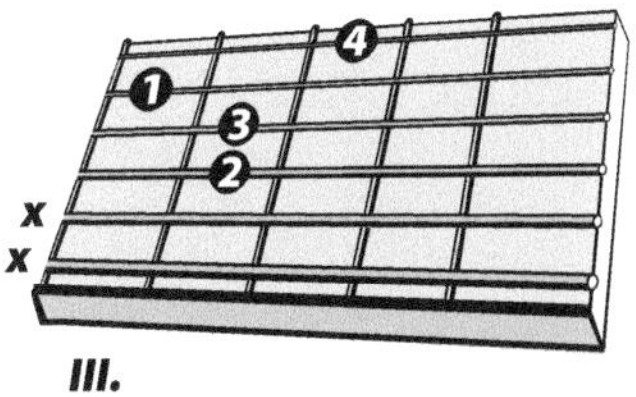

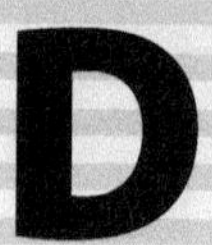

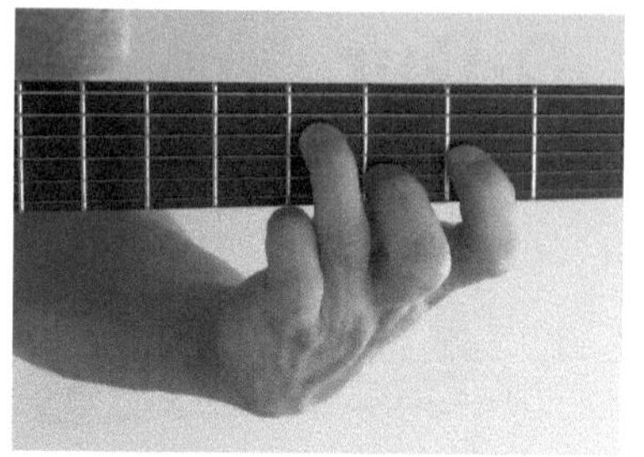

Dadd9

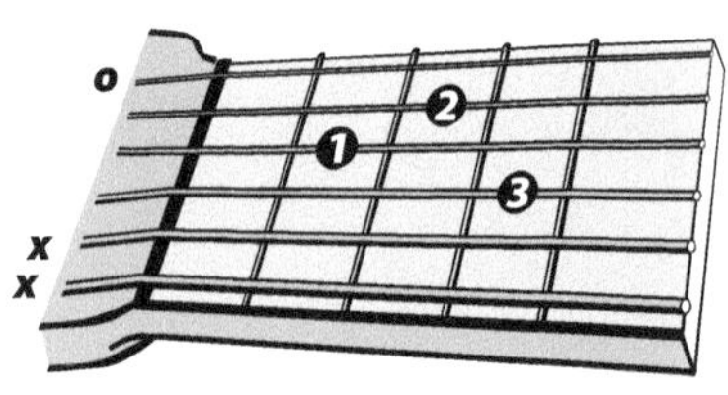

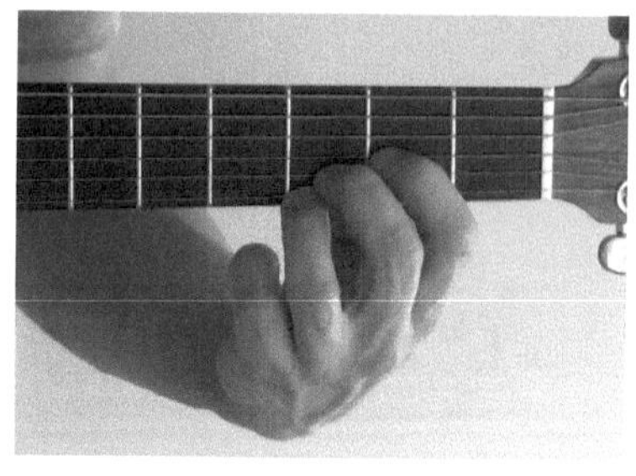

Dsus4

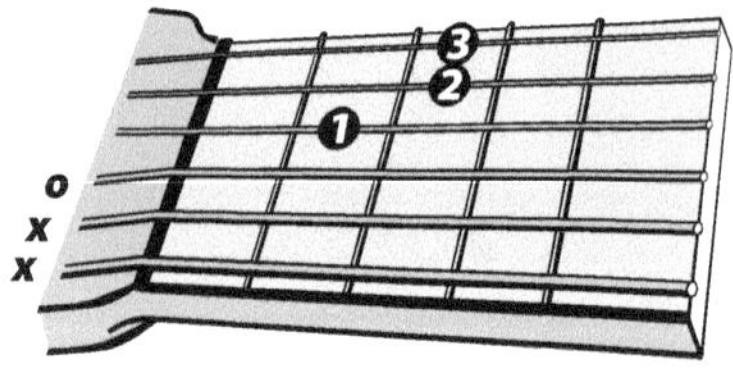

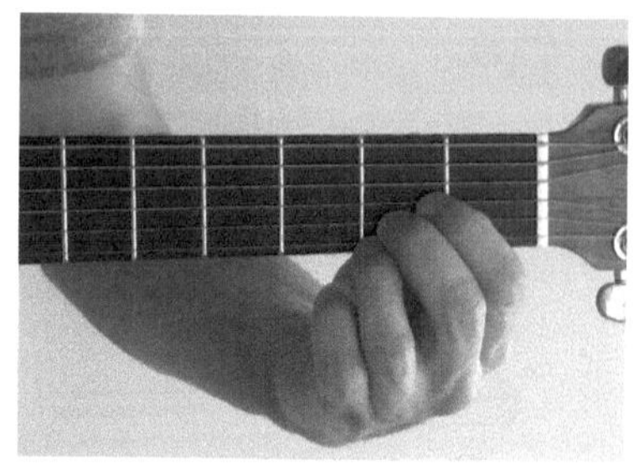

Dmaj7

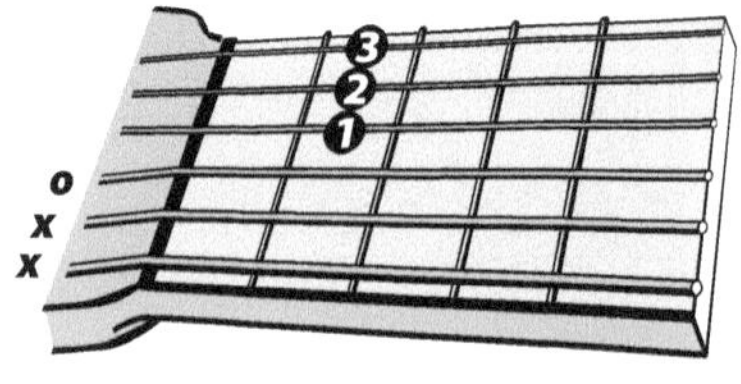

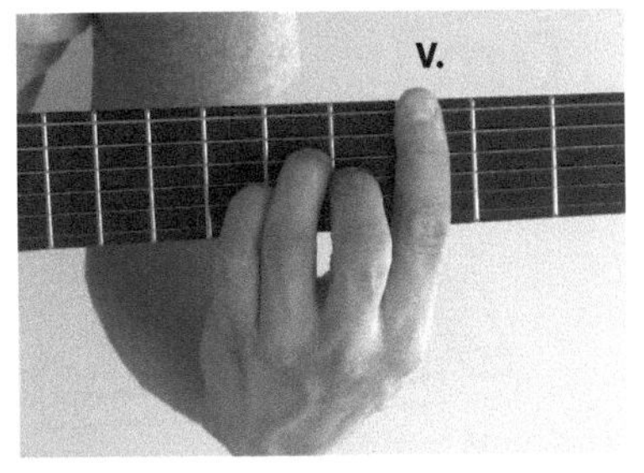

Dmaj7

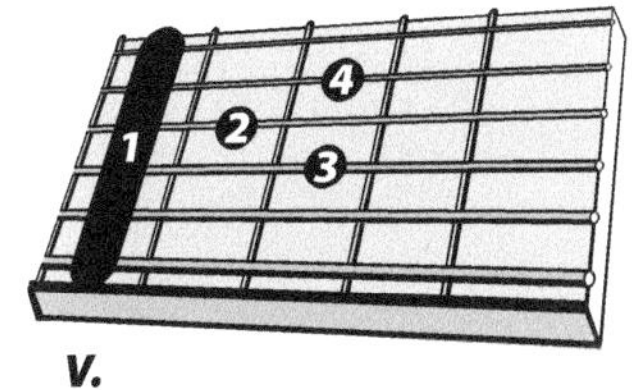

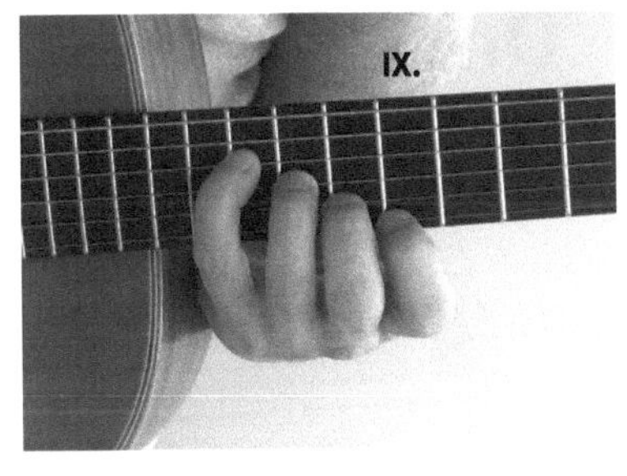

Dmaj7

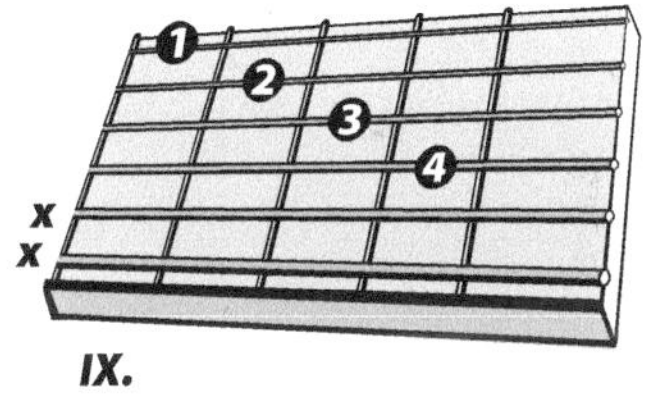

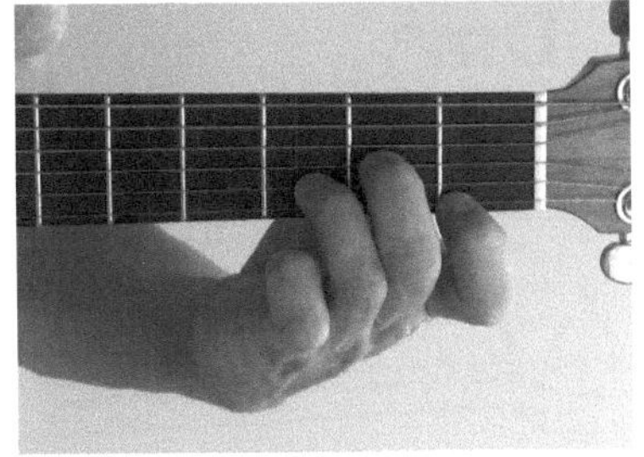

Dm

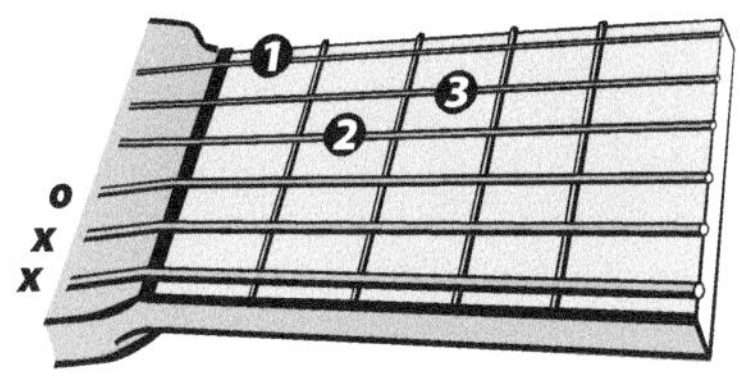

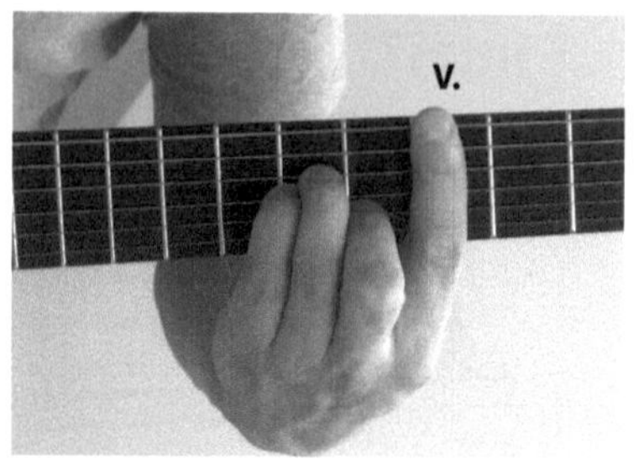

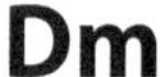

Dm

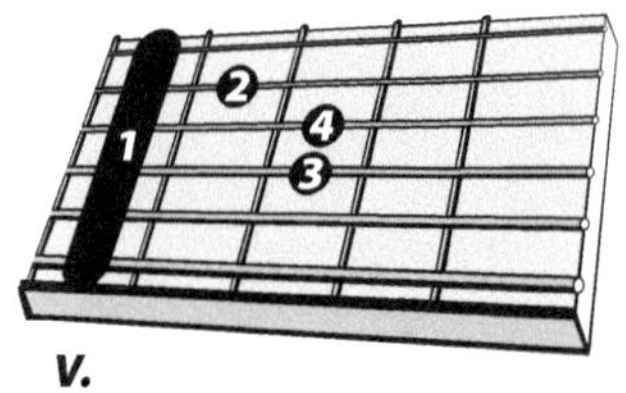

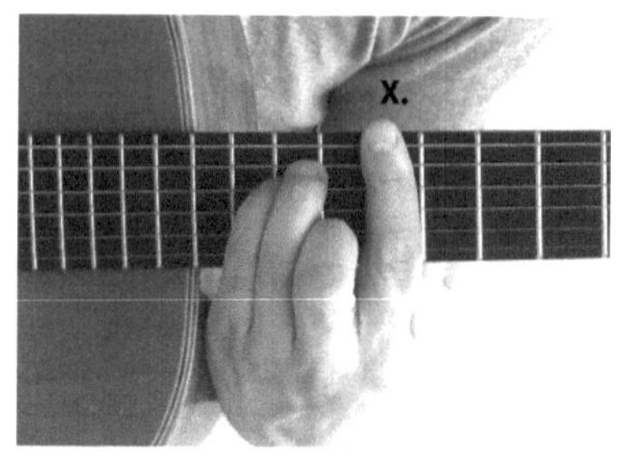

Dm

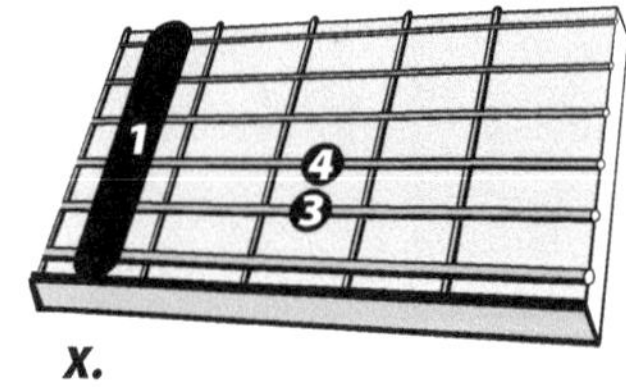

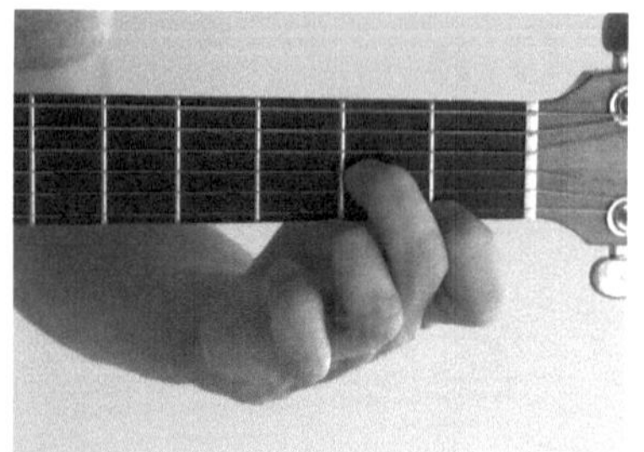

Dm^6

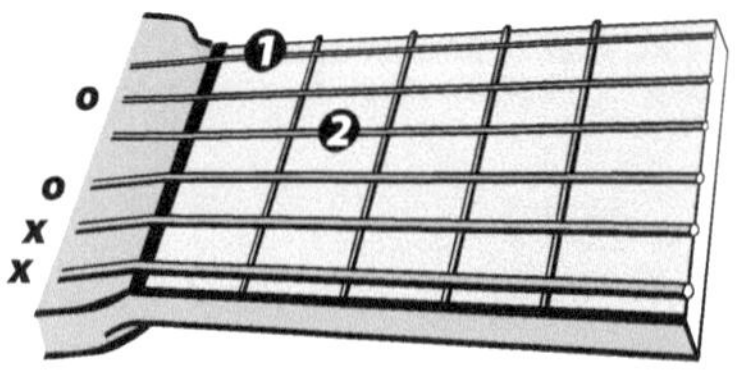

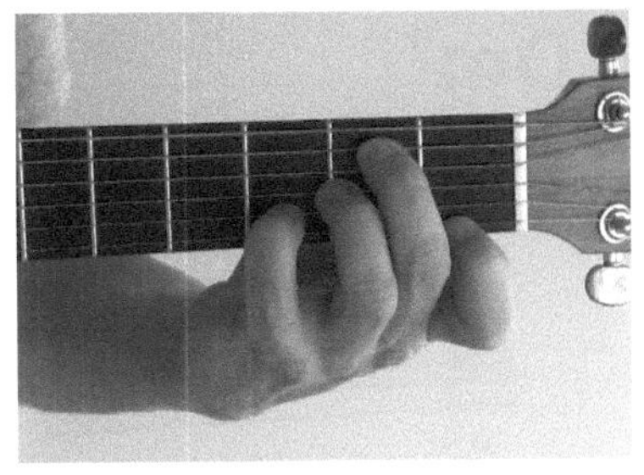

Dm^6

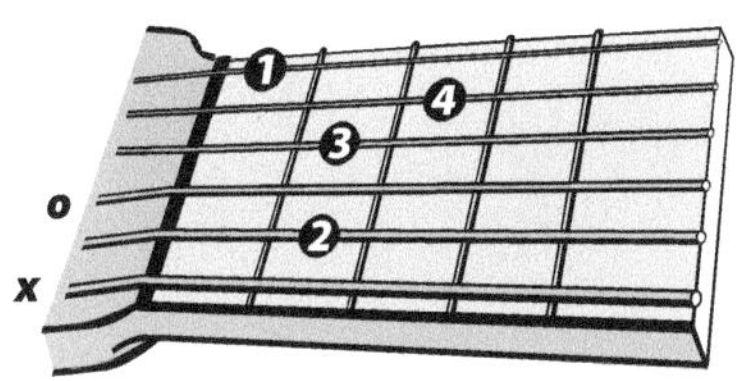

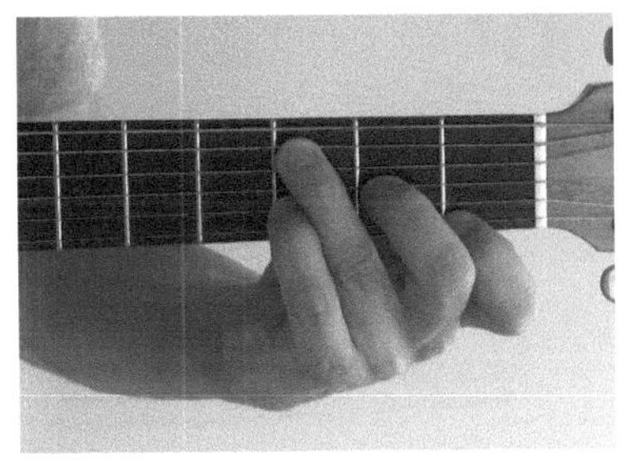

Dm^7

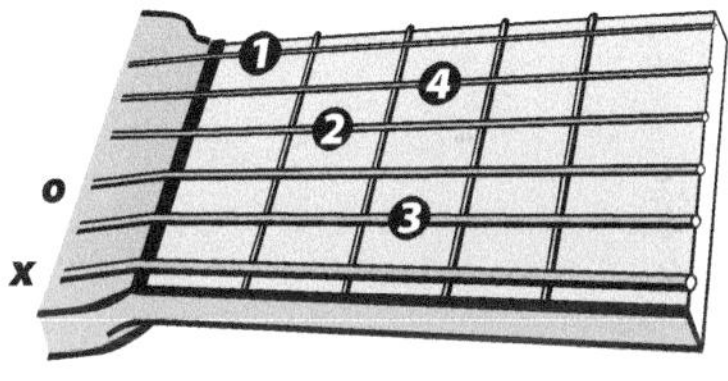

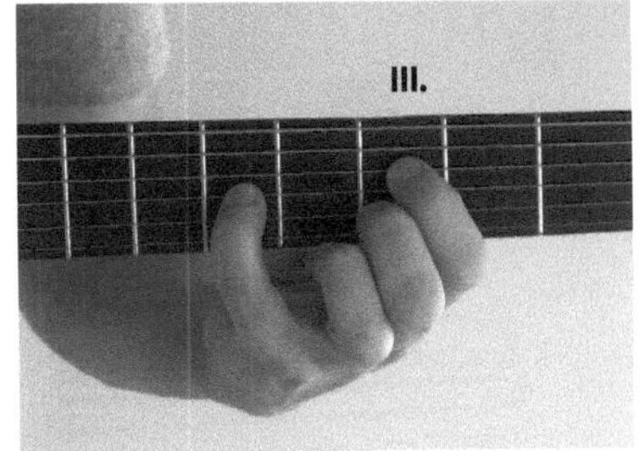

Dm^7

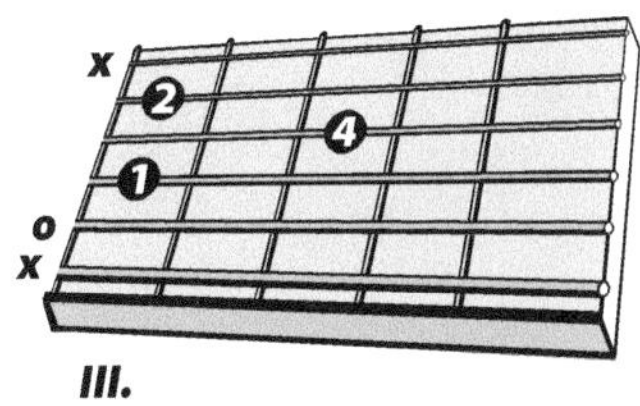

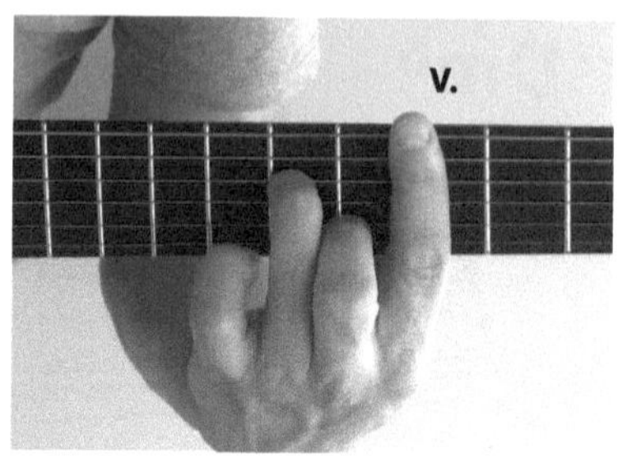

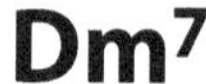

Dm^7

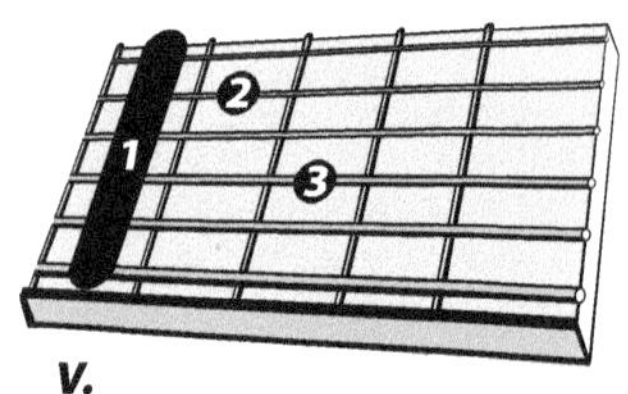

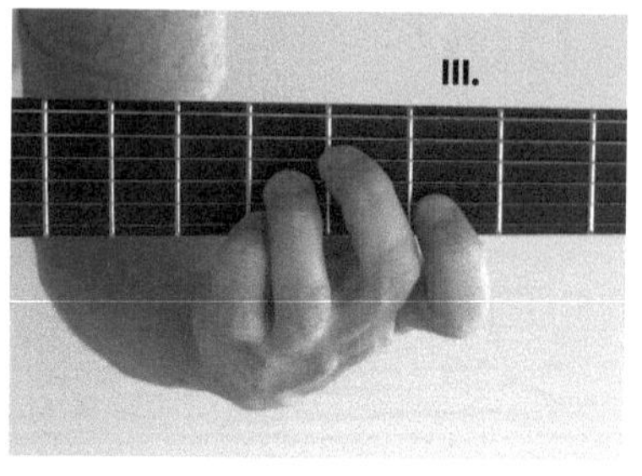

D^7

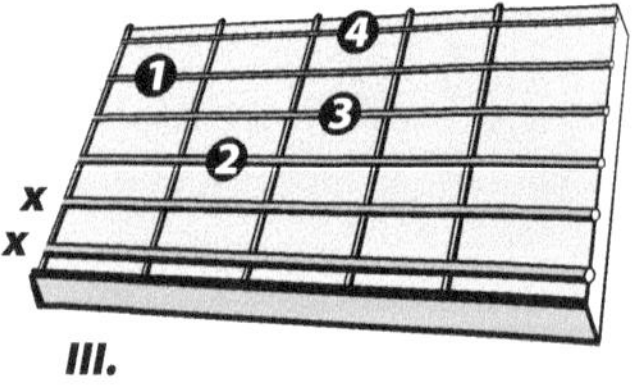

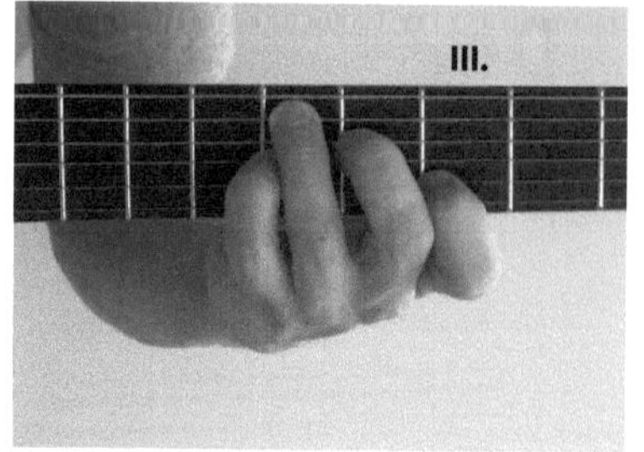

D^7

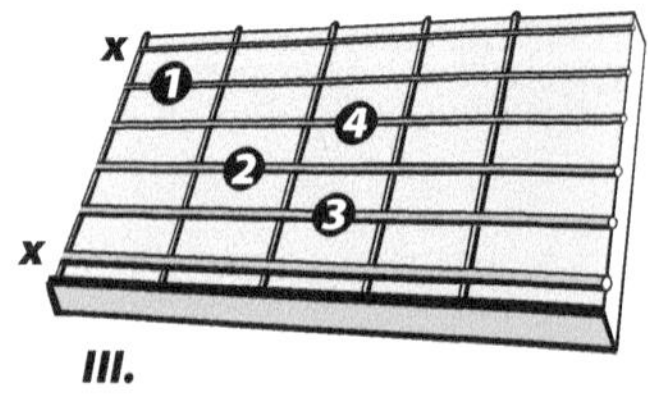

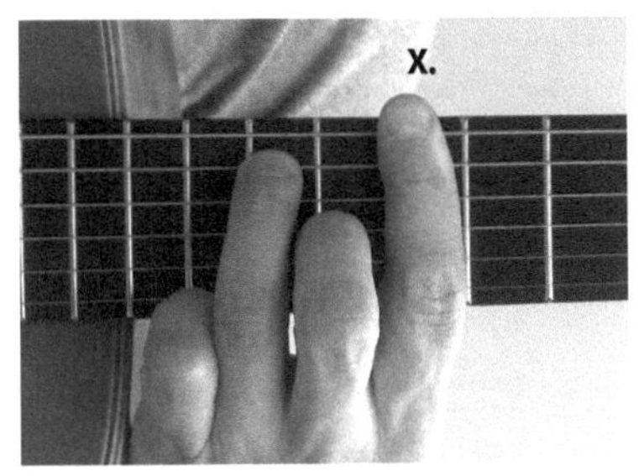

D^7

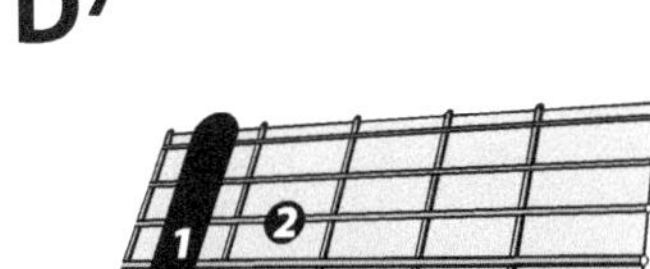

X.

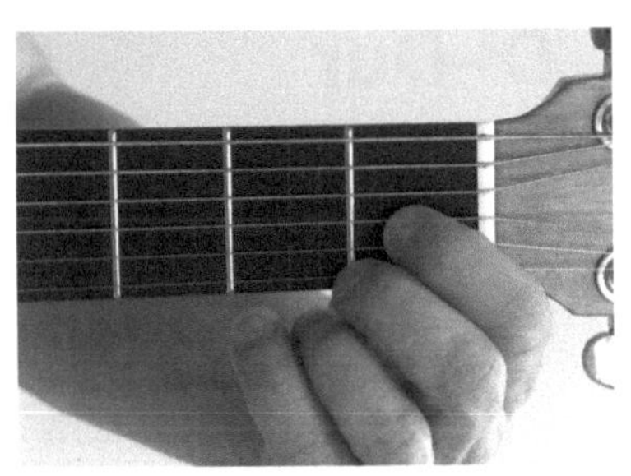

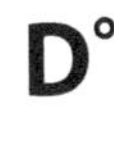

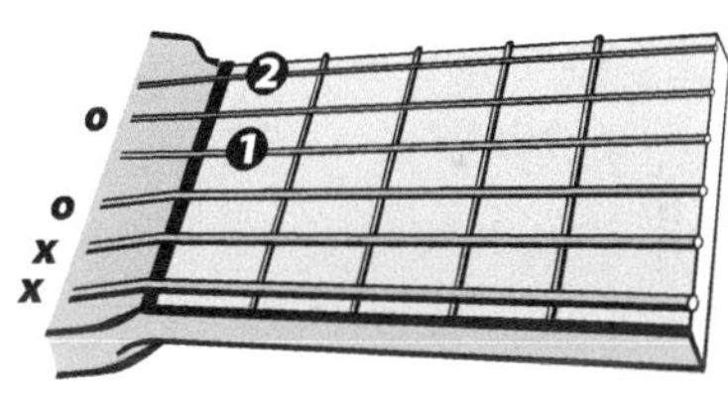

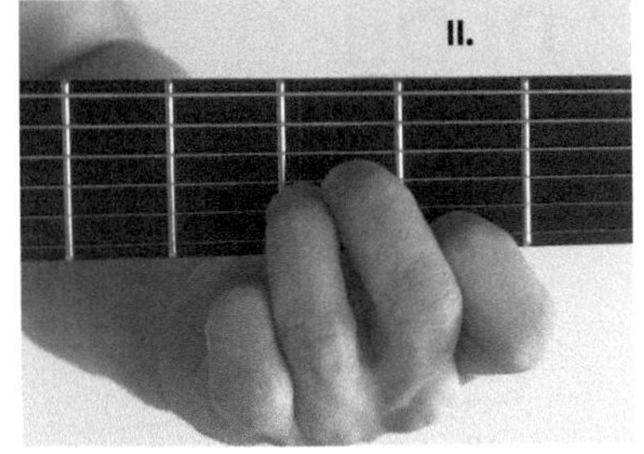

D+

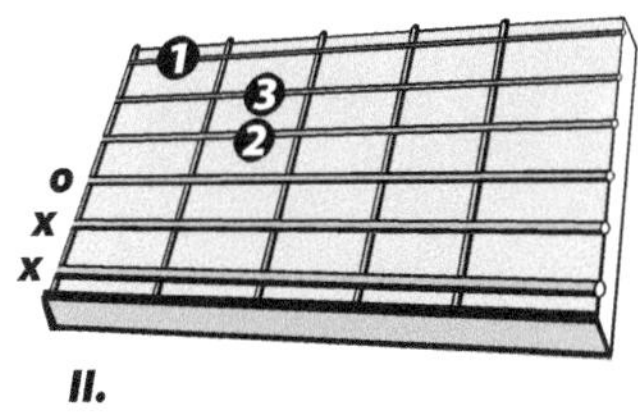

II.

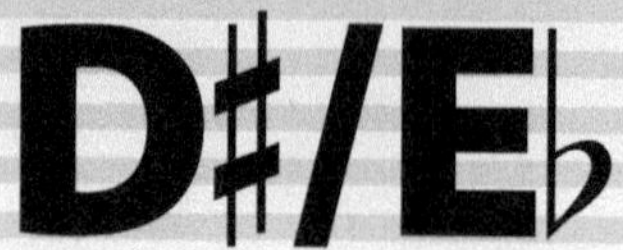

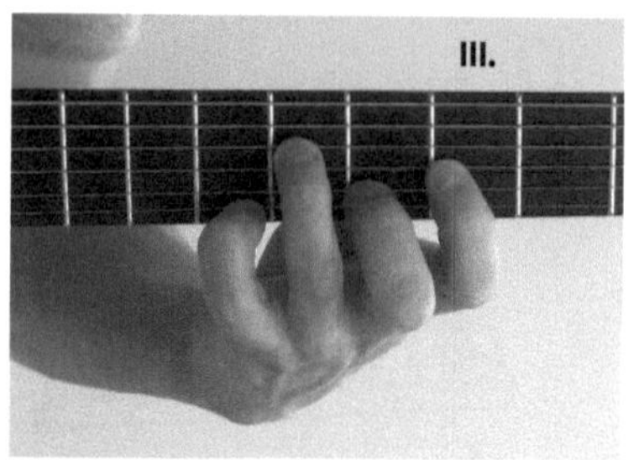

D♯-Dur

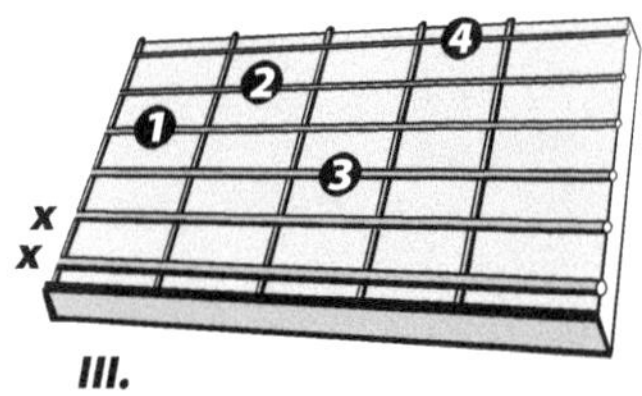

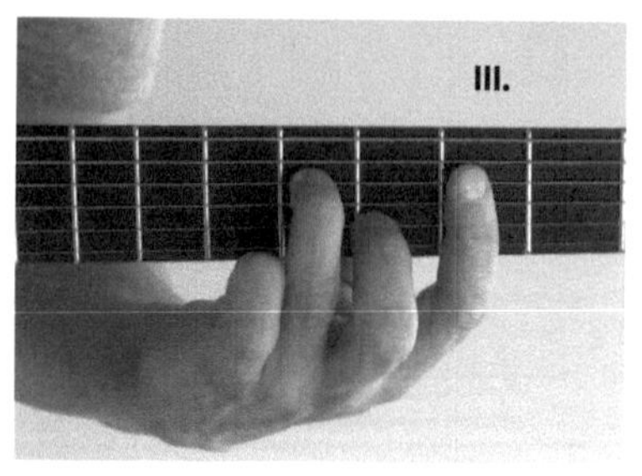

D♯-Dur

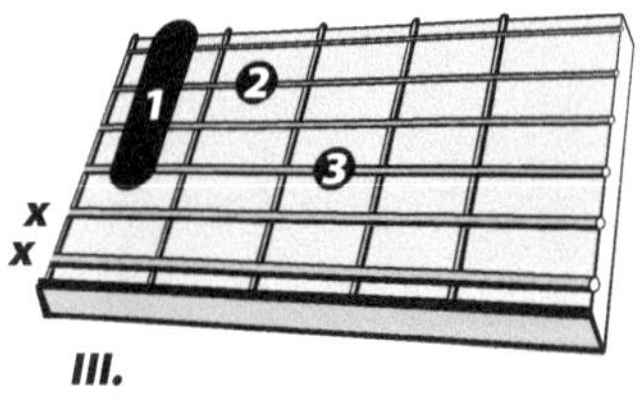

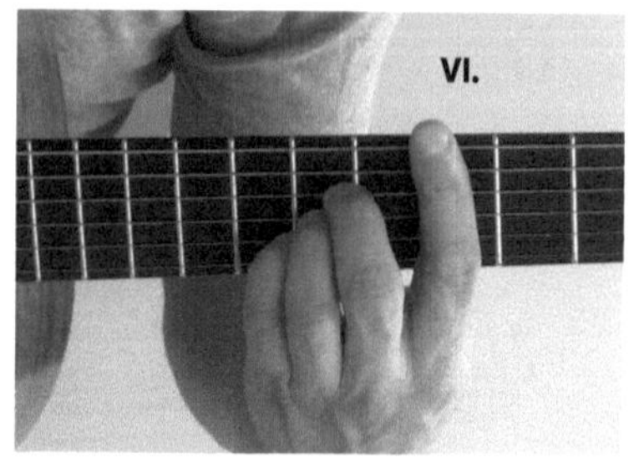

D♯-Dur

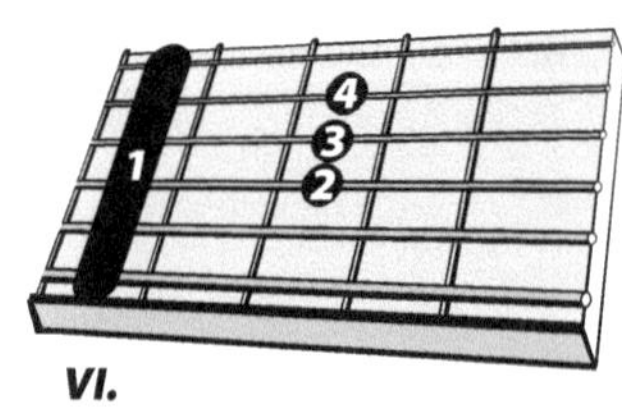

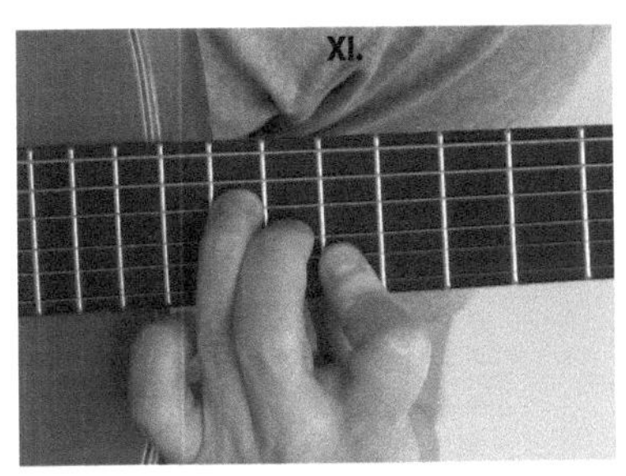

D♯-Dur

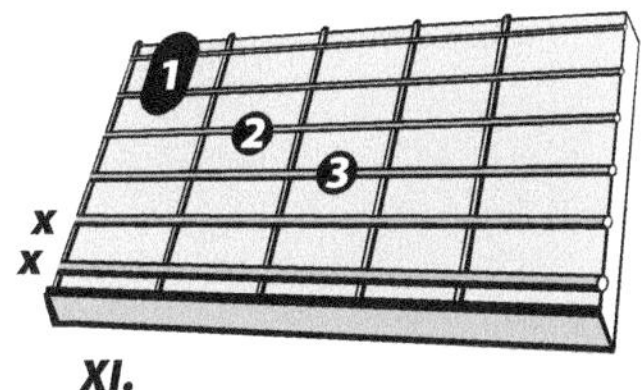

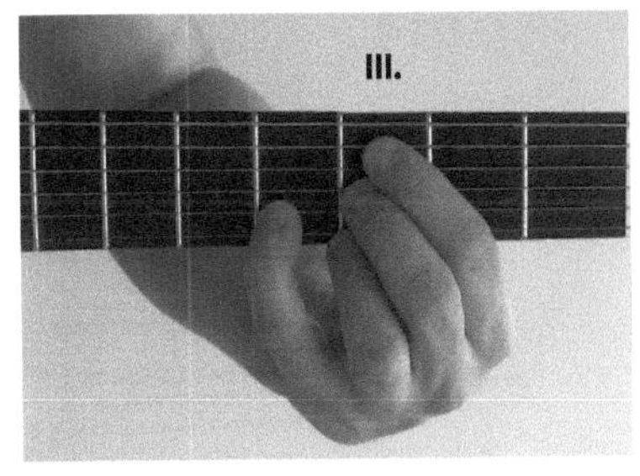

D♯6

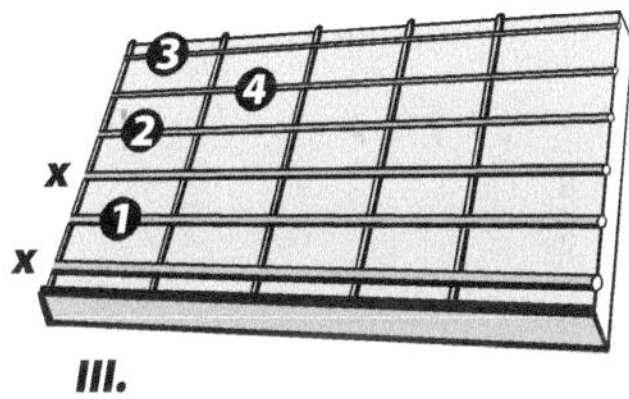

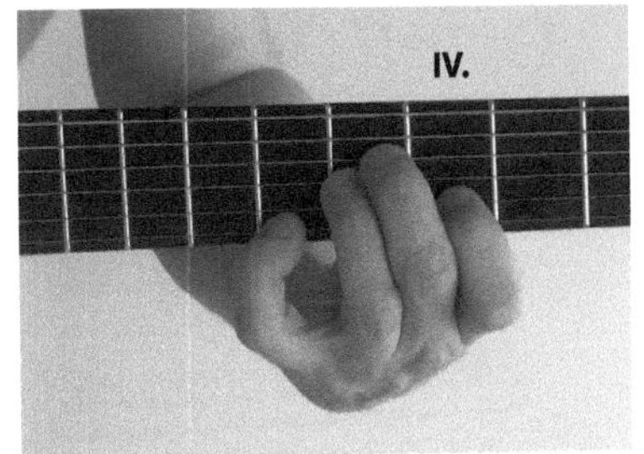

D♯6

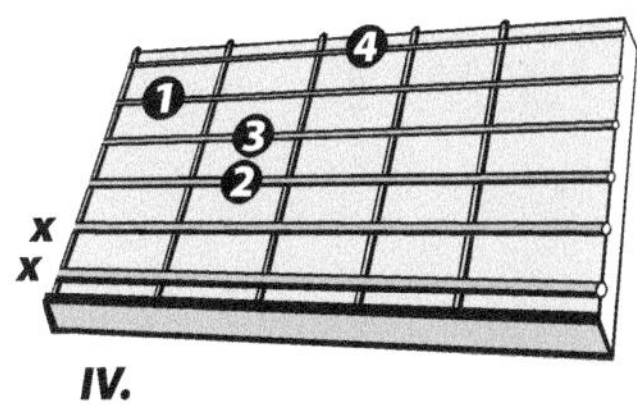

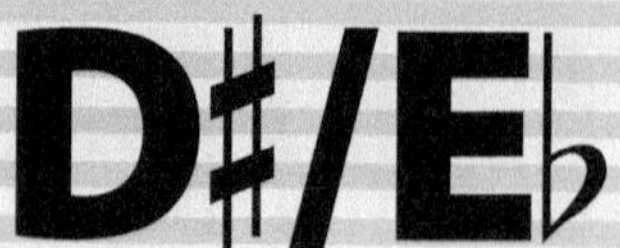

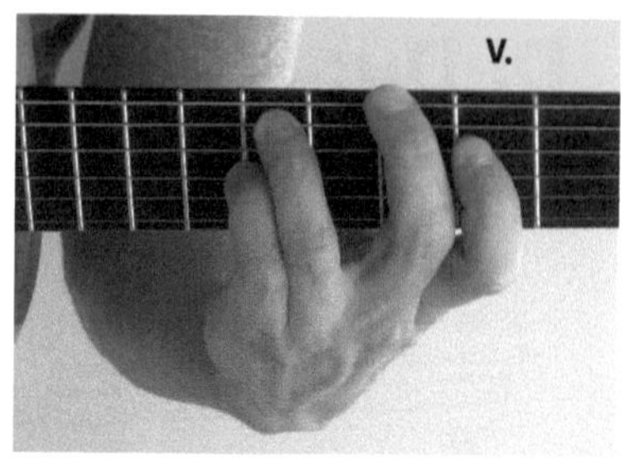

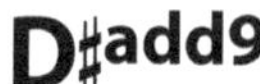

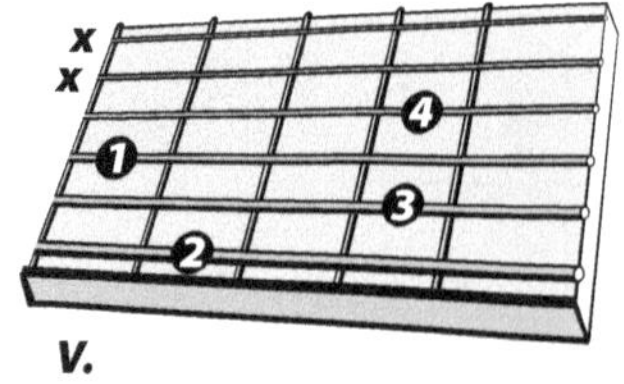

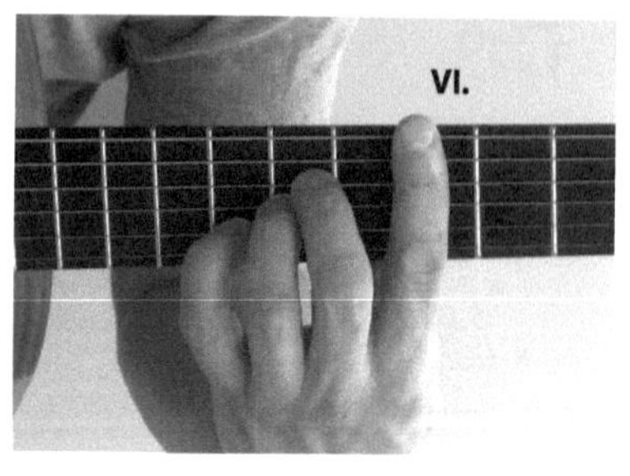

D♯sus4

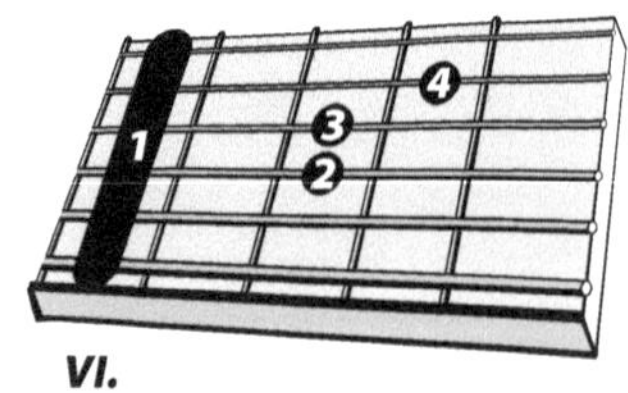

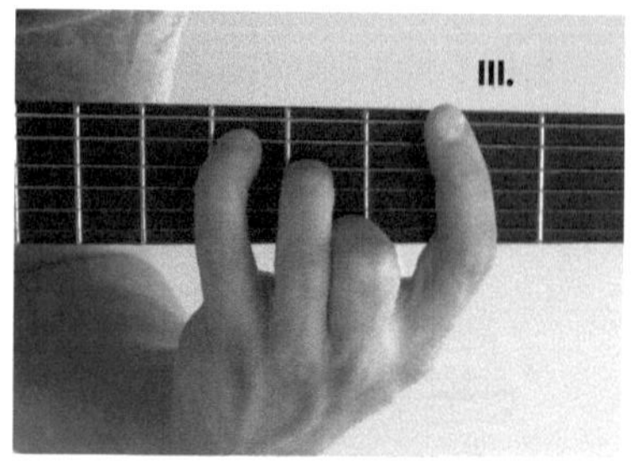

D♯maj7

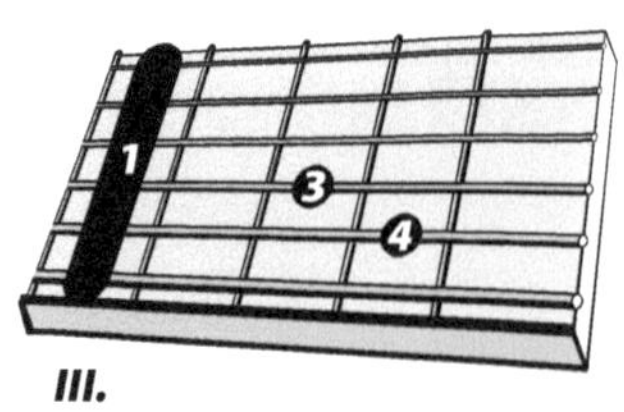

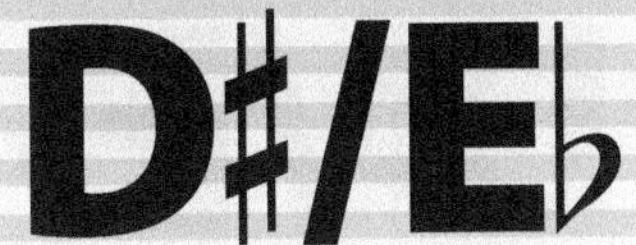

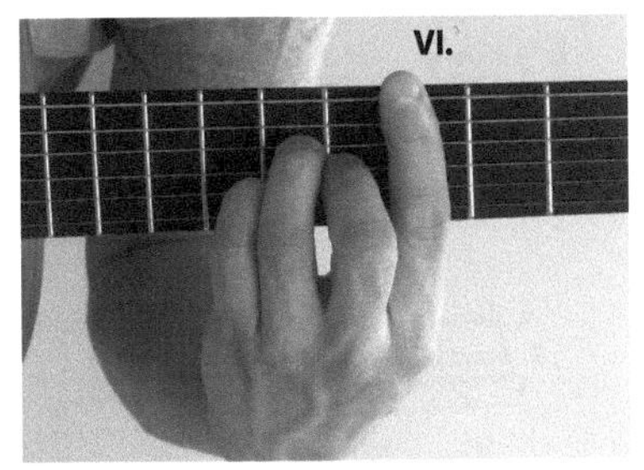

D♯maj7

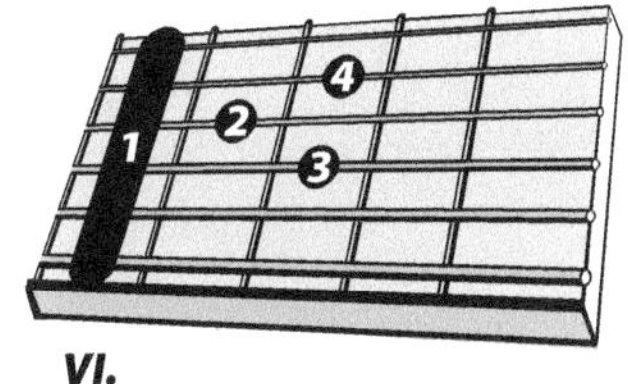

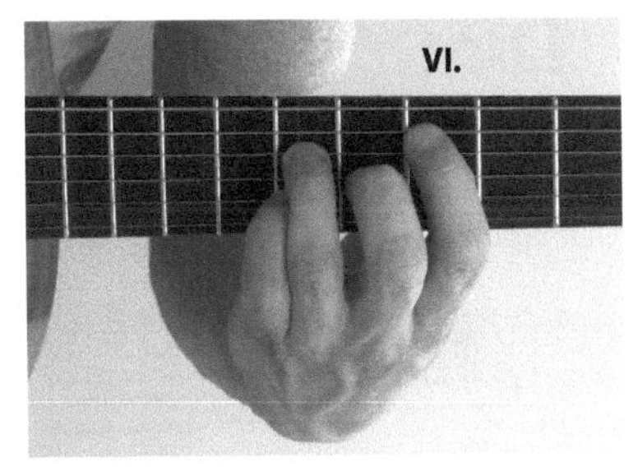

D♯maj7

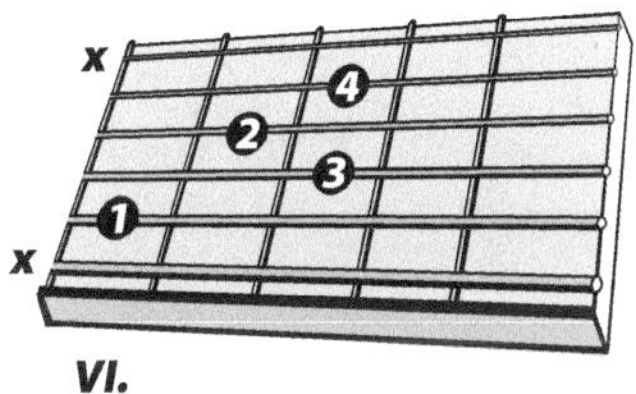

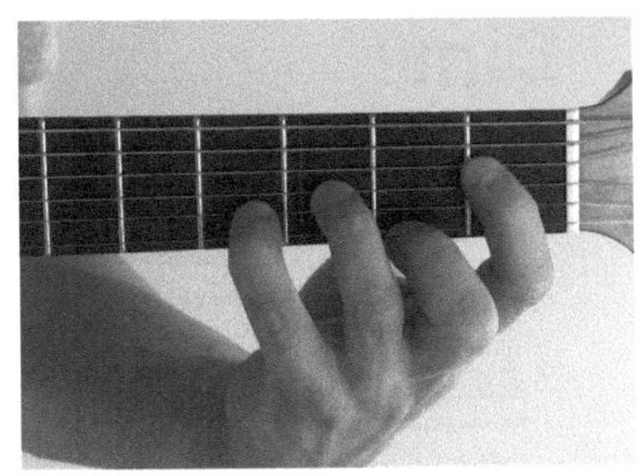

D♯m

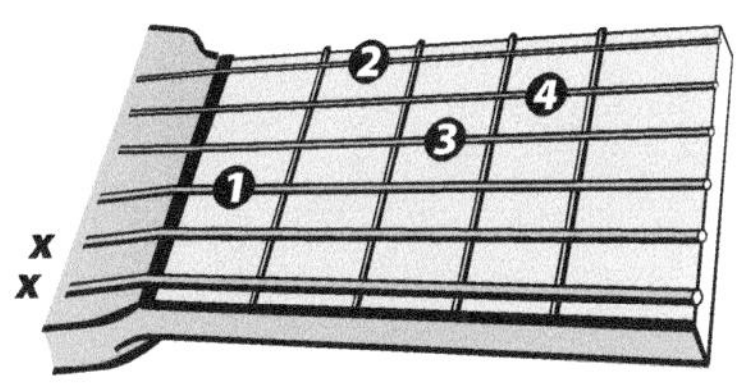

D♯/E♭

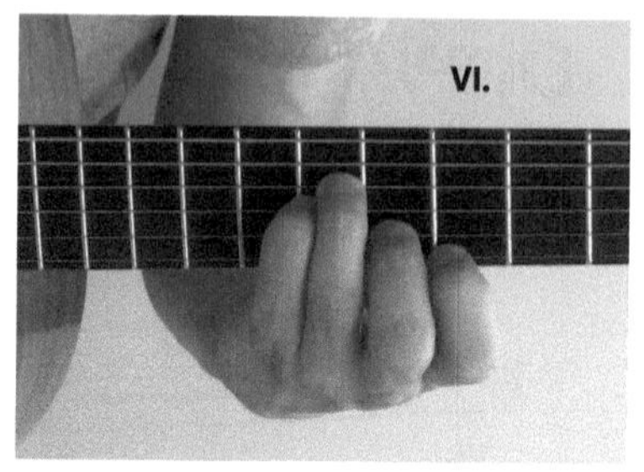
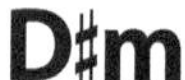

D♯m

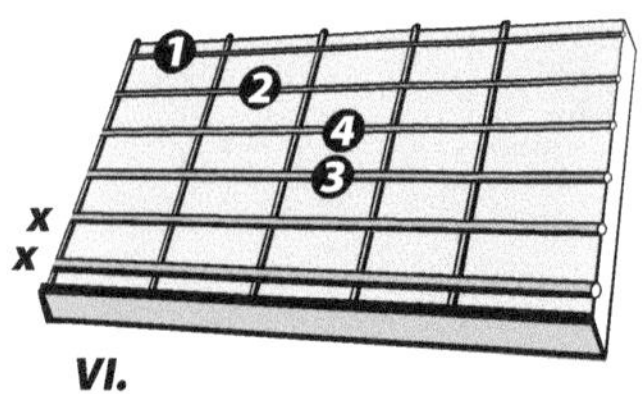

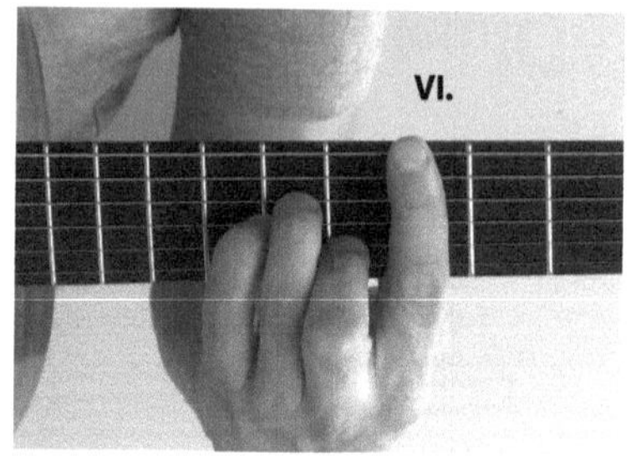

D♯m

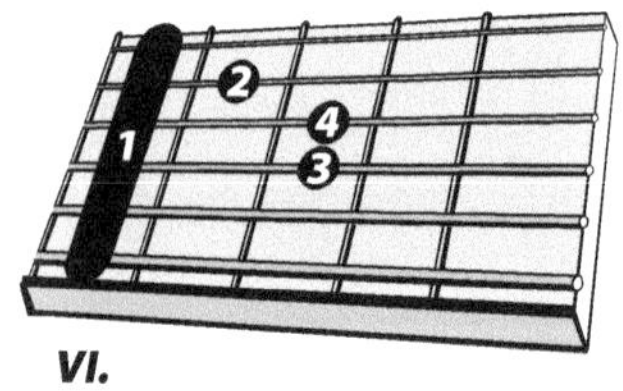

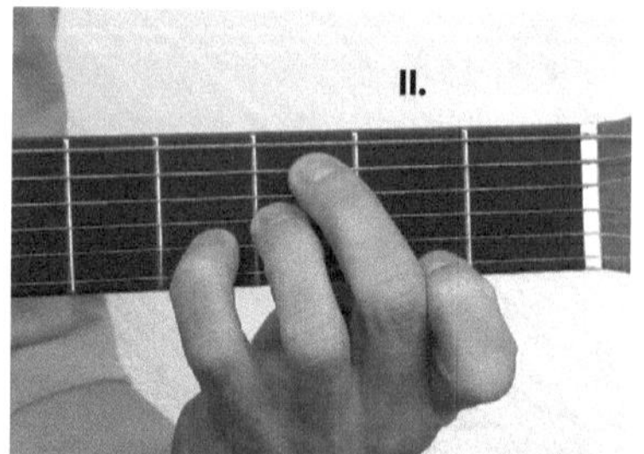

D♯m^6

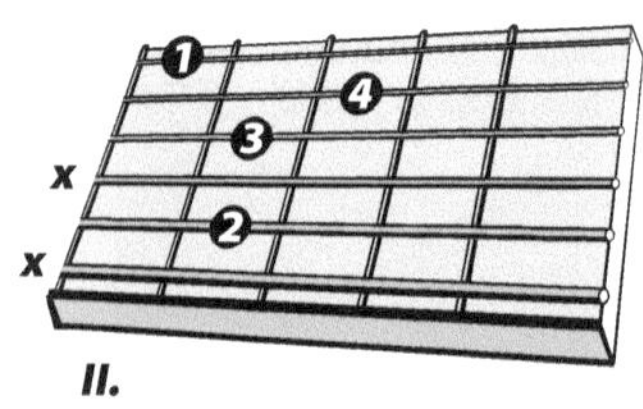

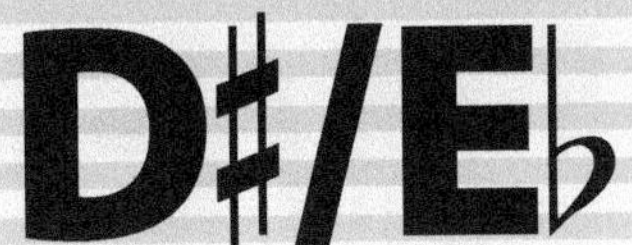

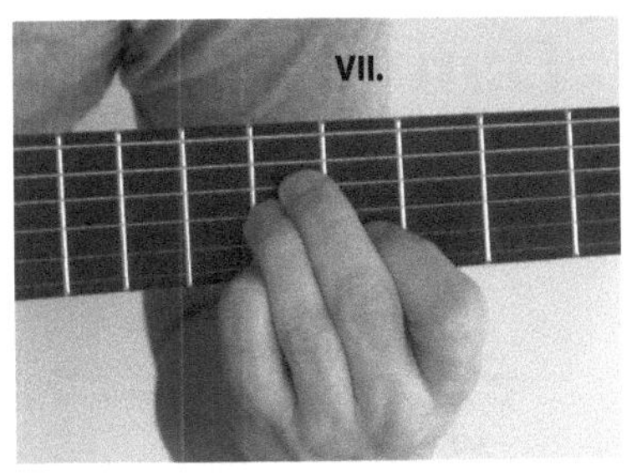

D♯m⁶

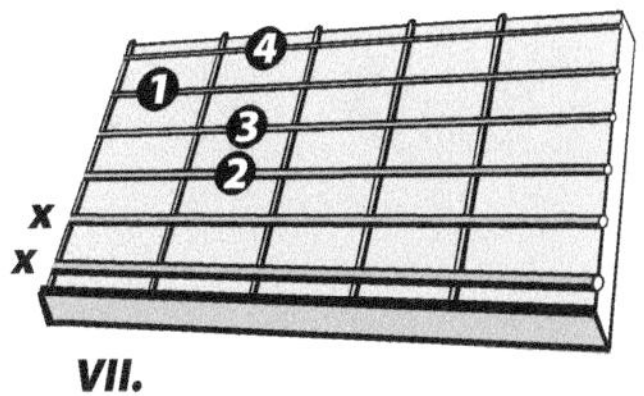

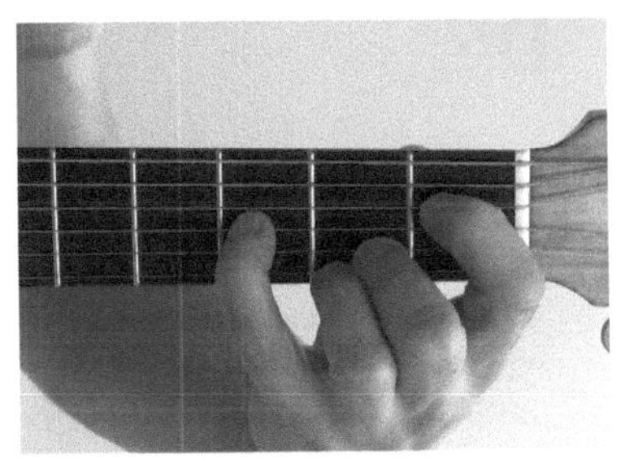

D♯m⁷

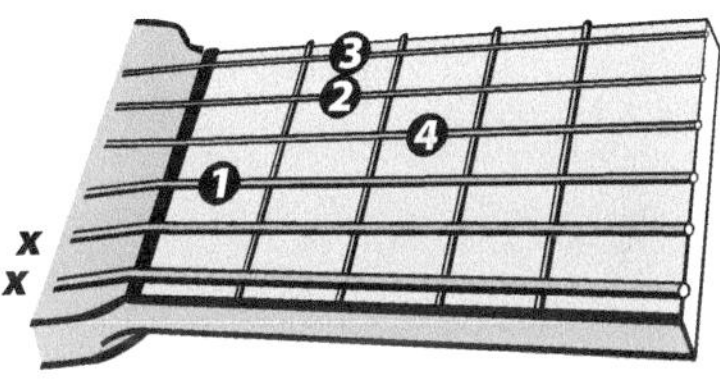

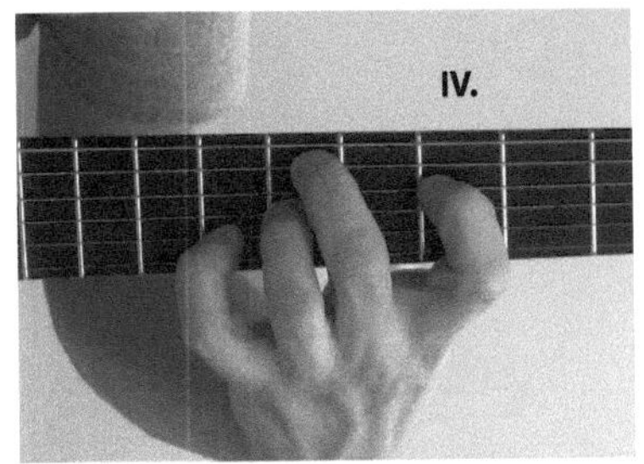

D♯m⁷

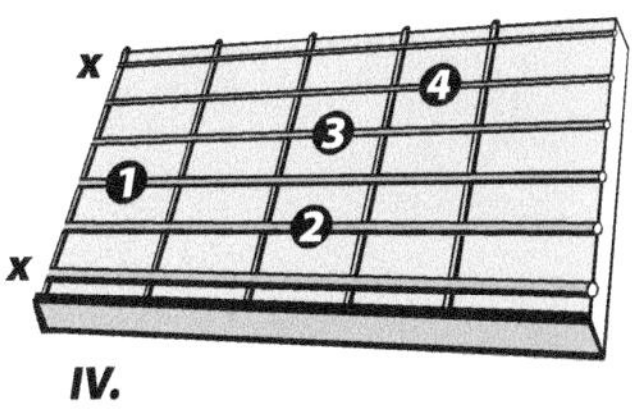

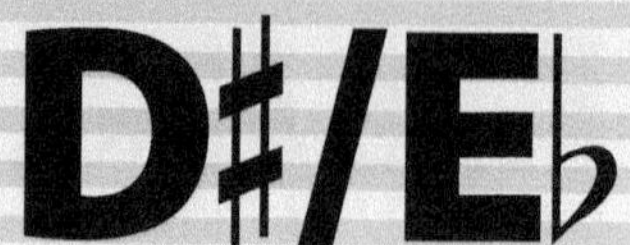

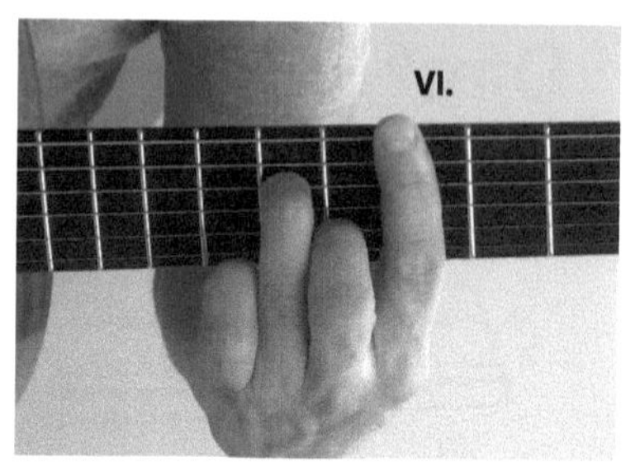

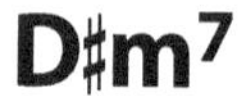

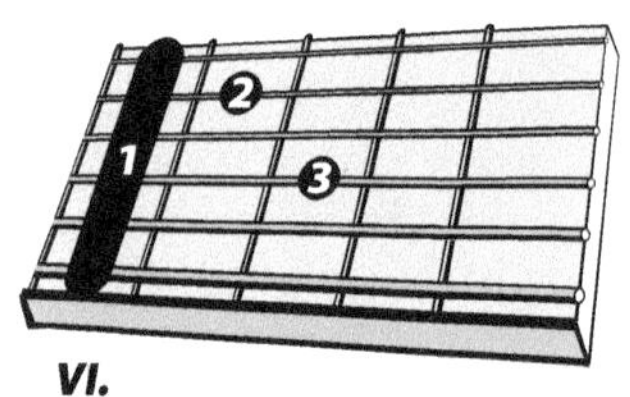

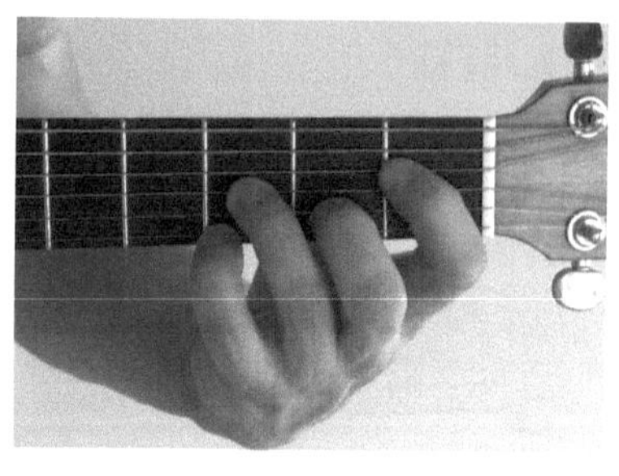

D♯7

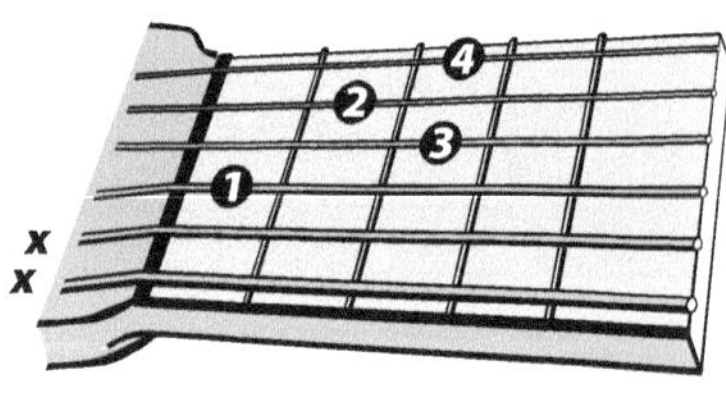

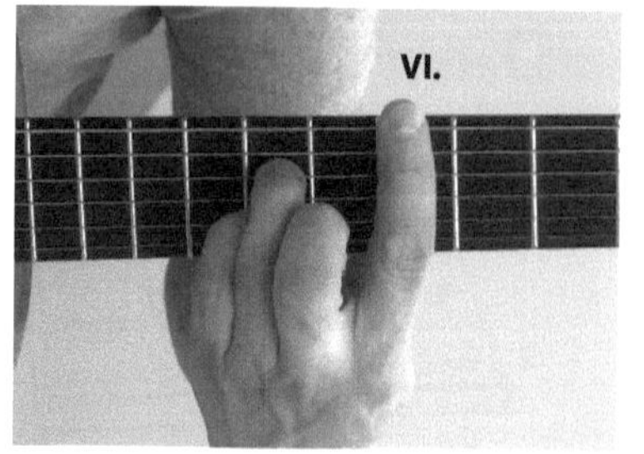

D♯7

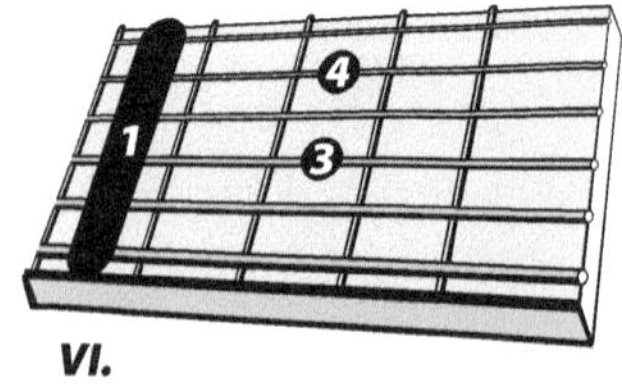

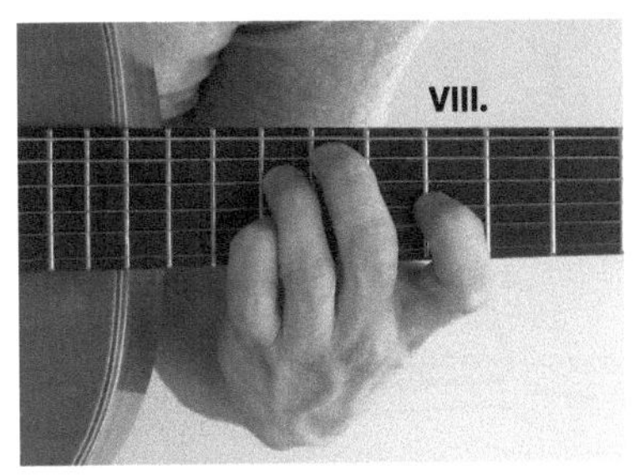

D♯7

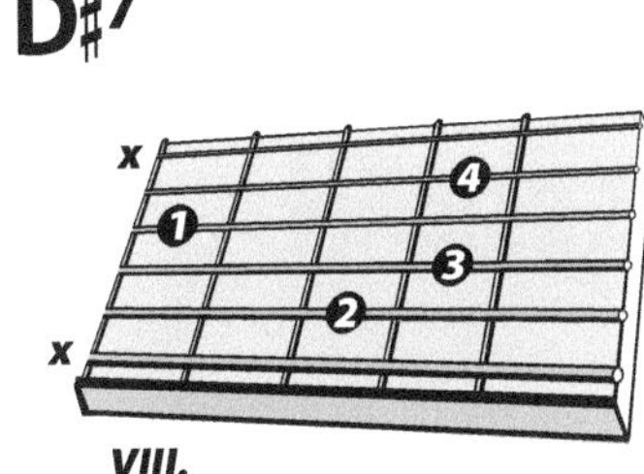

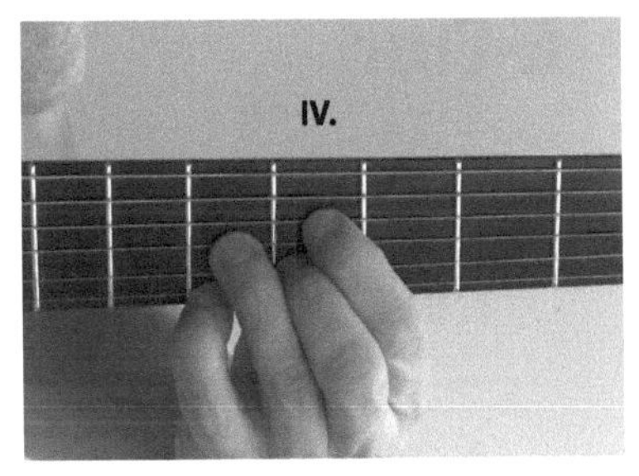

D♯°

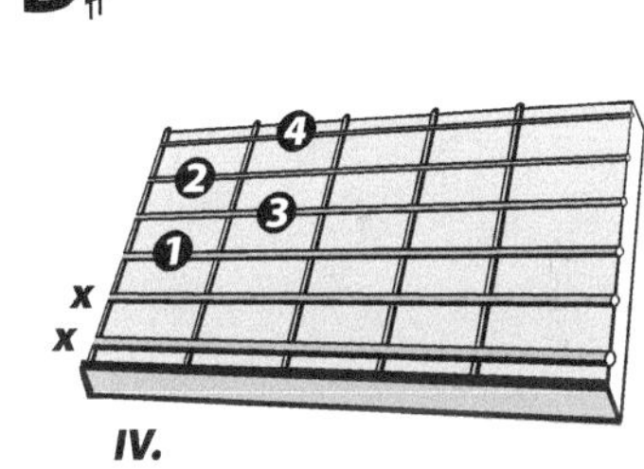

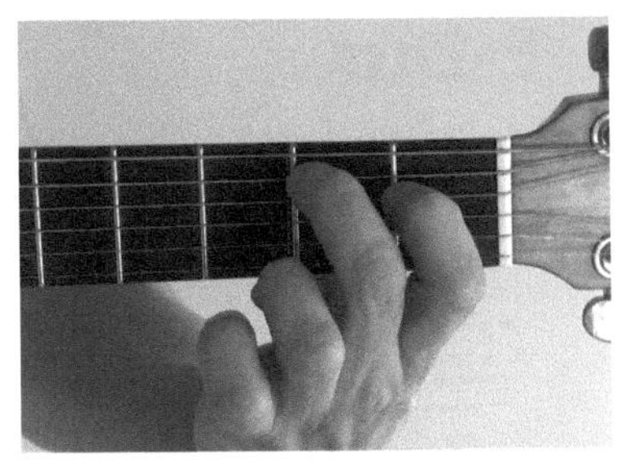

D♯+

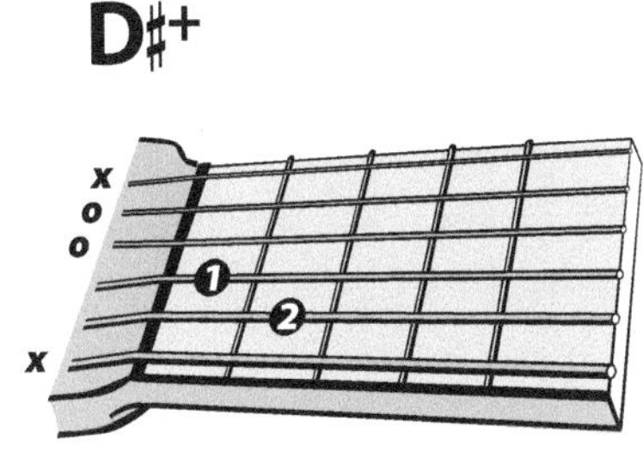

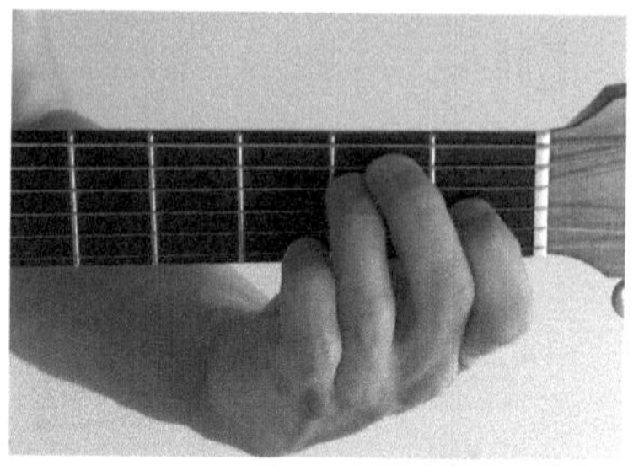

E-Dur

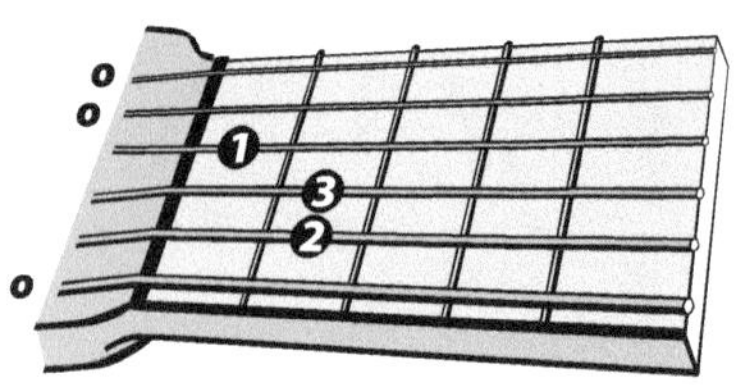

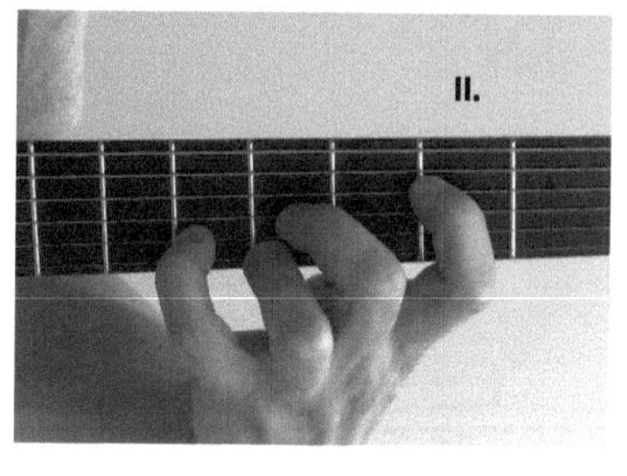

E-Dur

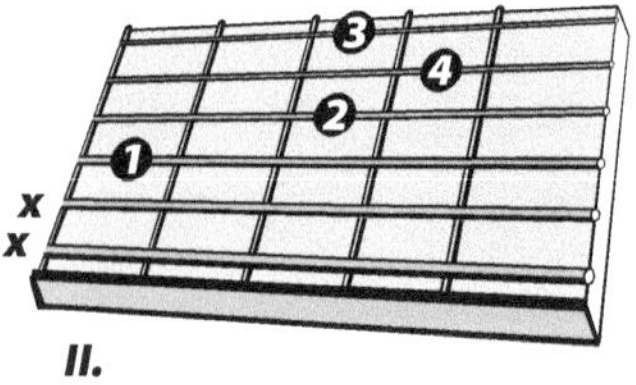

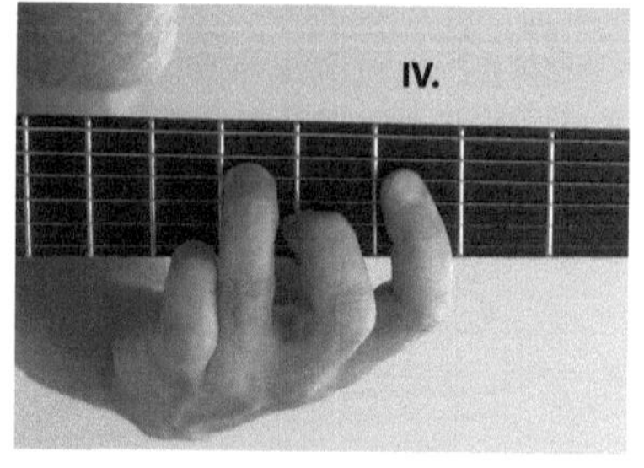

E-Dur

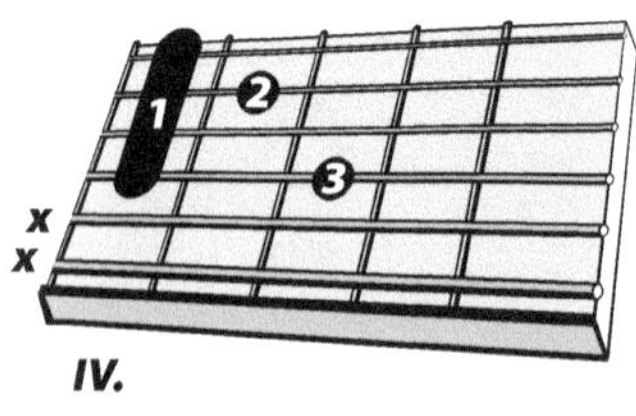

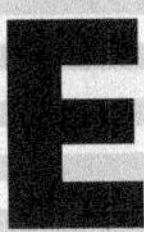

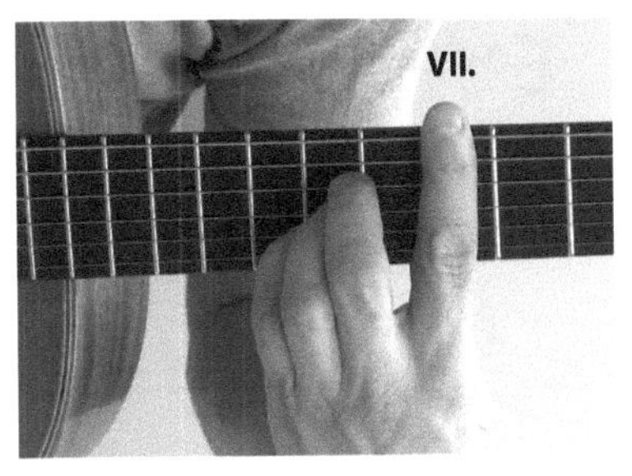

E-Dur

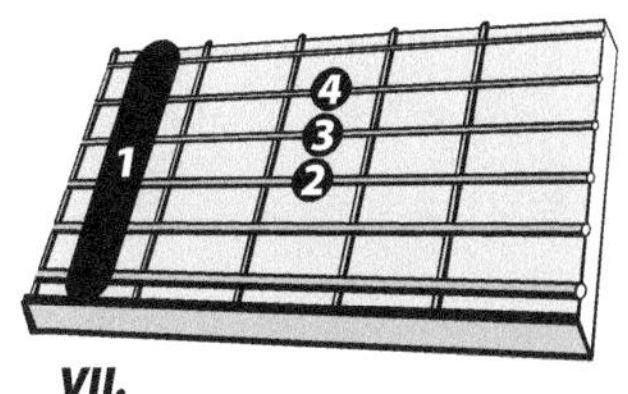

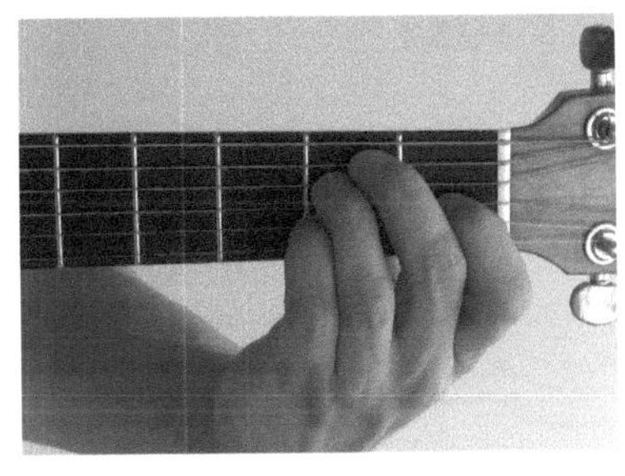

E^6

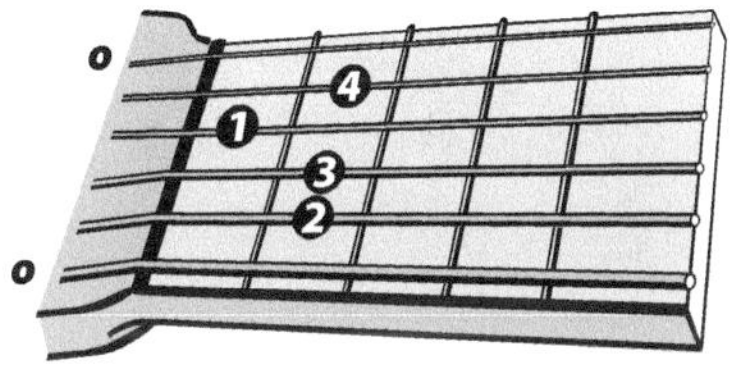

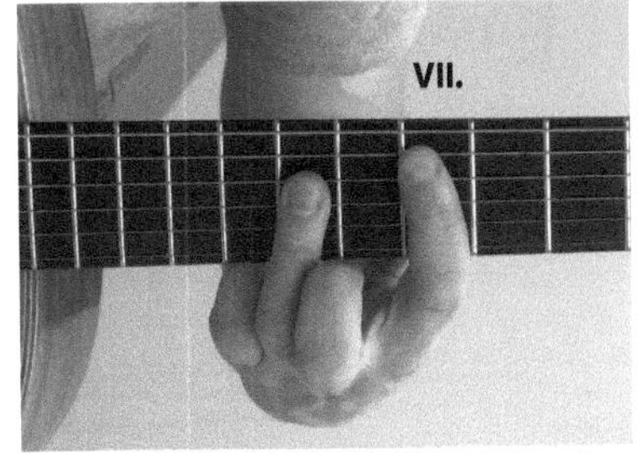

E^6

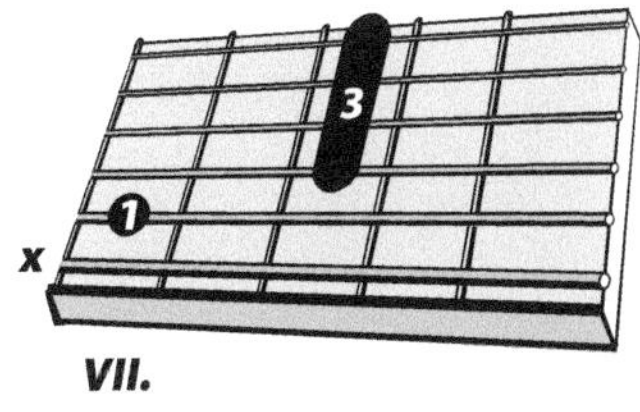

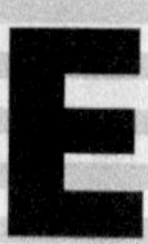

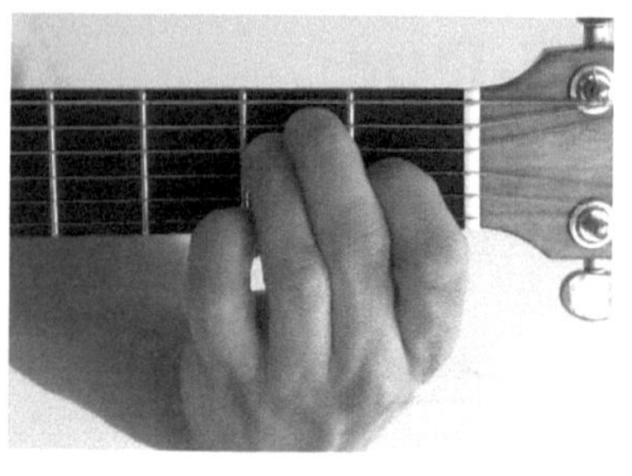

Eadd9

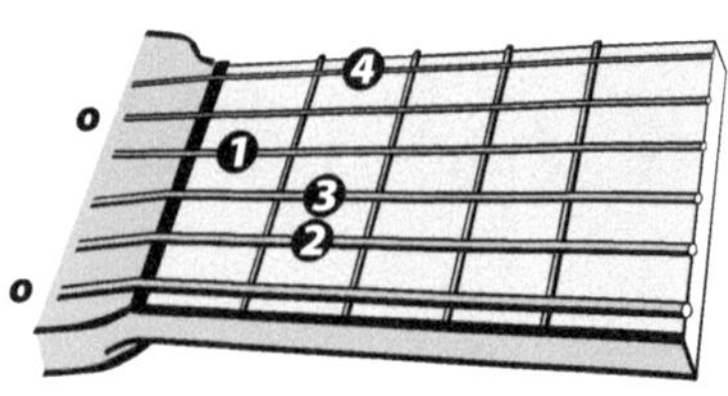

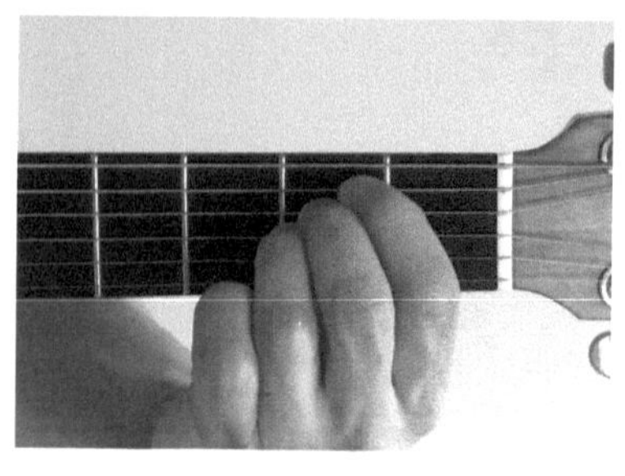

Esus4

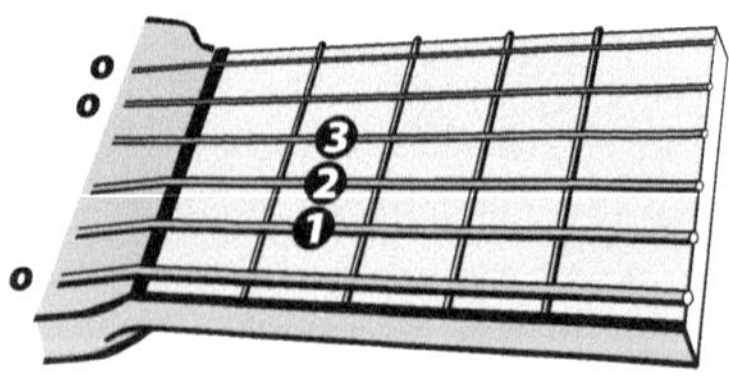

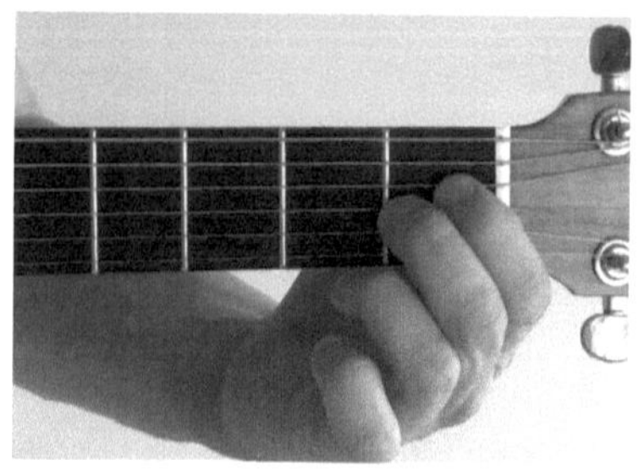

Emaj7

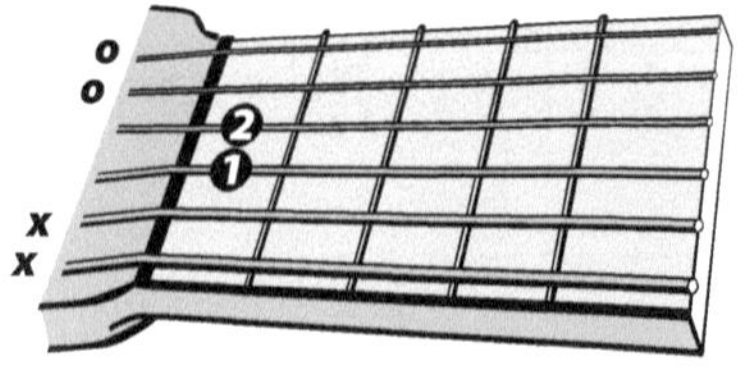

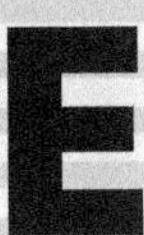

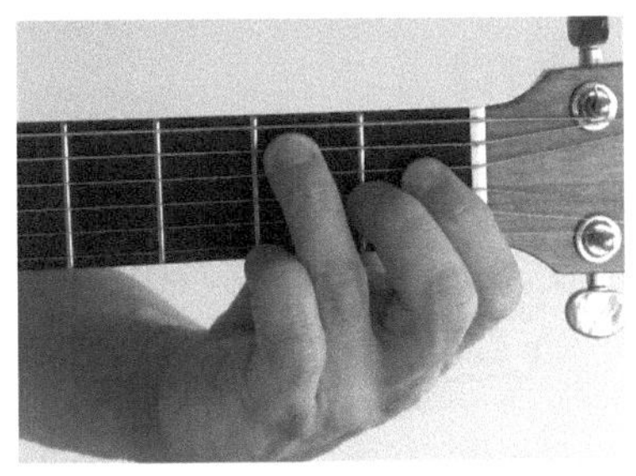

Emaj7

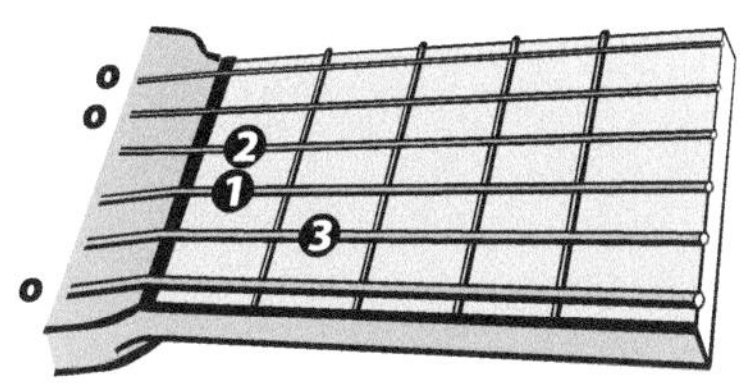

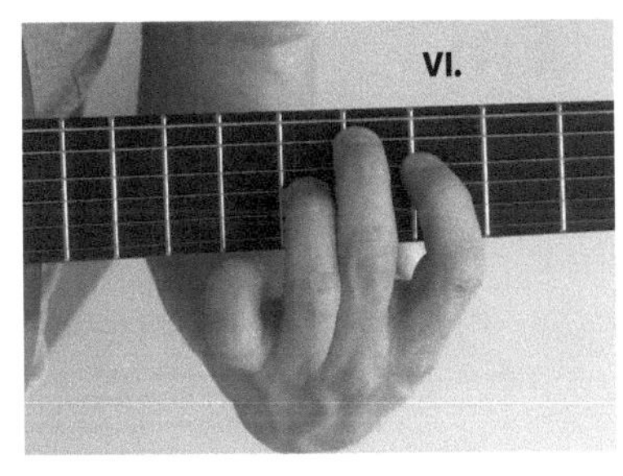

Emaj7

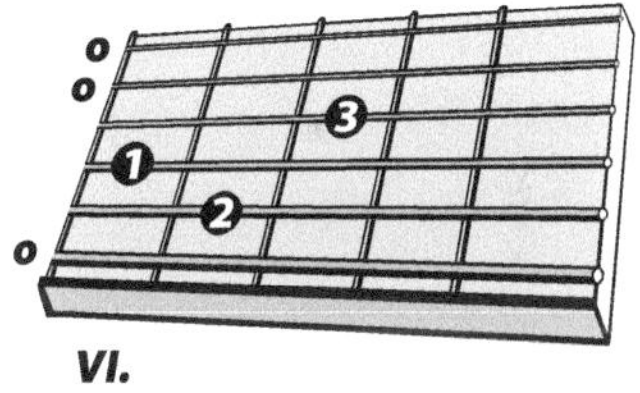

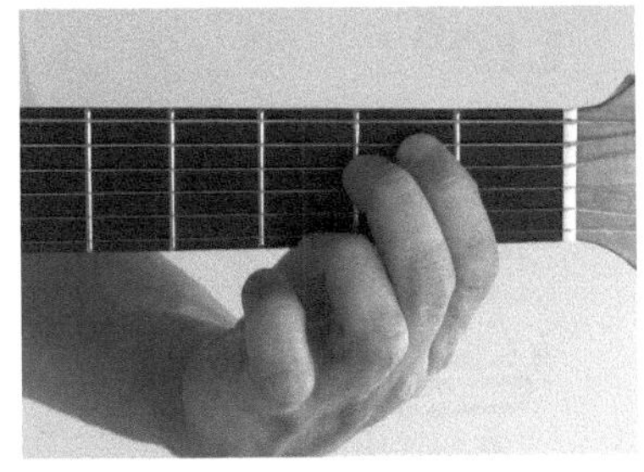

Em

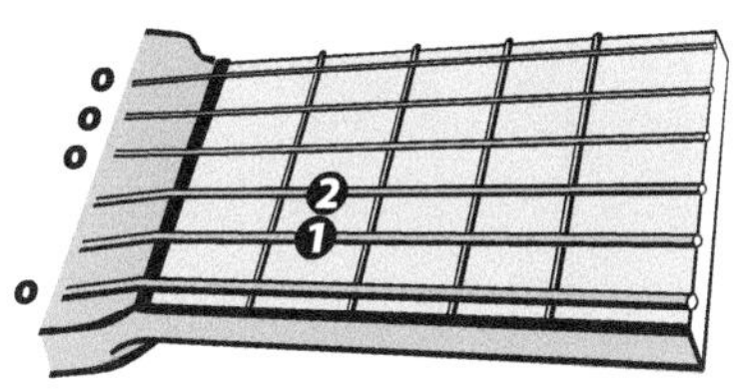

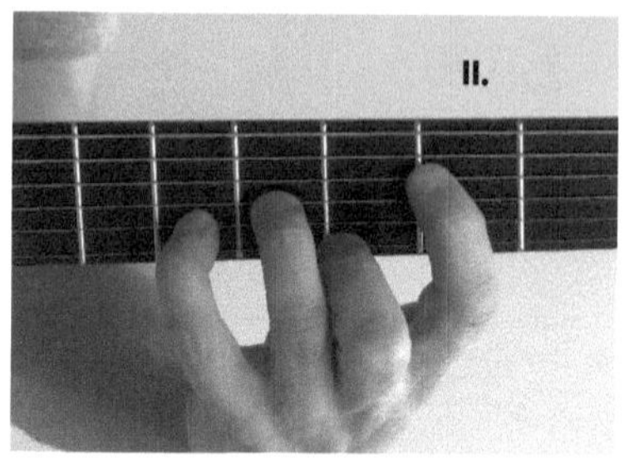

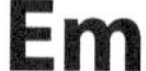

Em

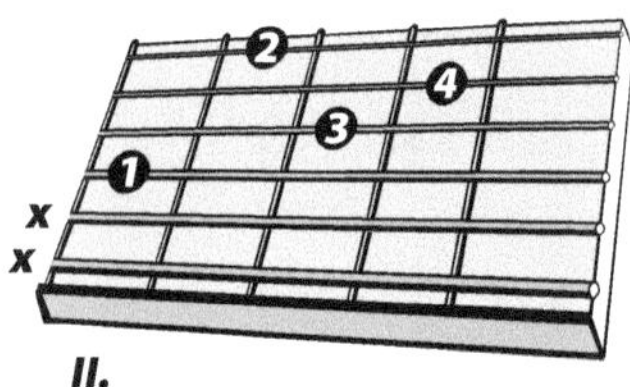

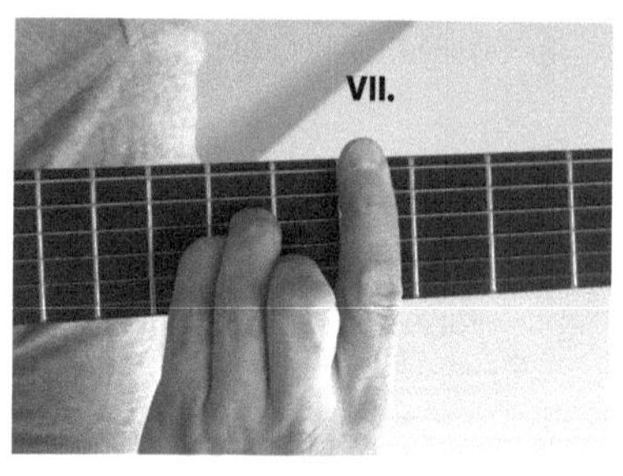

Em

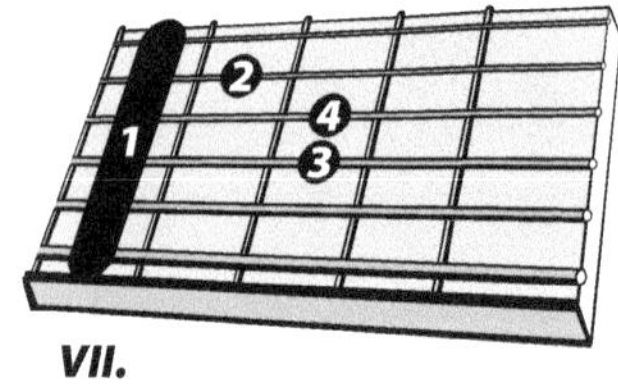

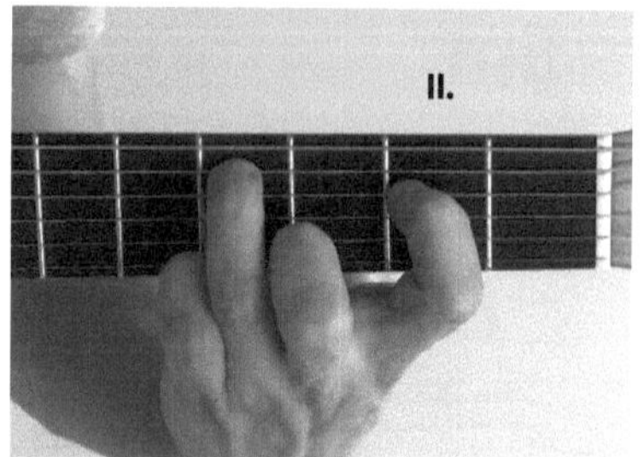

Em^6

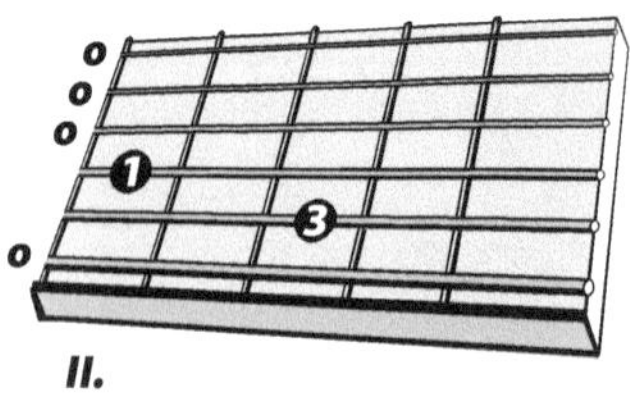

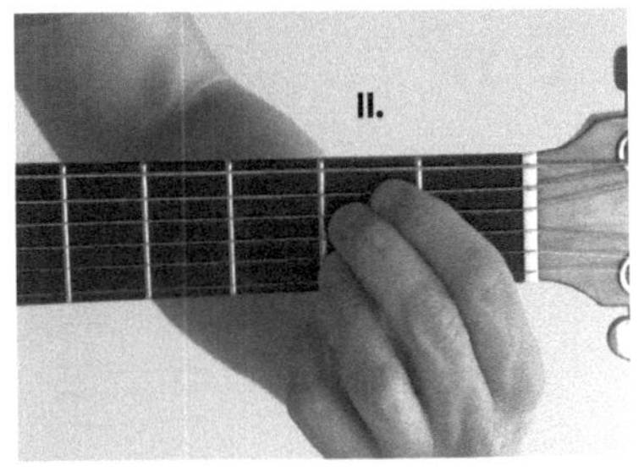

Em6

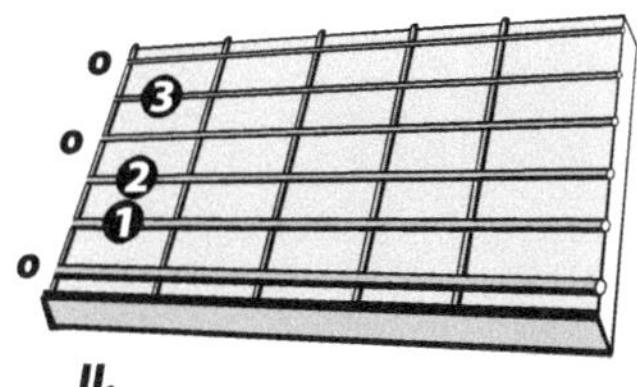

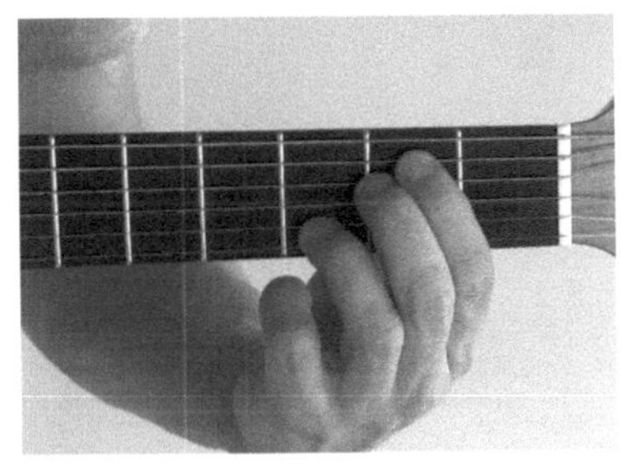

Em7

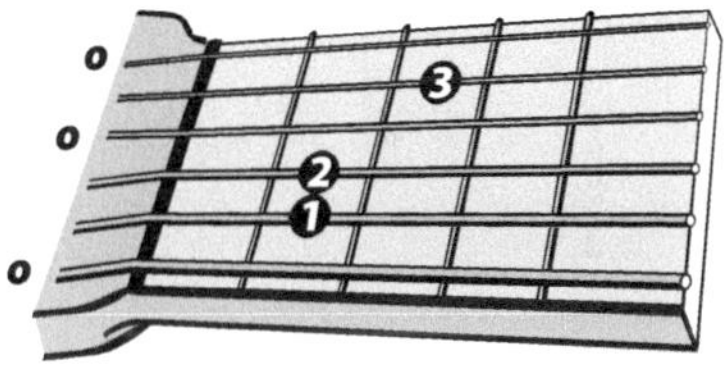

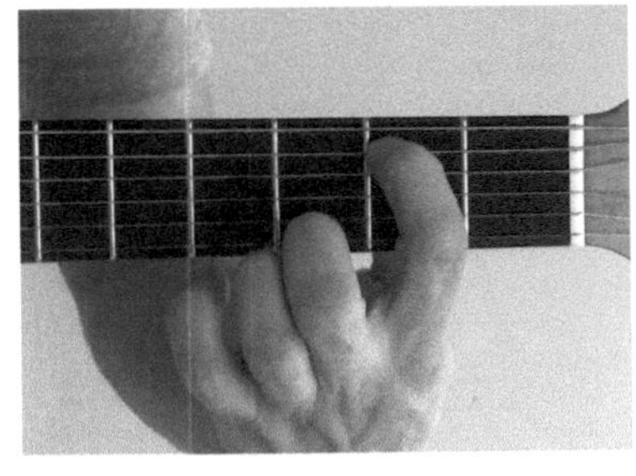

Em7

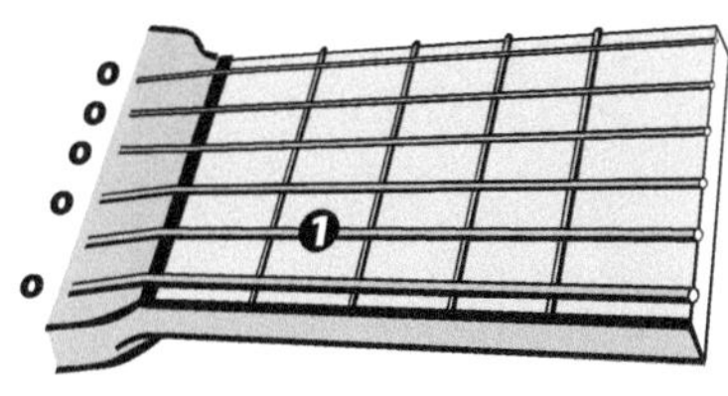

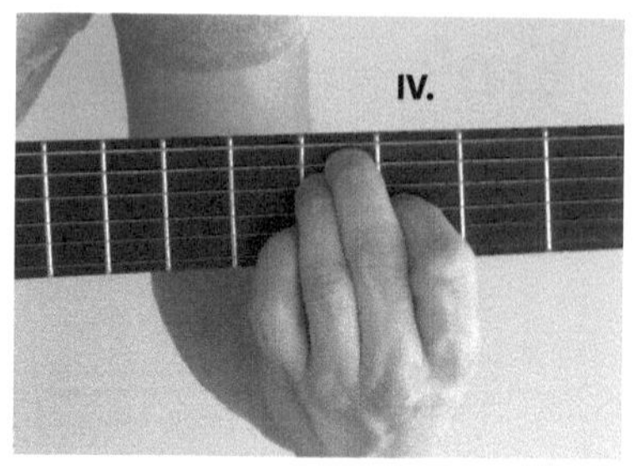

Em^7

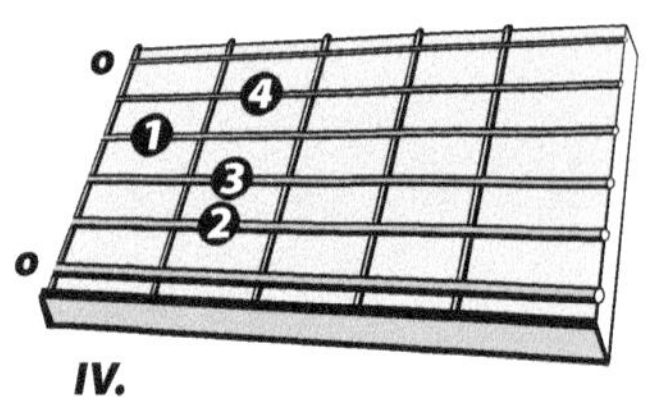

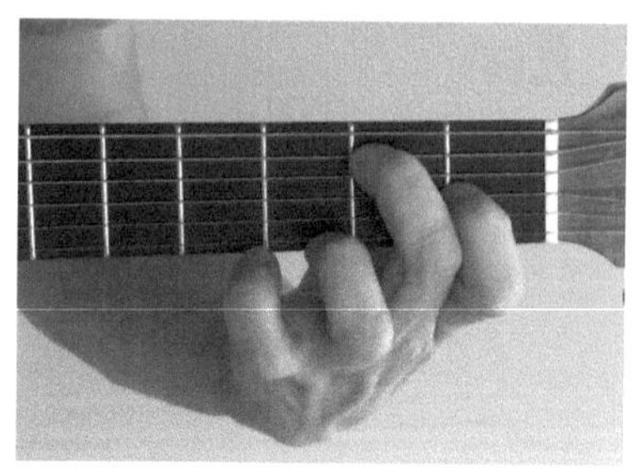

E^7

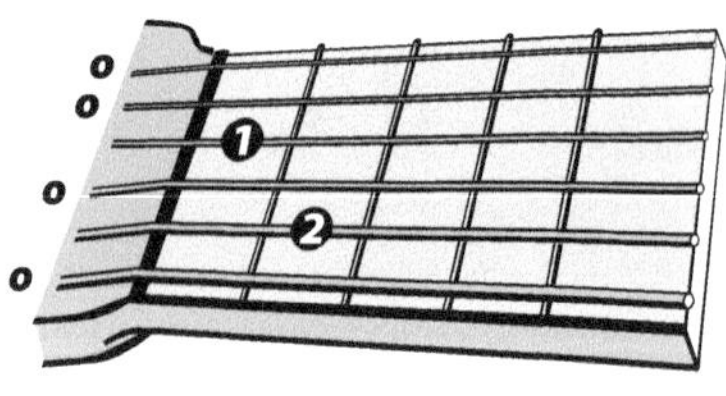

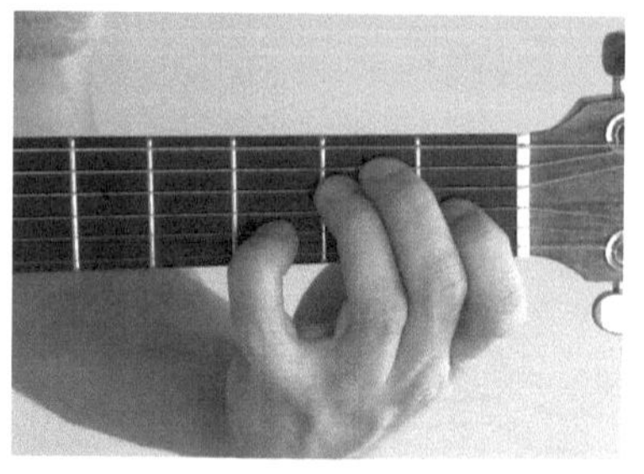

E^7

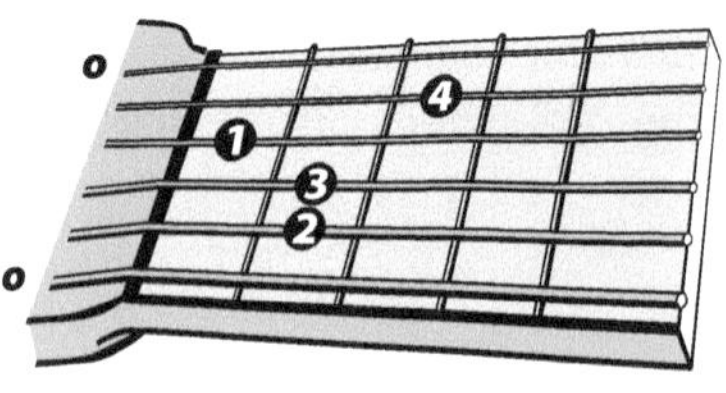

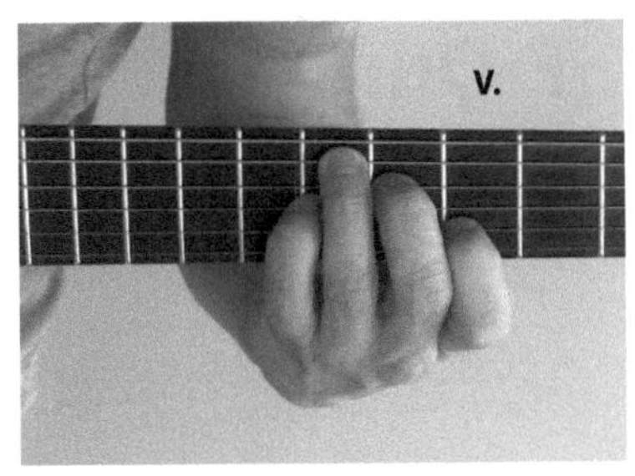

E^7

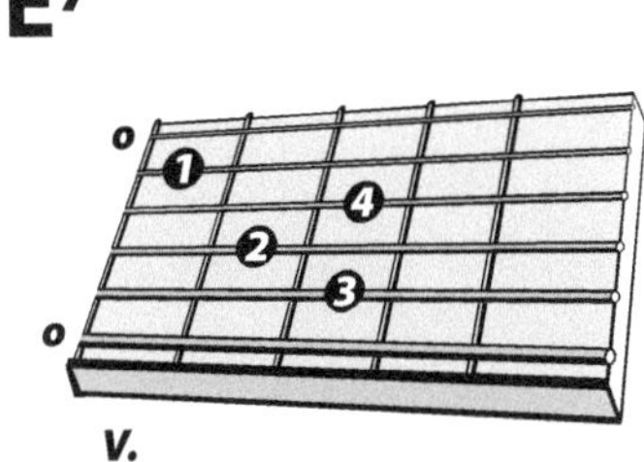

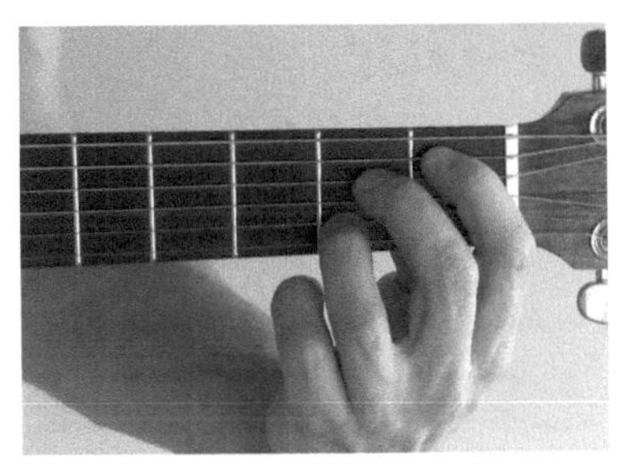

E°

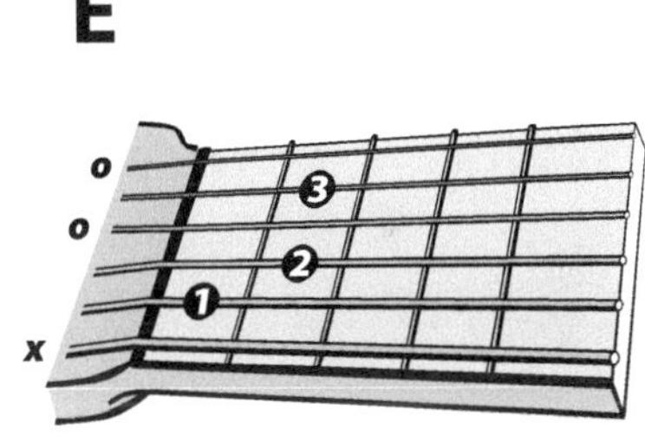

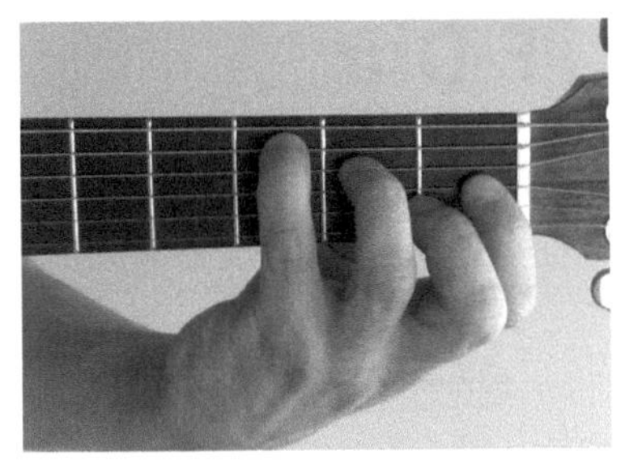

E+

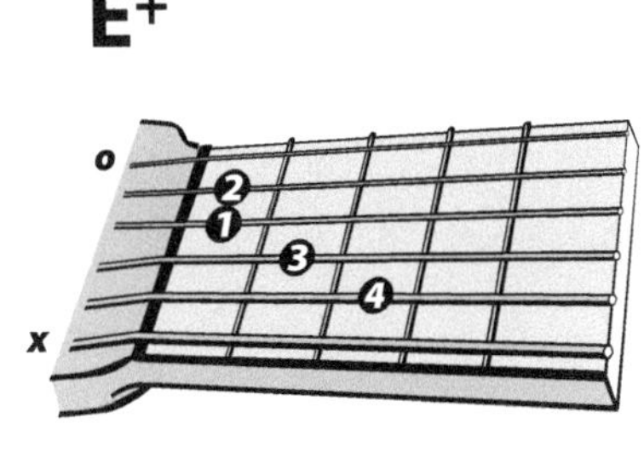

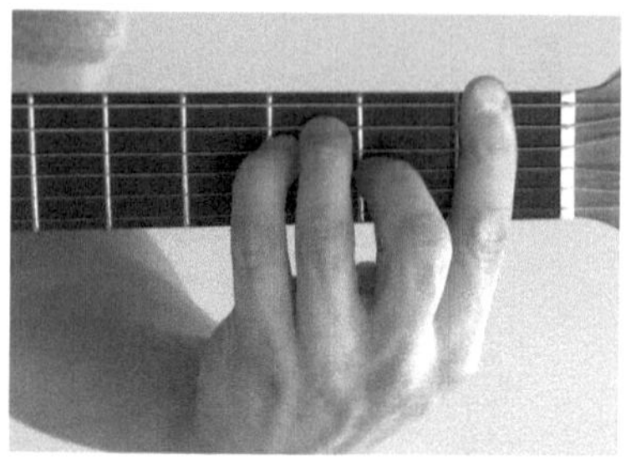

F-Dur

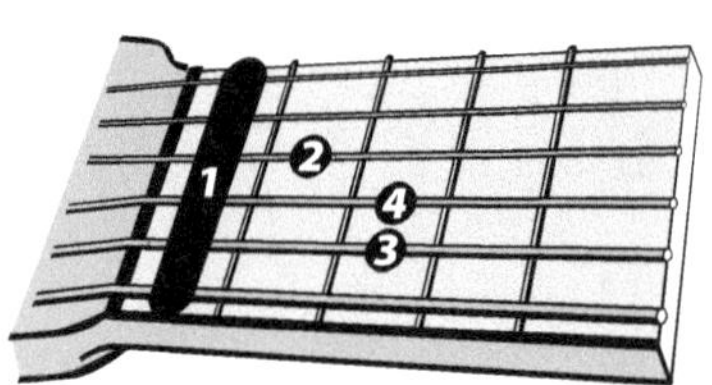

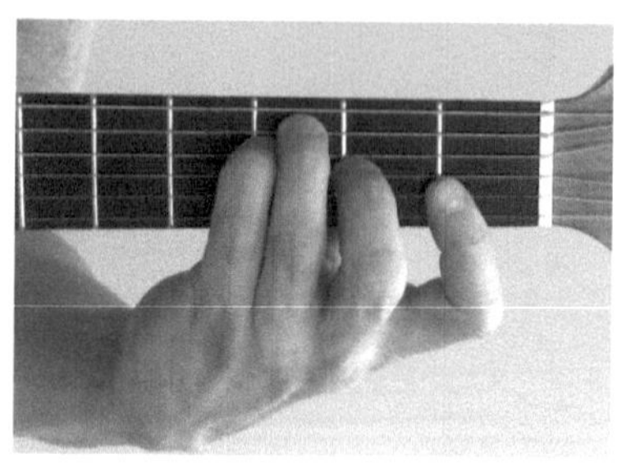

F-Dur

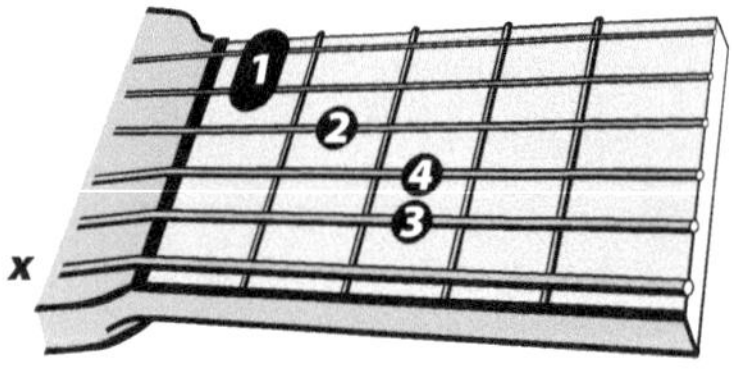

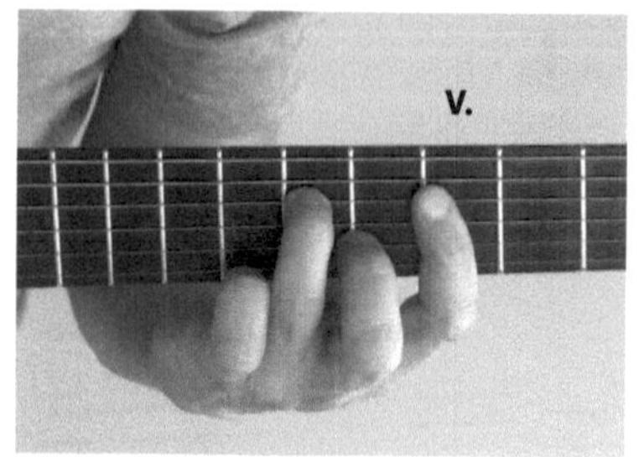

F-Dur

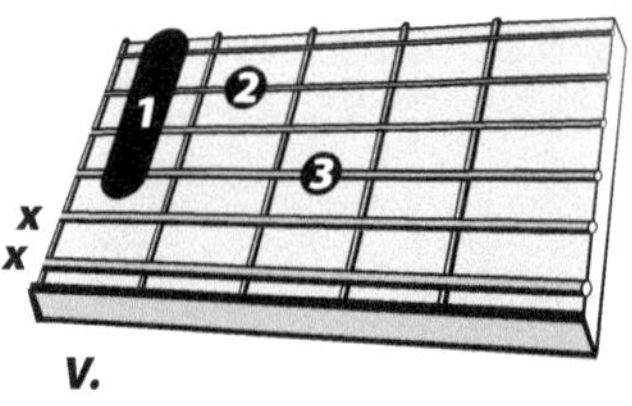

V.

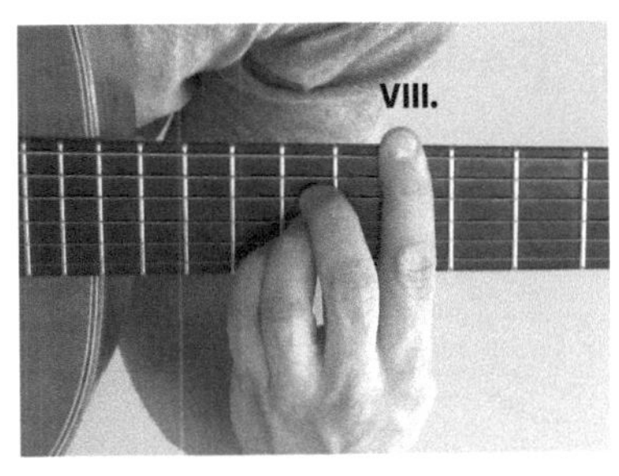

F-Dur

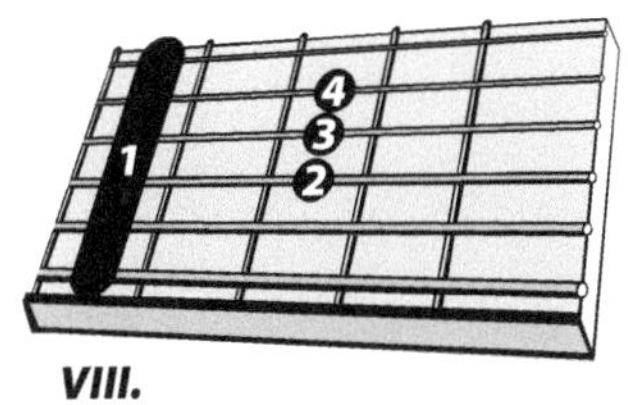

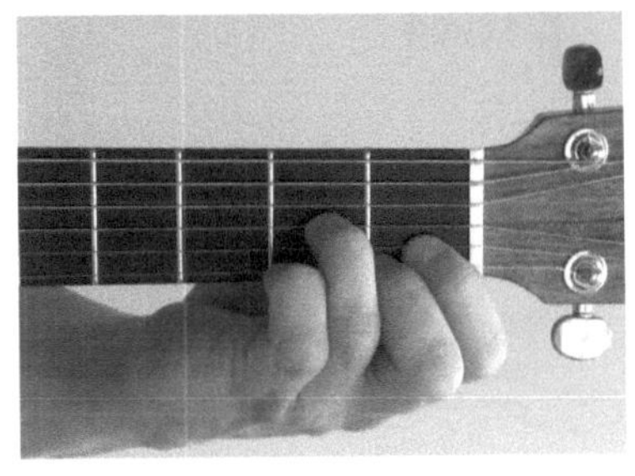

F6

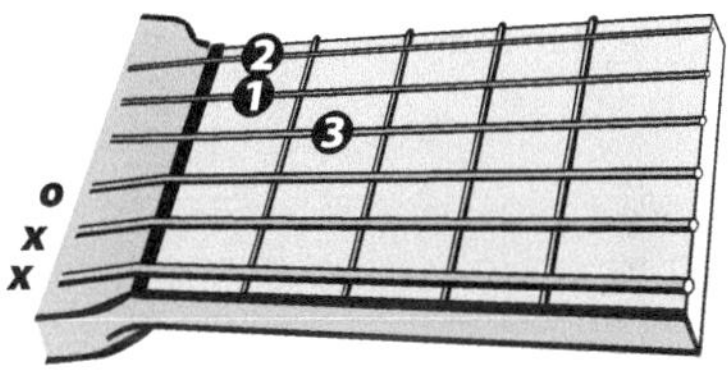

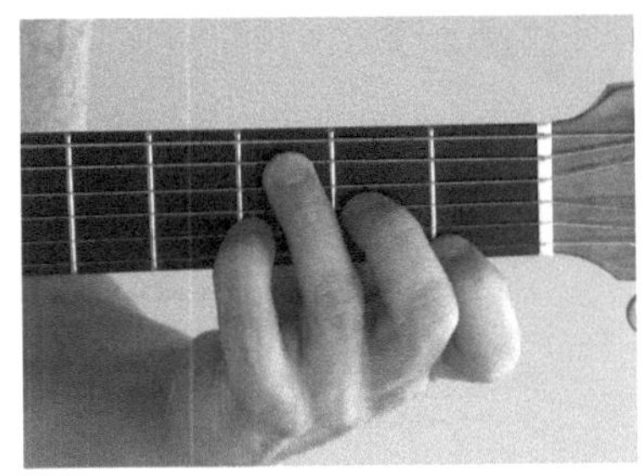

F6

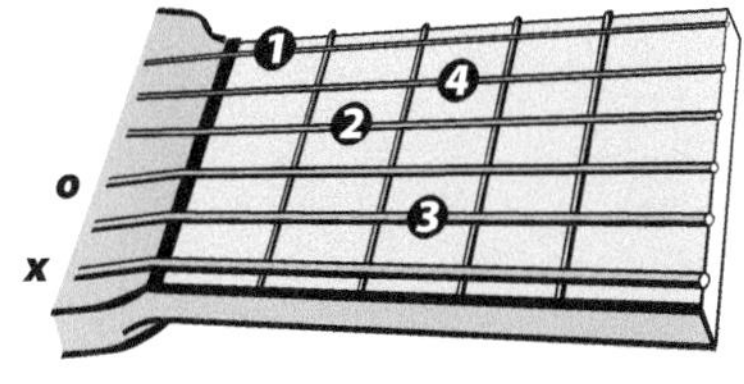

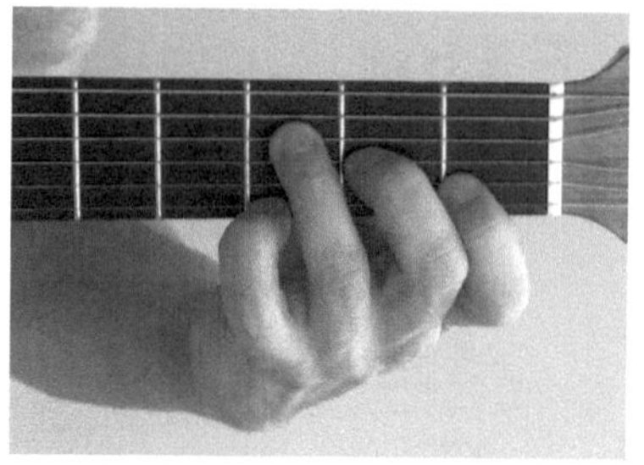

Fadd9

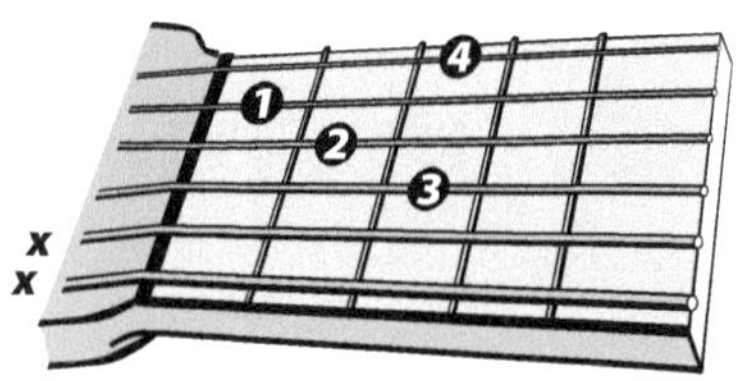

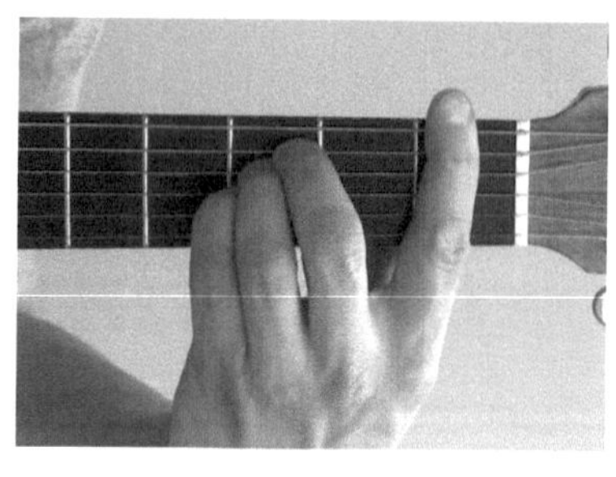

Fsus4

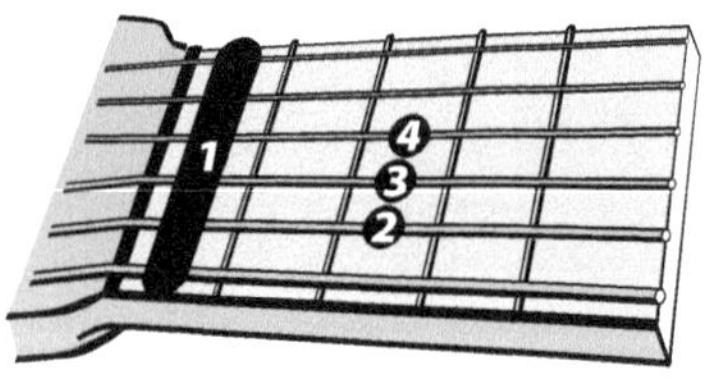

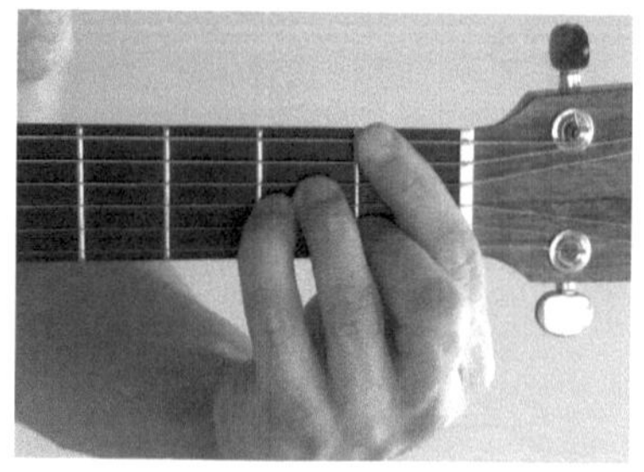

Fmaj7

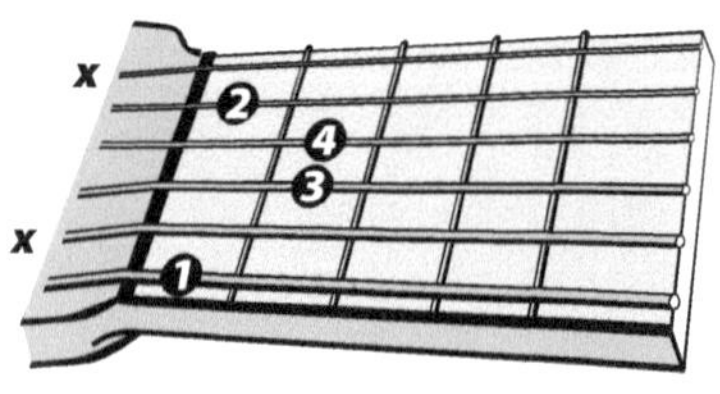

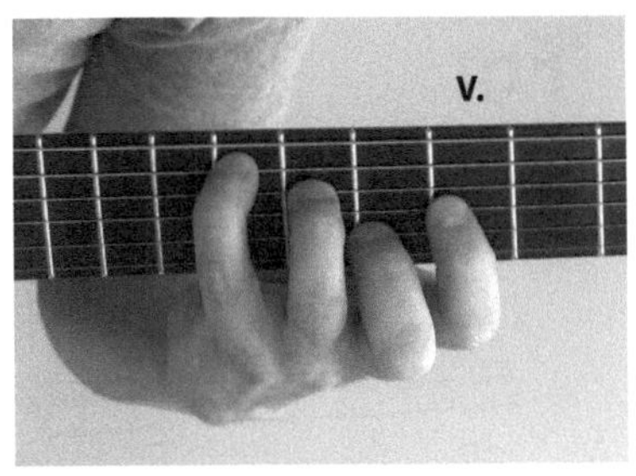

Fmaj7

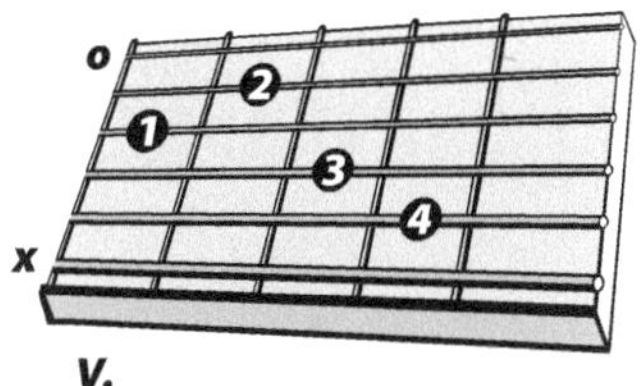

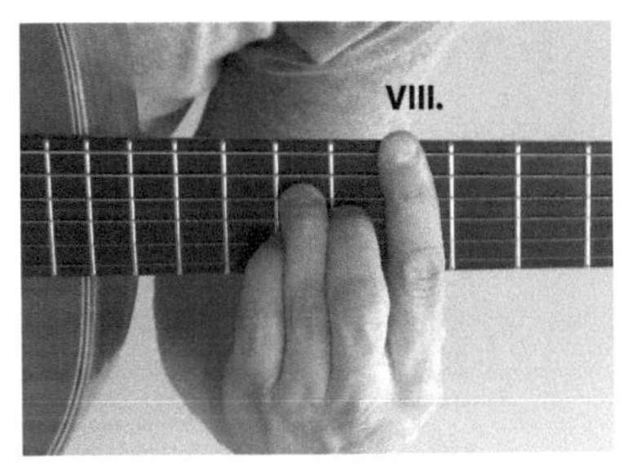

Fmaj7

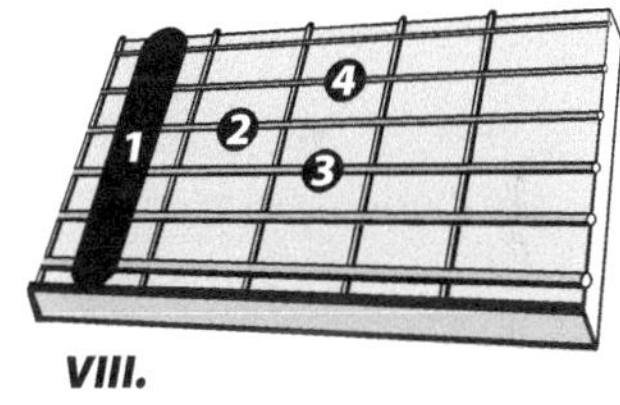

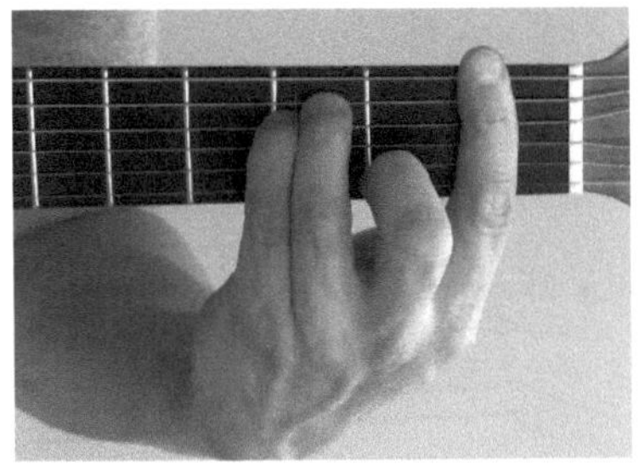

Fm

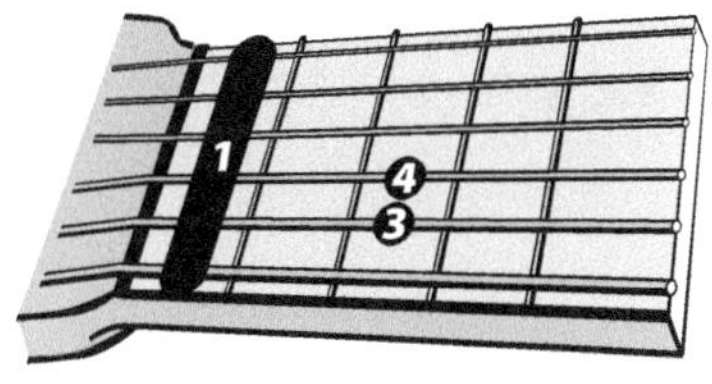

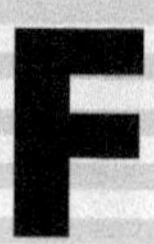

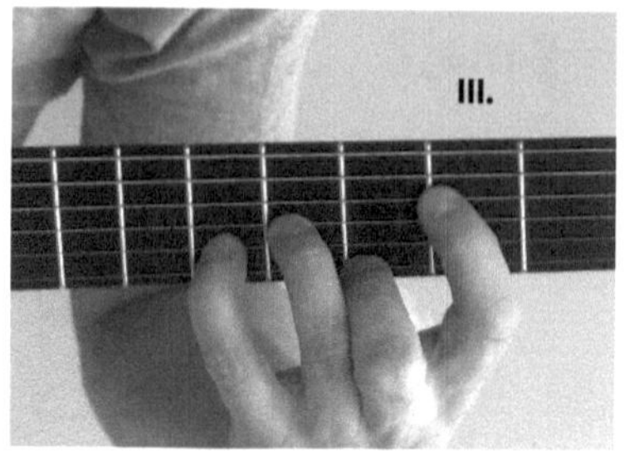

Fm

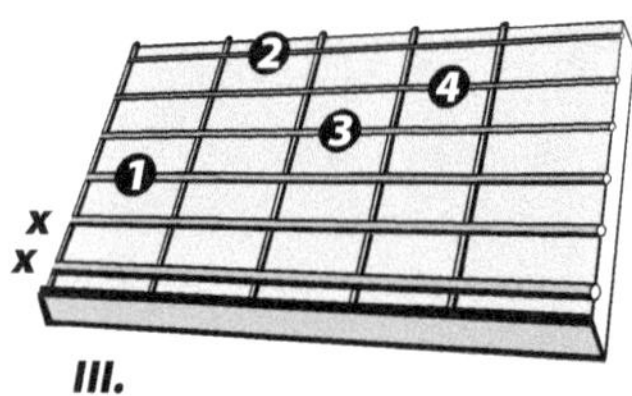

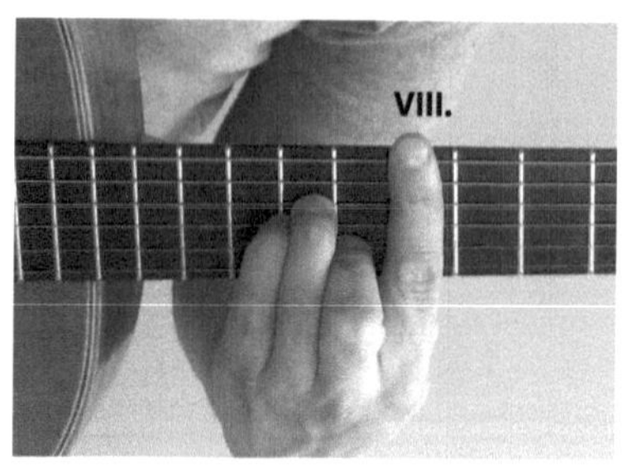

Fm

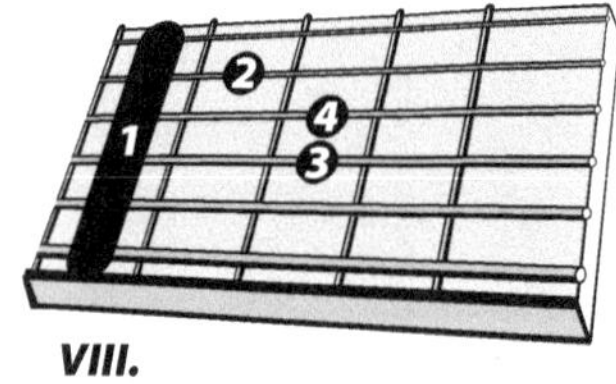

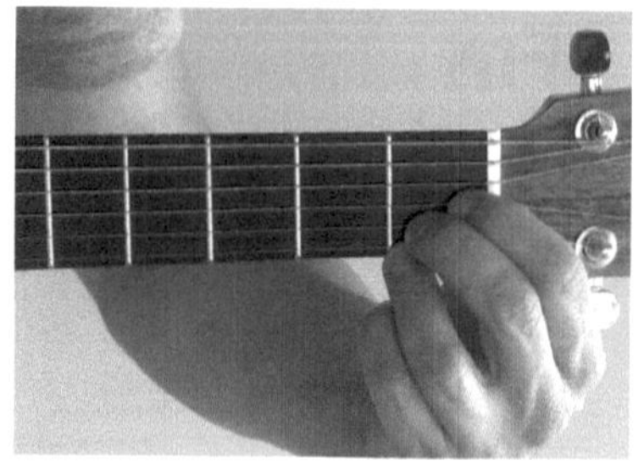

Fm6

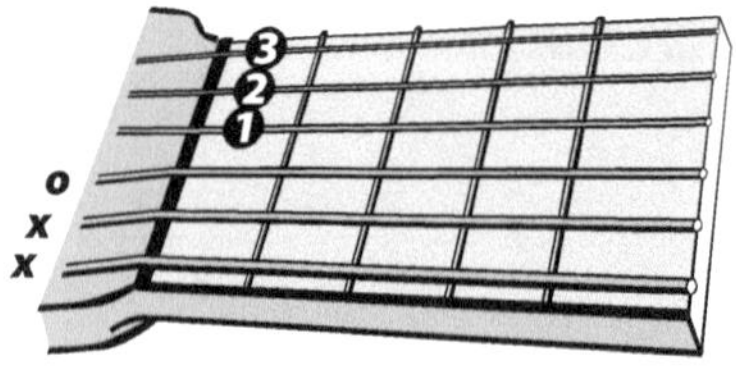

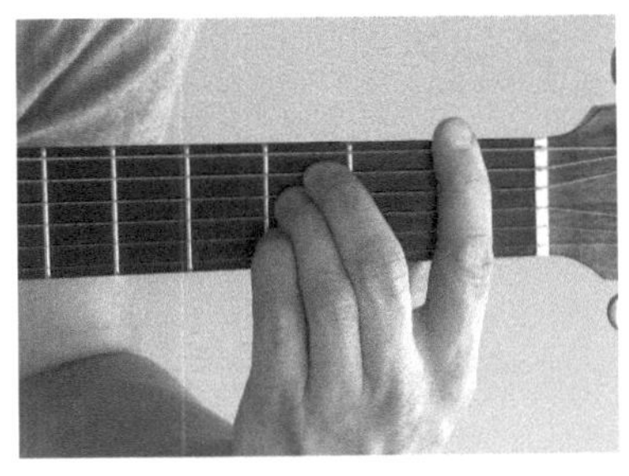

Fm⁶

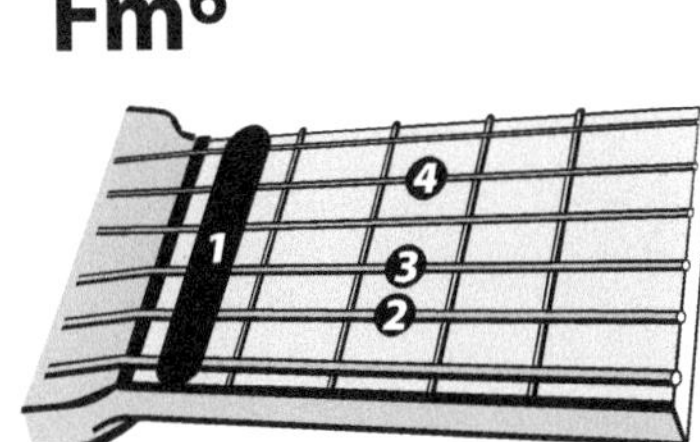

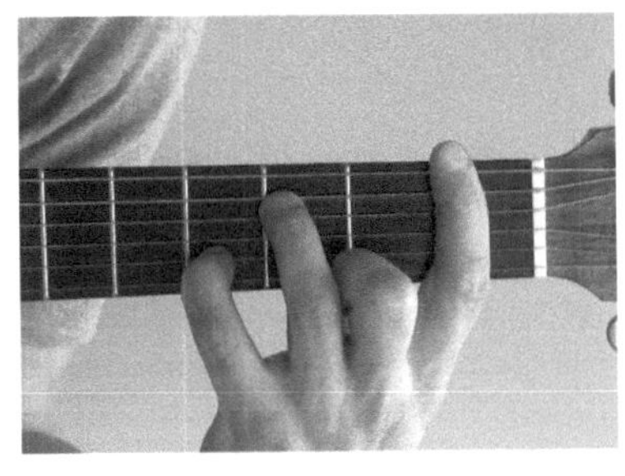

Fm⁷

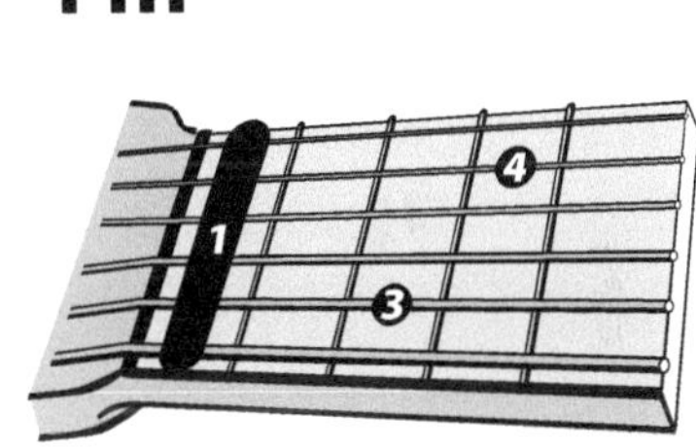

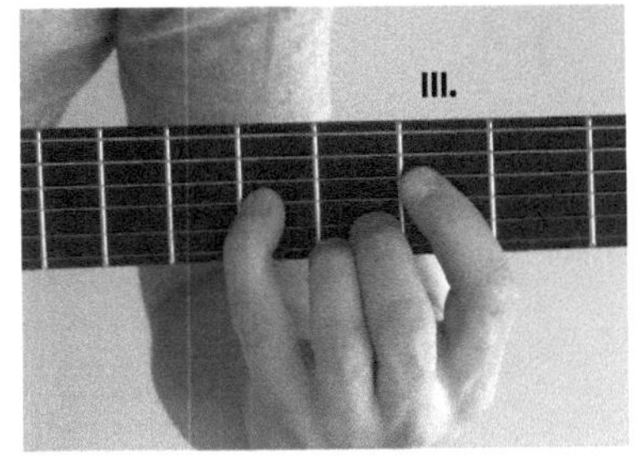

Fm⁷

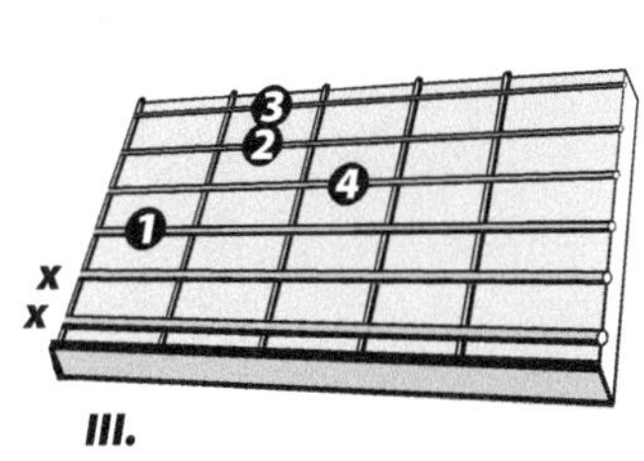

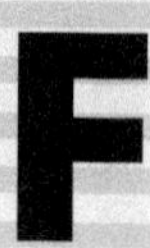

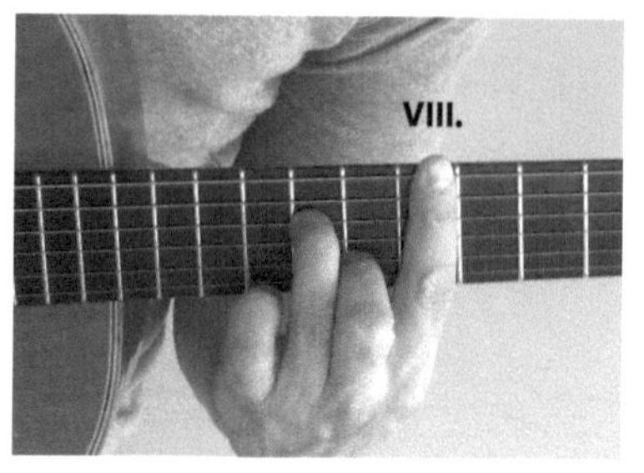

Fm^7

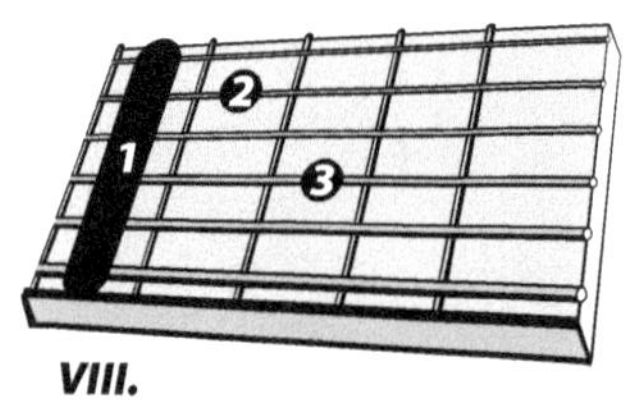

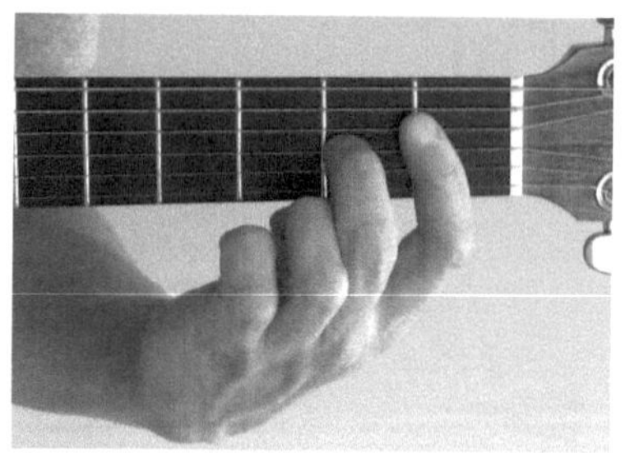

F^7

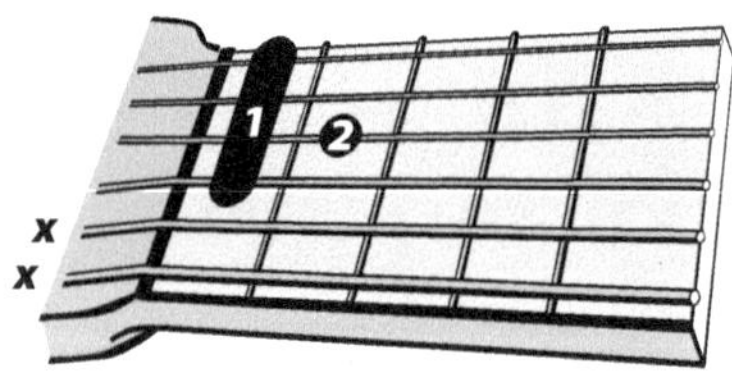

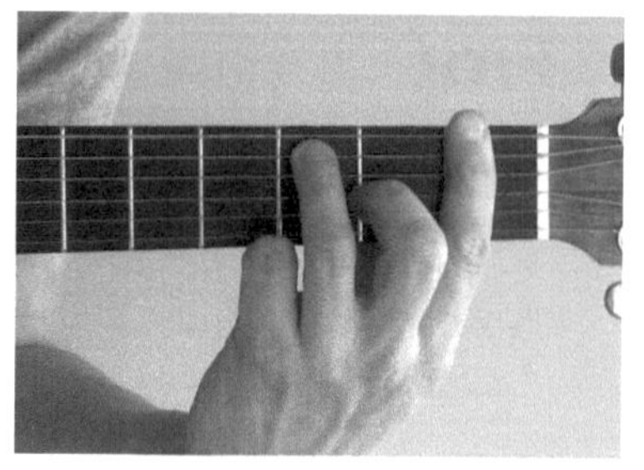

F^7

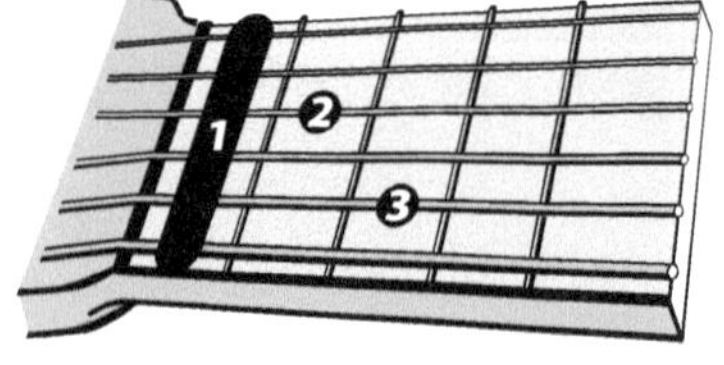

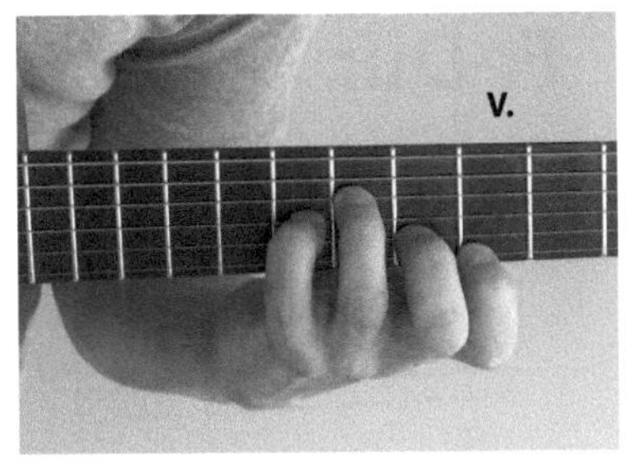

F^7

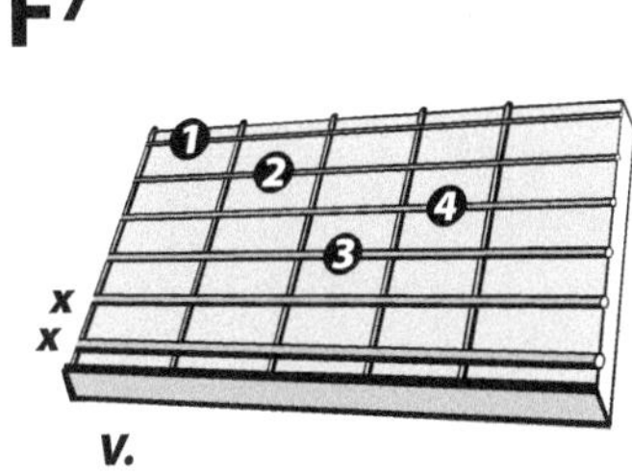

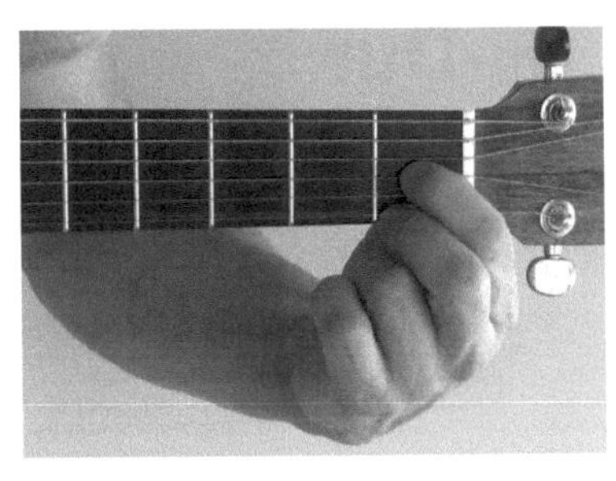

F°

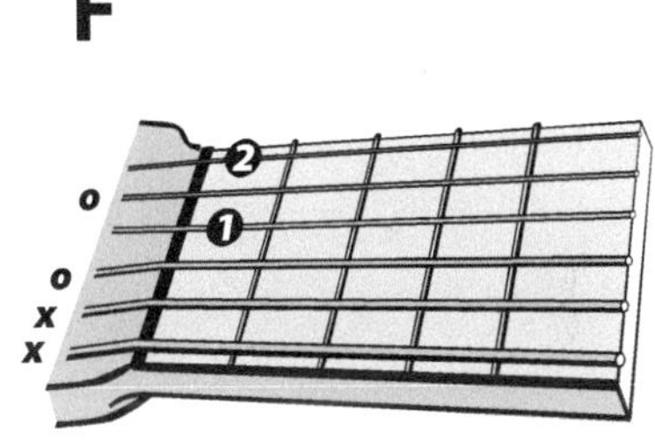

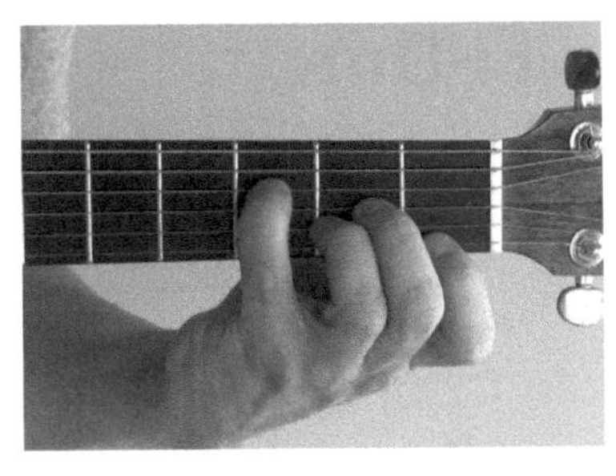

F^+

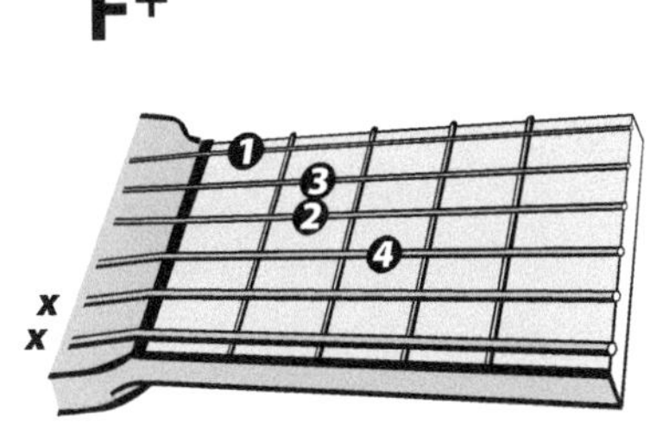

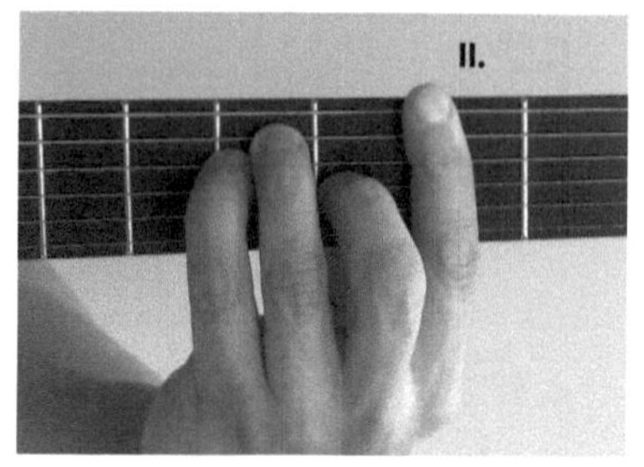

F♯-Dur

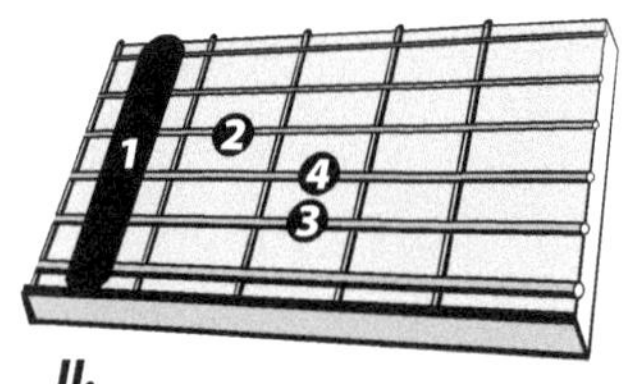

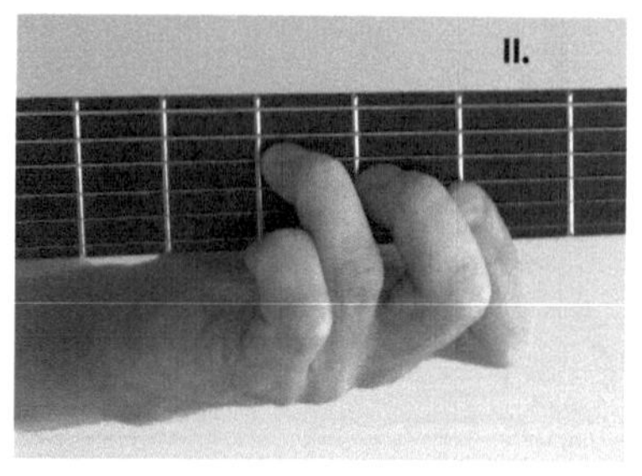

F♯-Dur

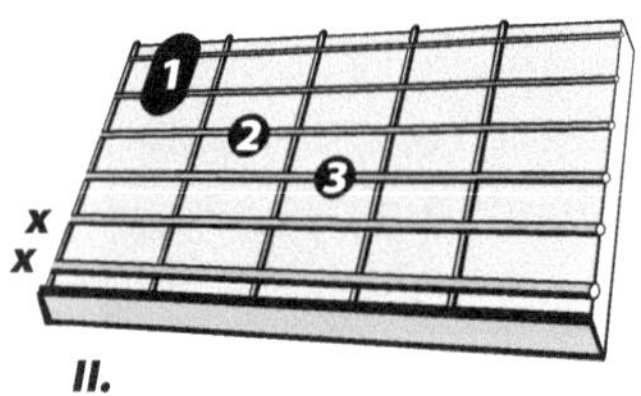

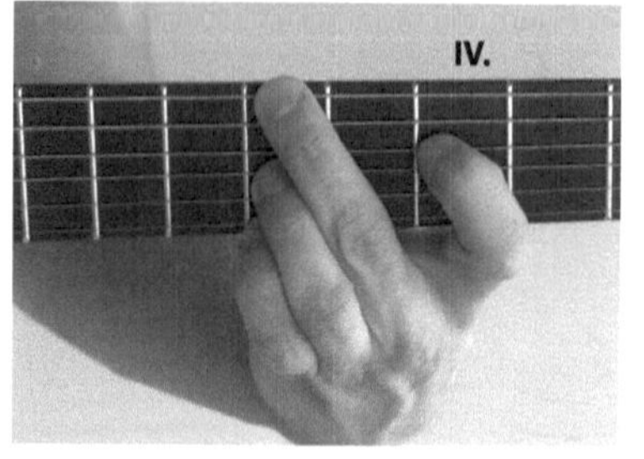

F♯-Dur

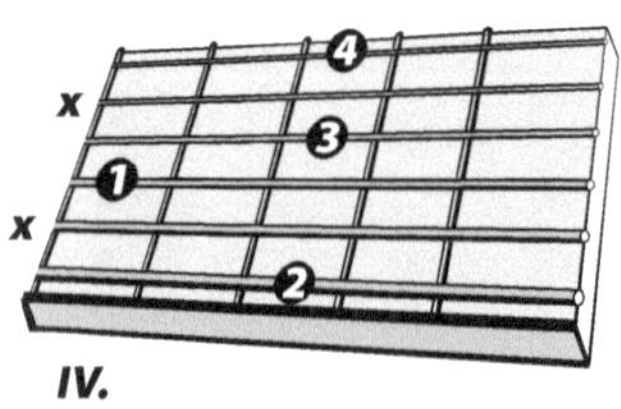

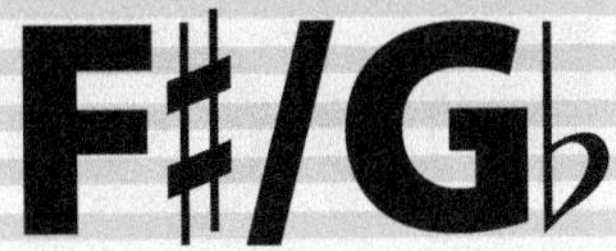

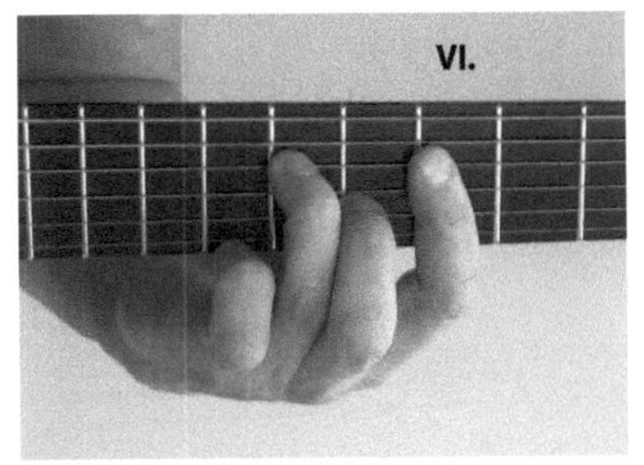

F♯-Dur

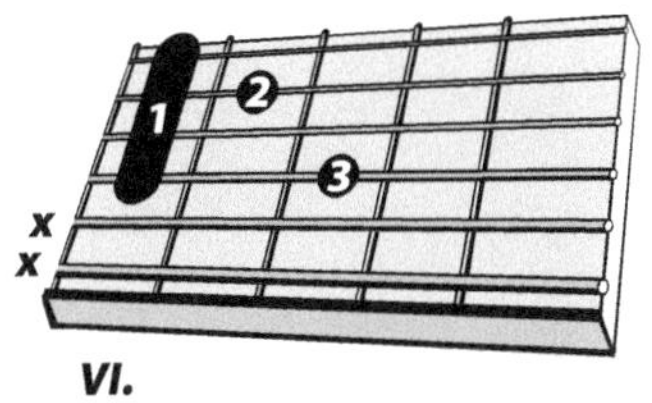

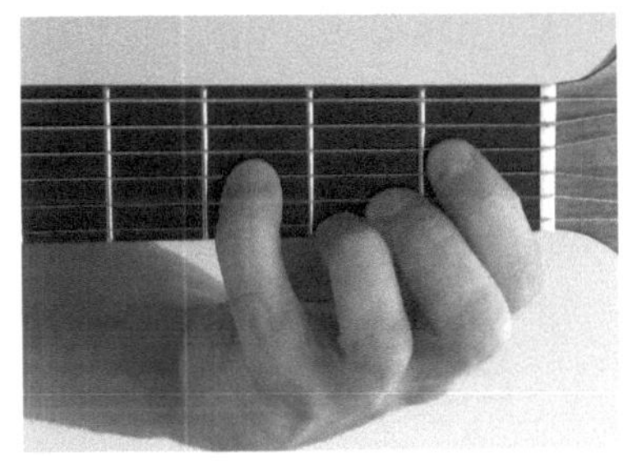

F♯6

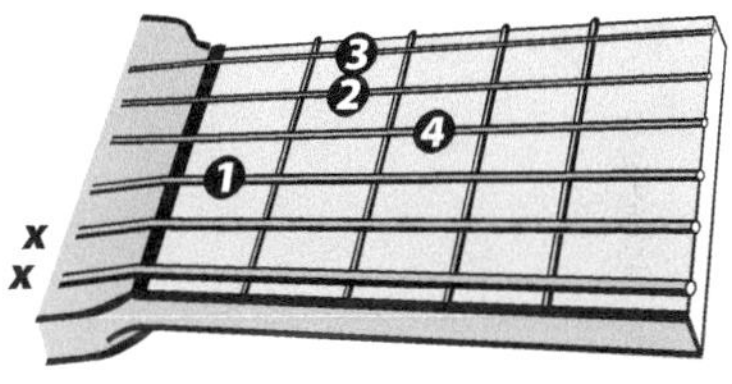

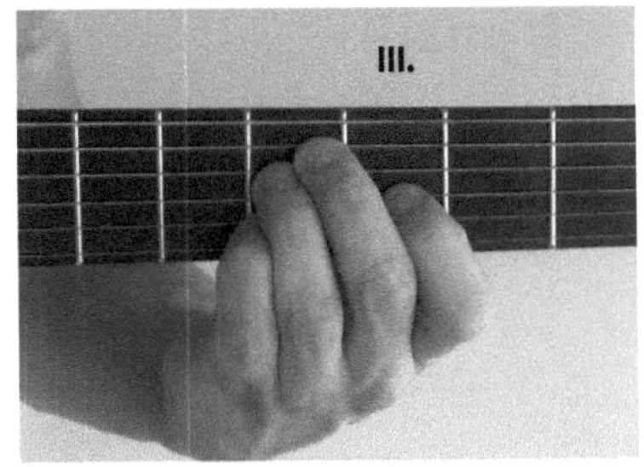

F♯6

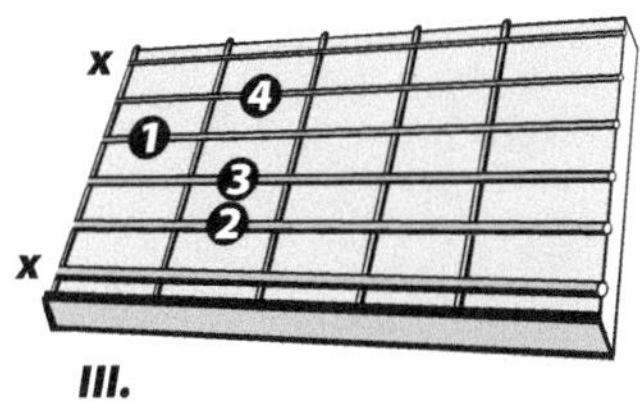

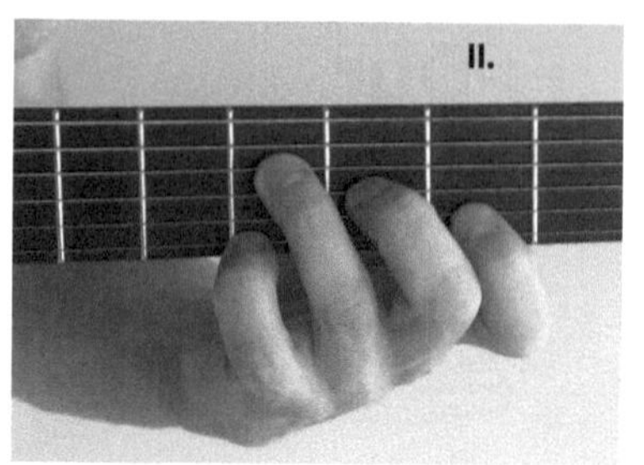

F♯add9

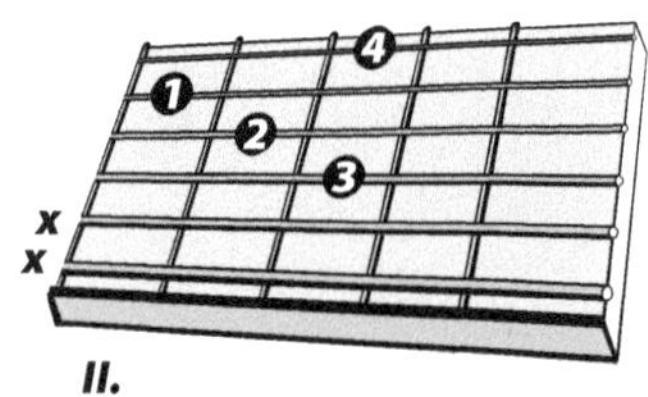

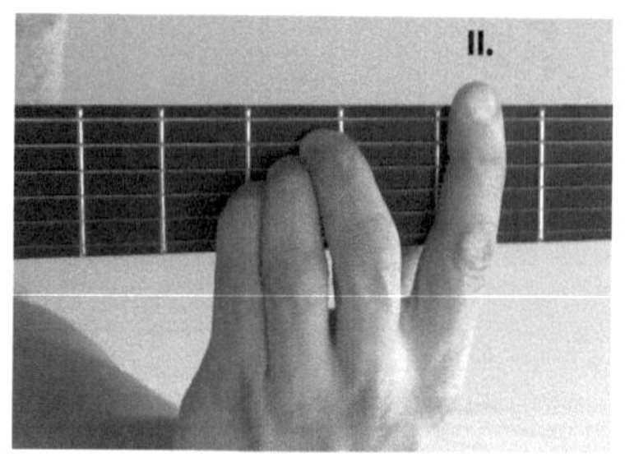

F♯sus4

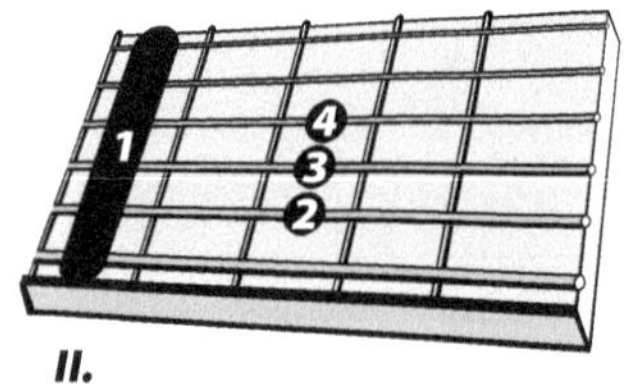

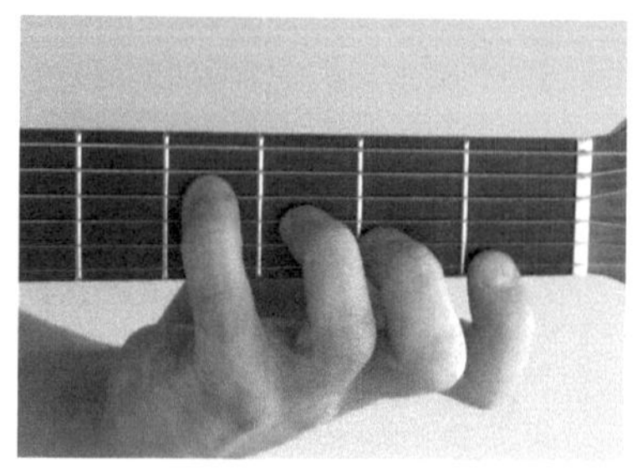

F♯maj7

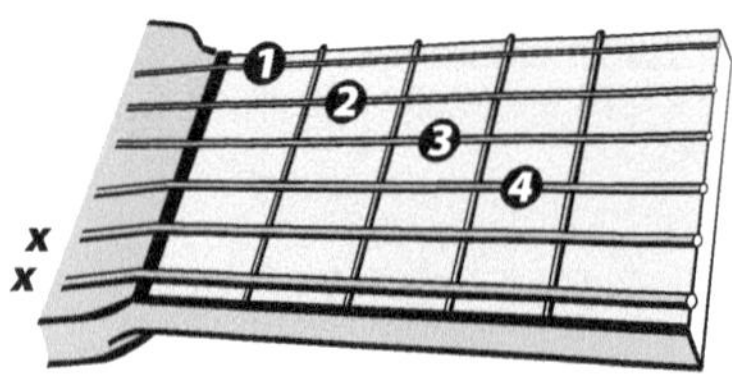

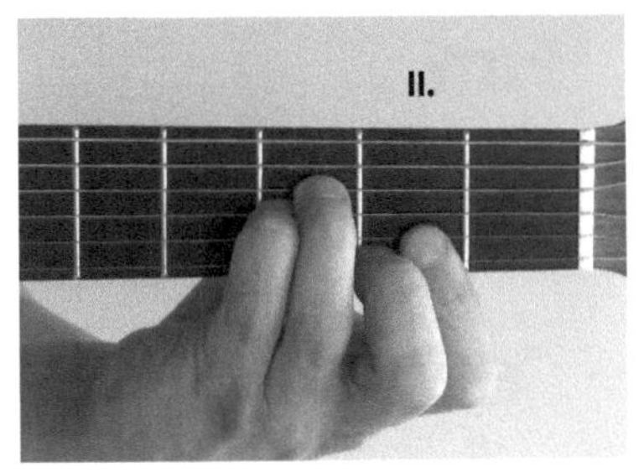

F♯maj7

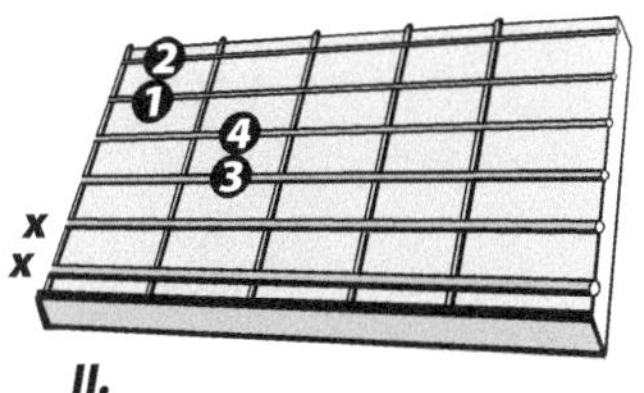

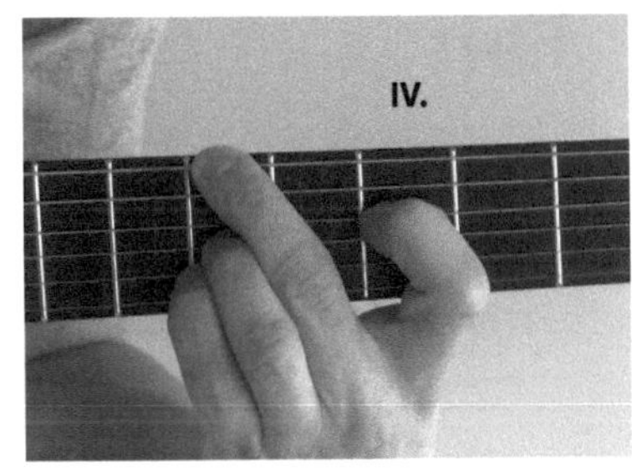

F♯maj7

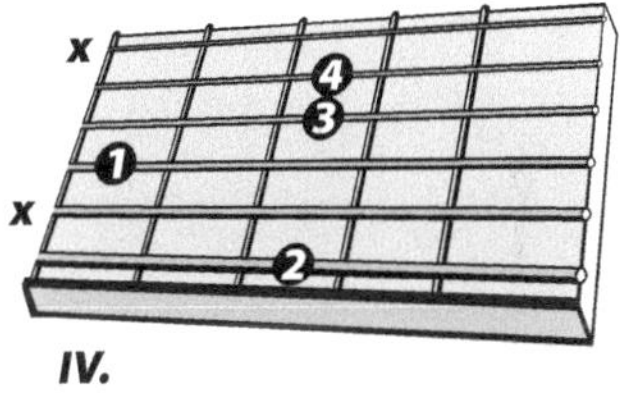

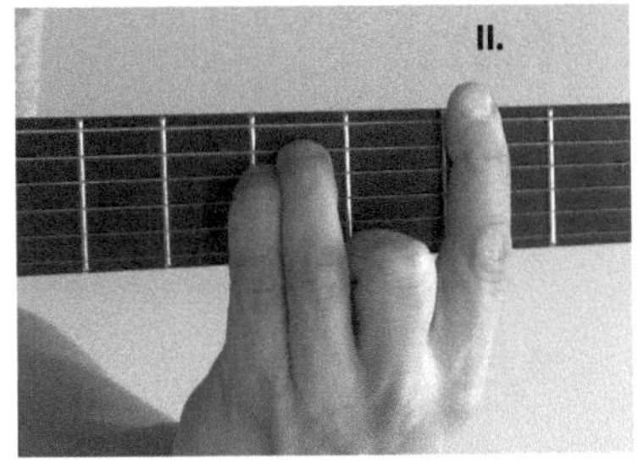

F♯m

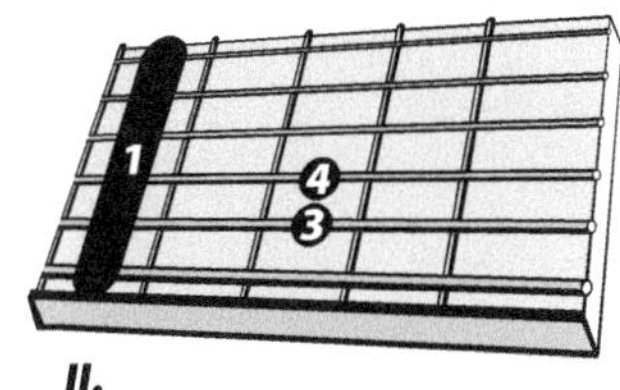

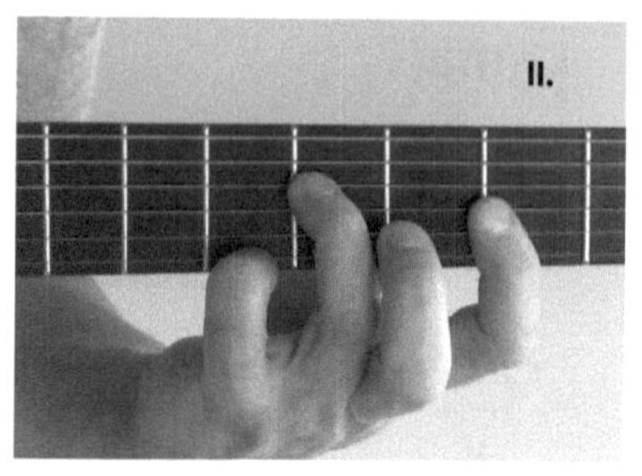

F♯m

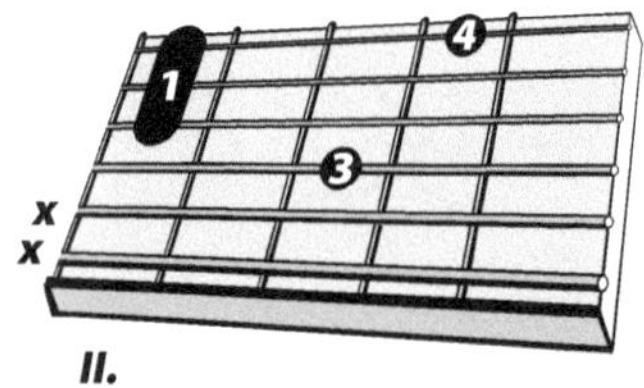

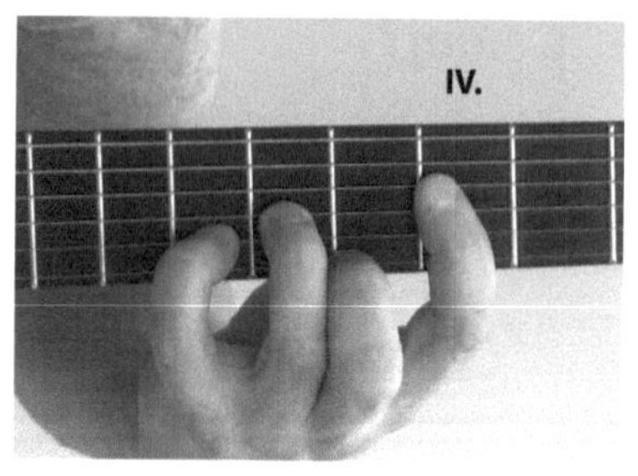

F♯m

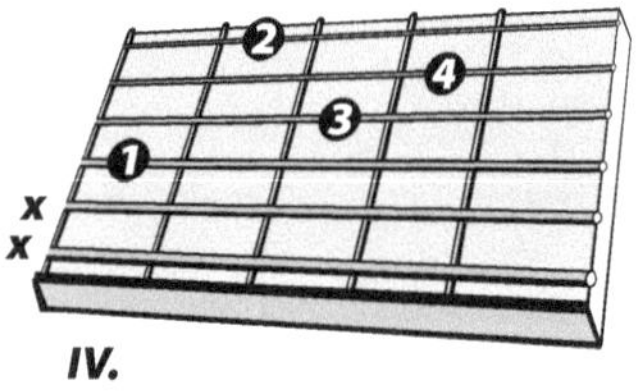

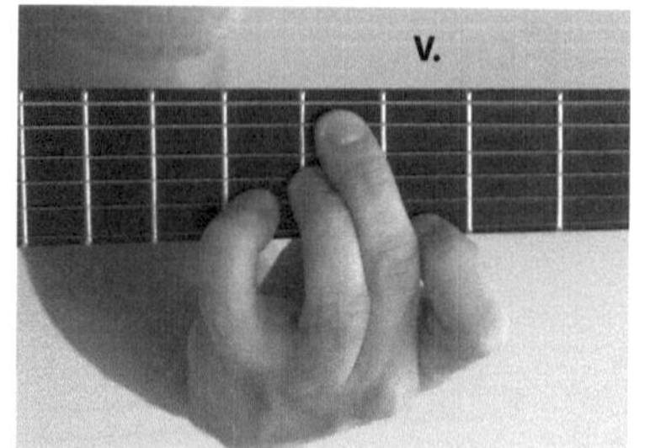

F♯m⁶

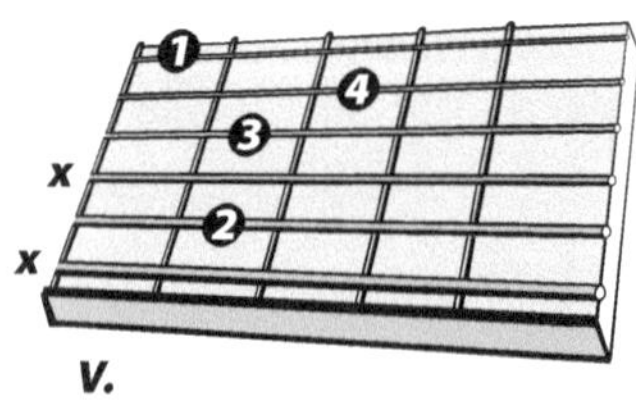

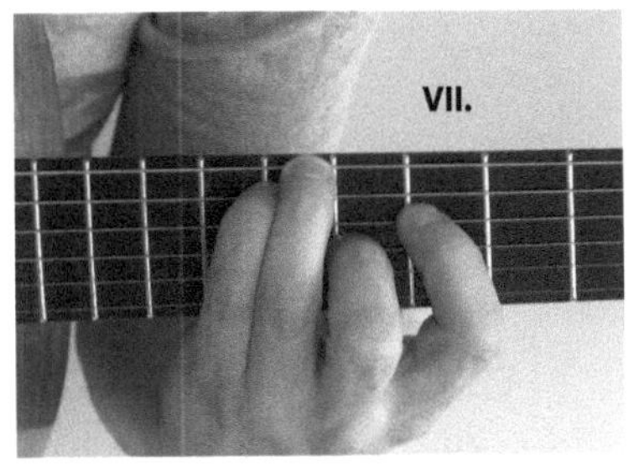

F♯m⁶

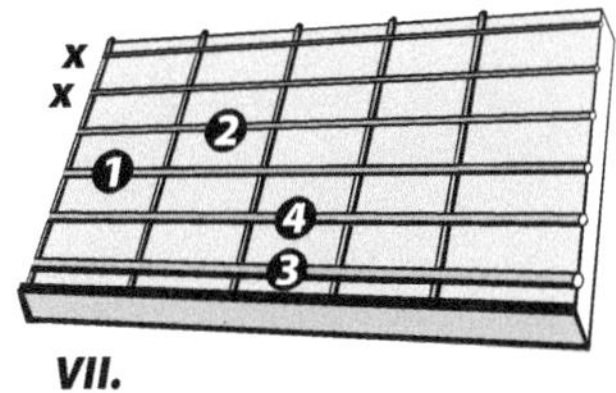

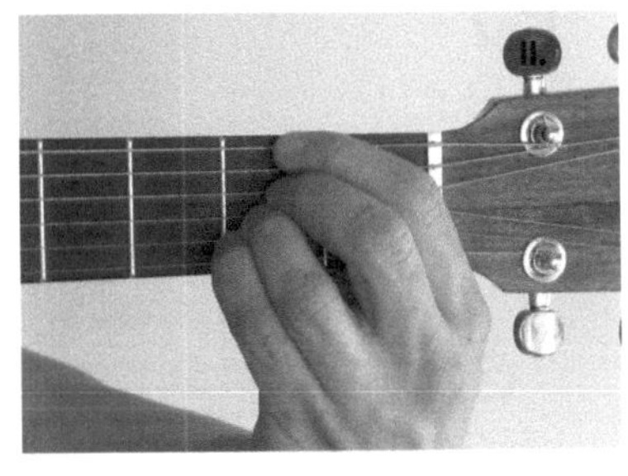

F♯m⁷

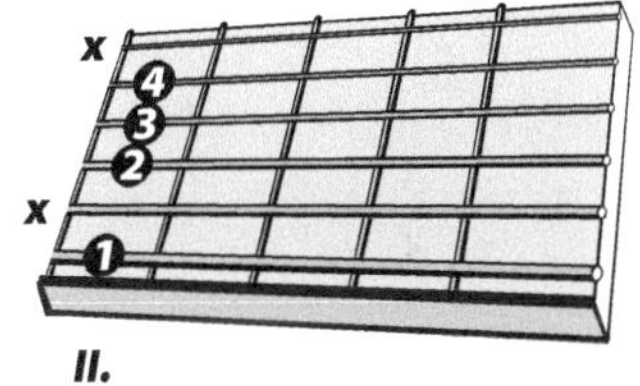

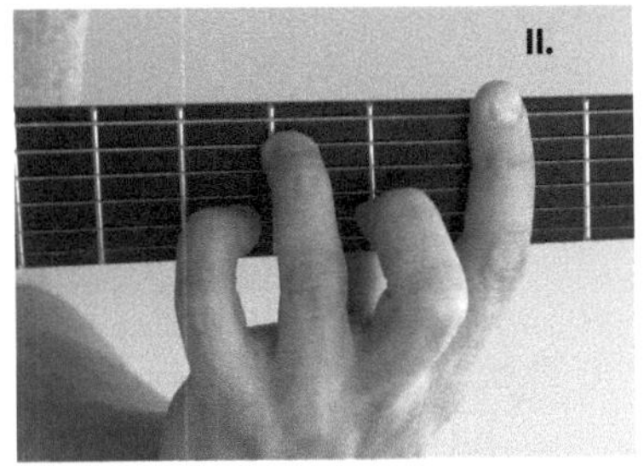

F♯m⁷

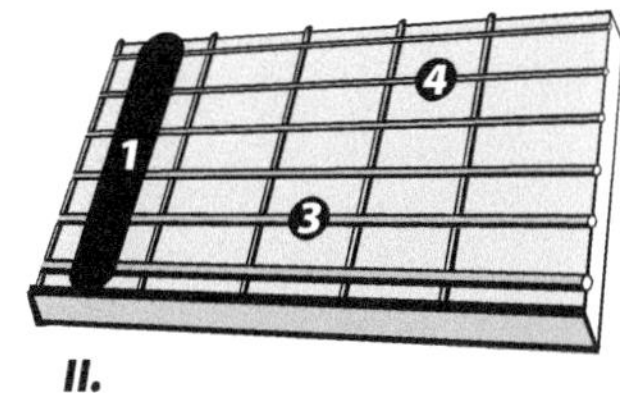

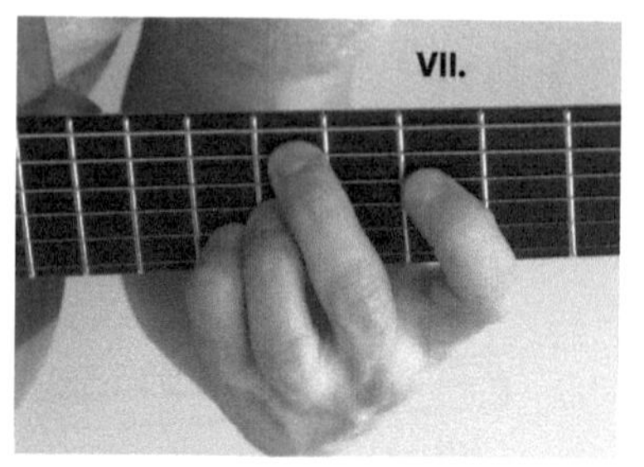

F♯m⁷

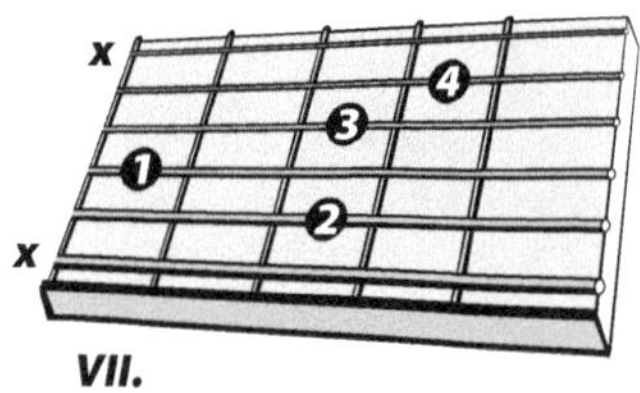

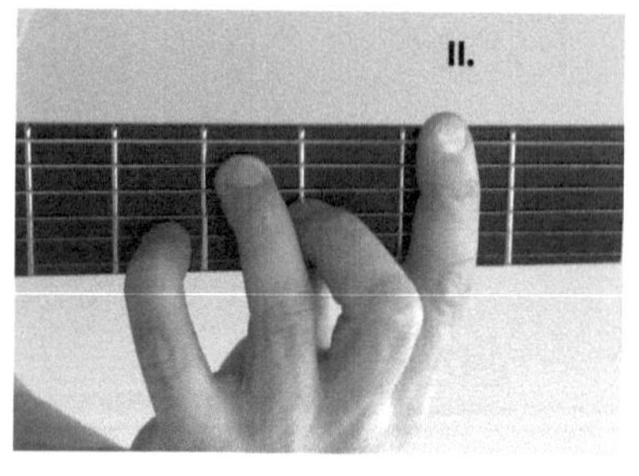

F♯⁷

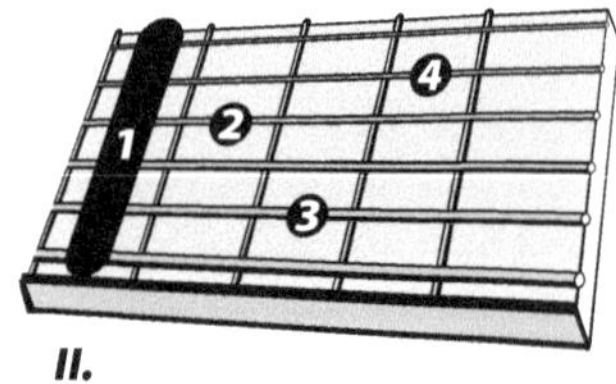

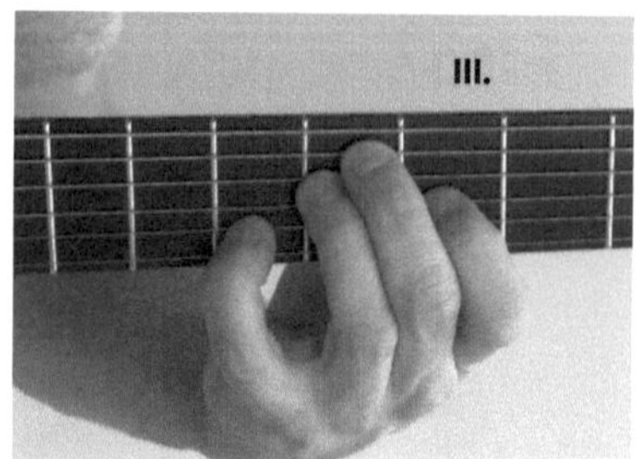

F♯⁷

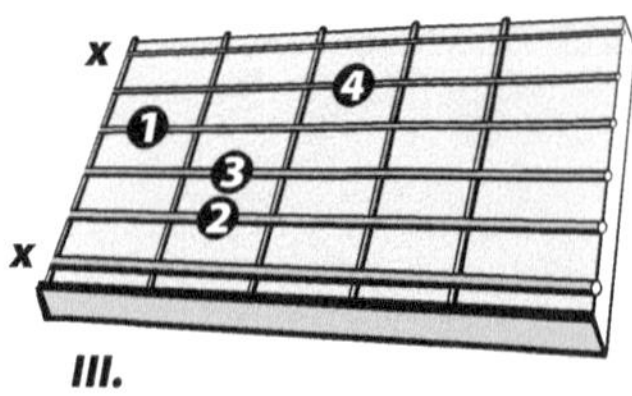

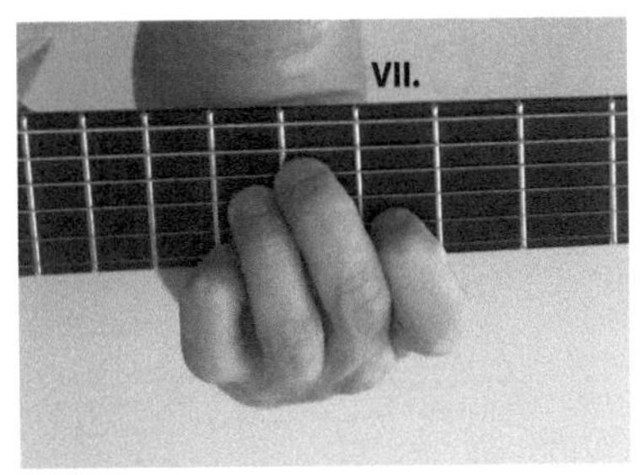

F♯7

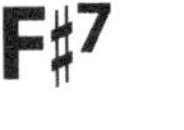

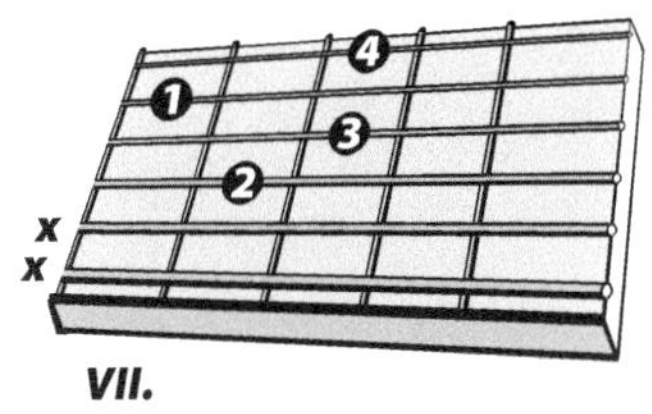

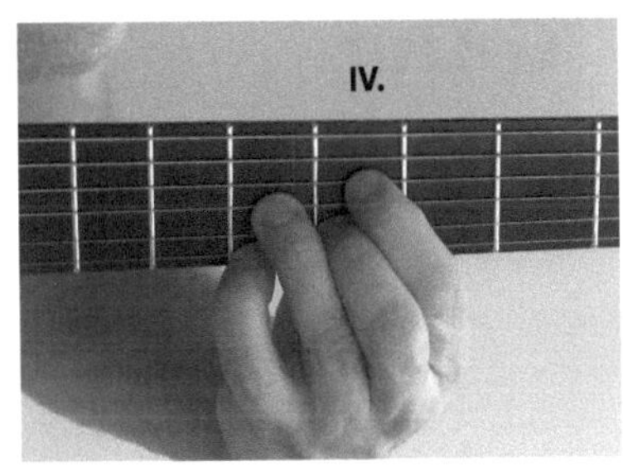

F♯°

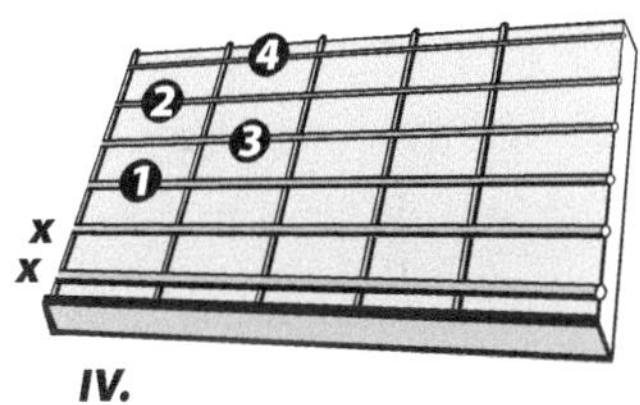

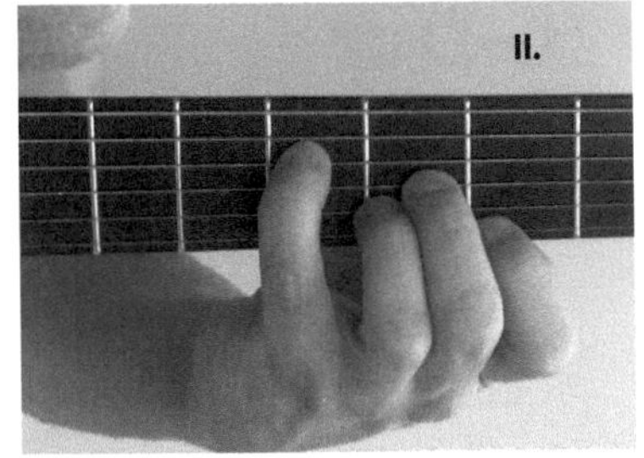

F♯+

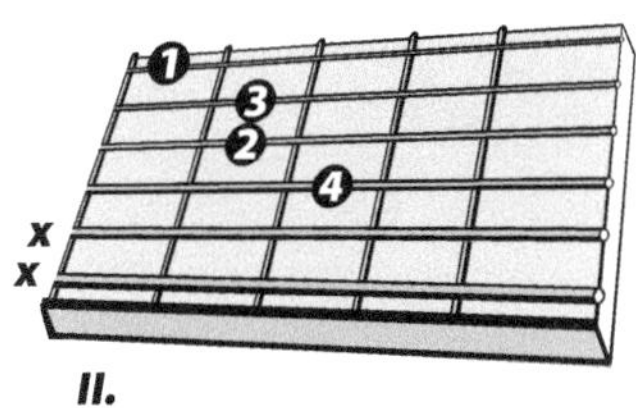

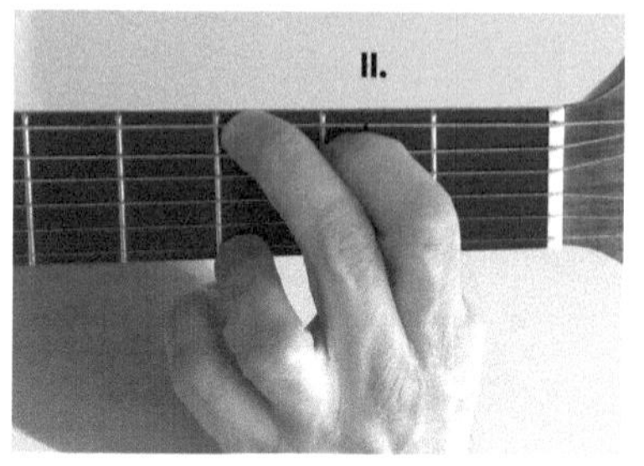

G-Dur

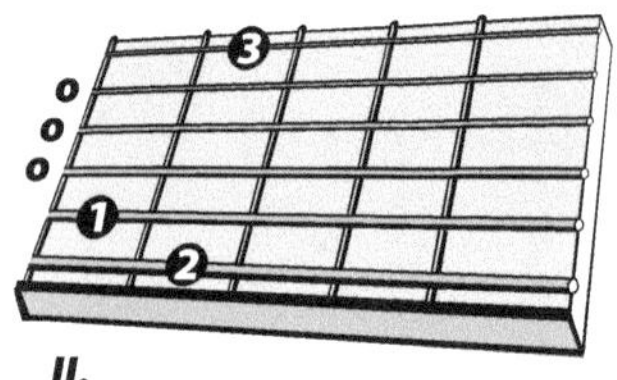

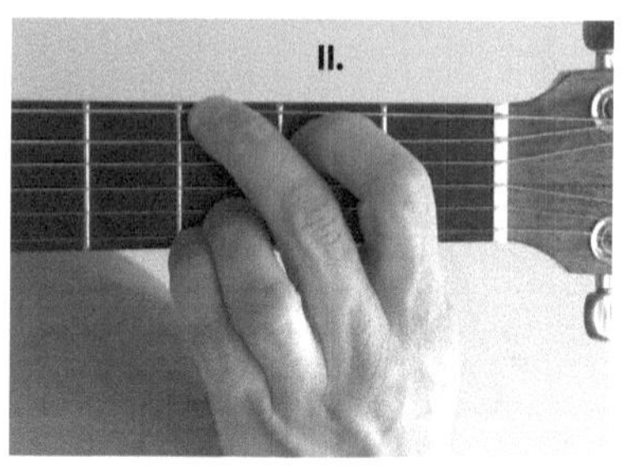

G-Dur

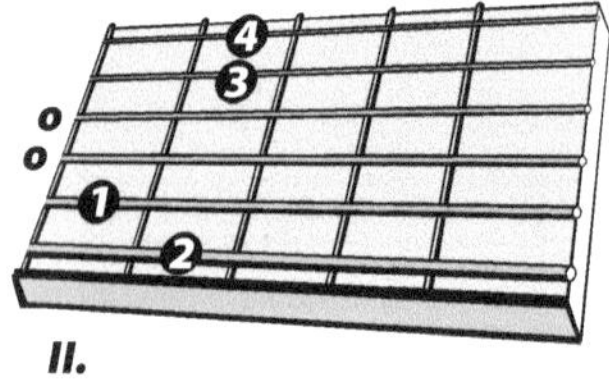

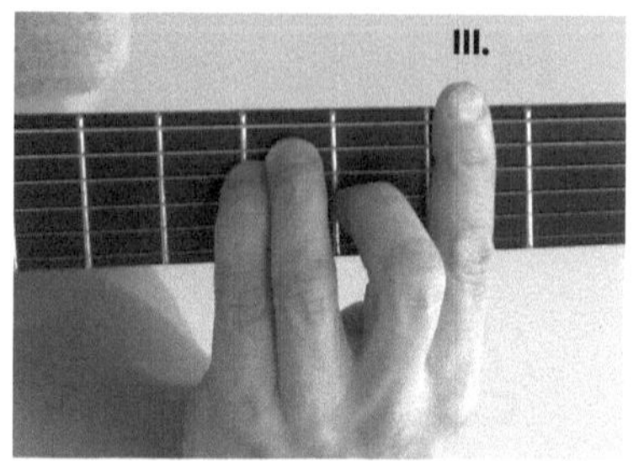

G-Dur

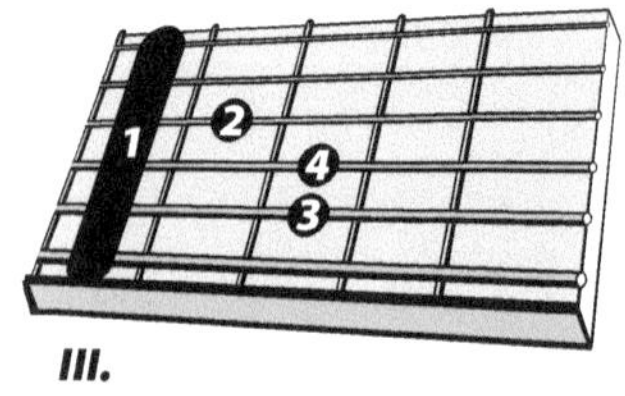

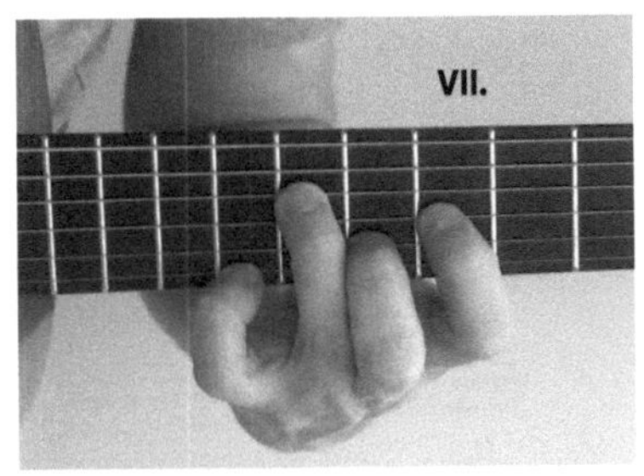

G-Dur

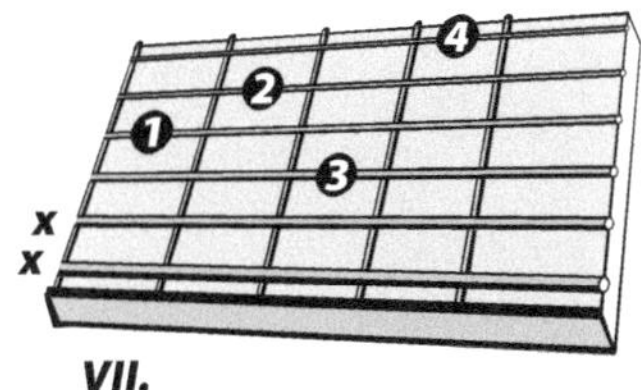

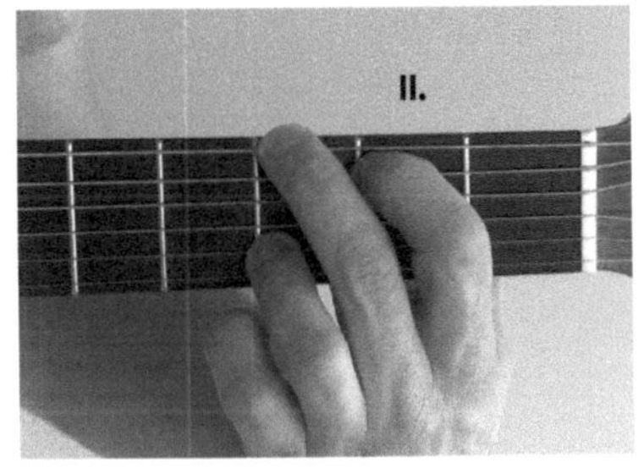

G^6

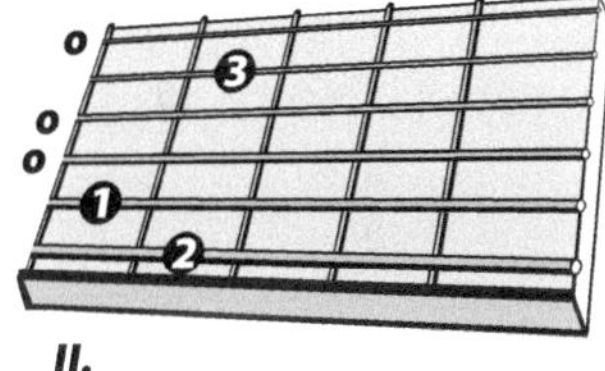

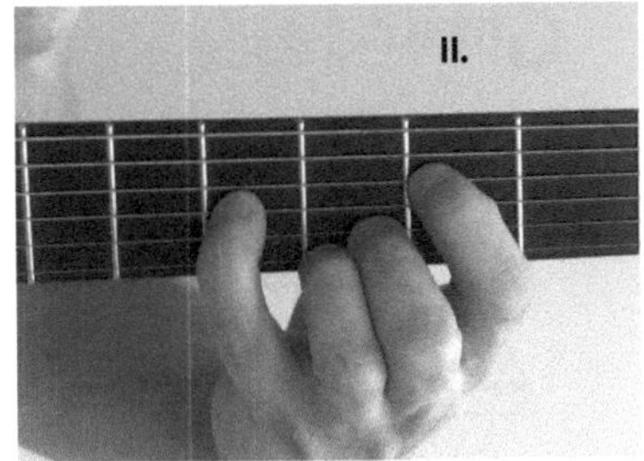

G^6

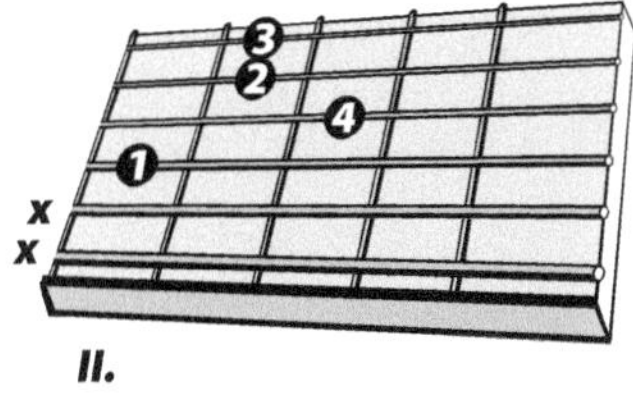

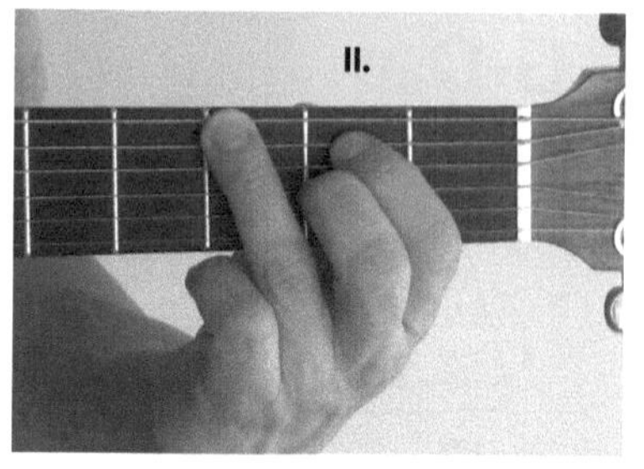

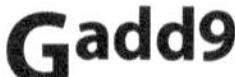

Gadd9

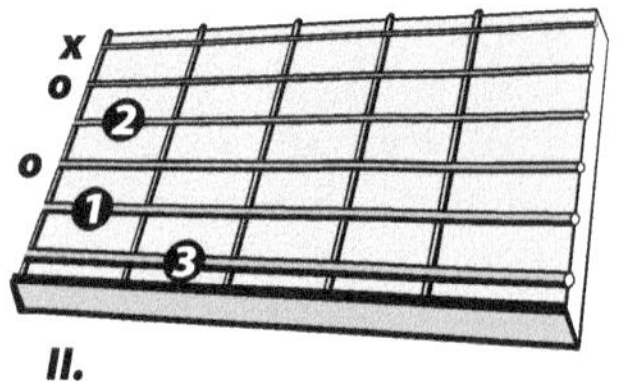

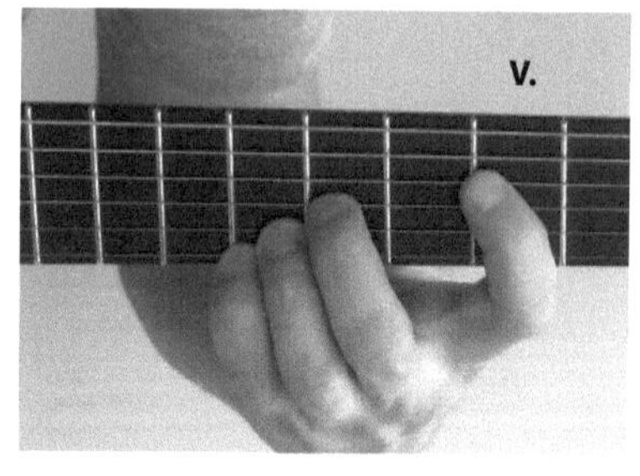

Gsus4

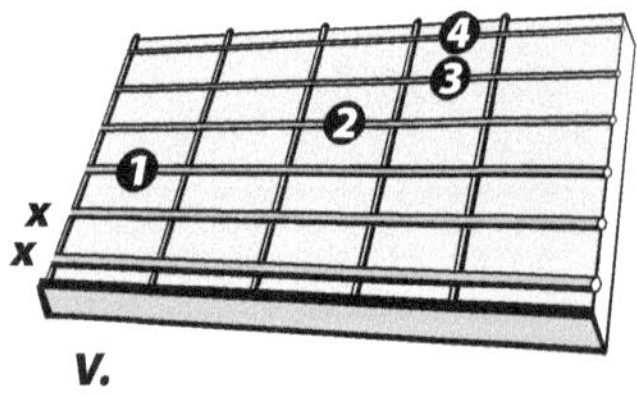

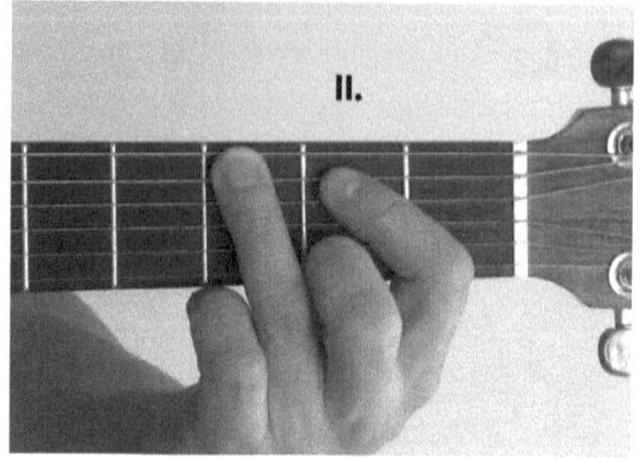

Gmaj7

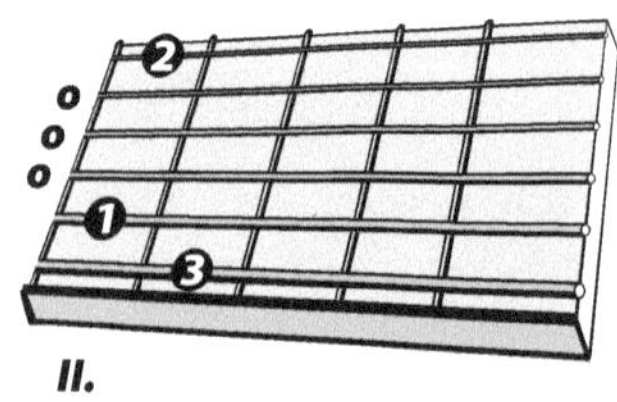

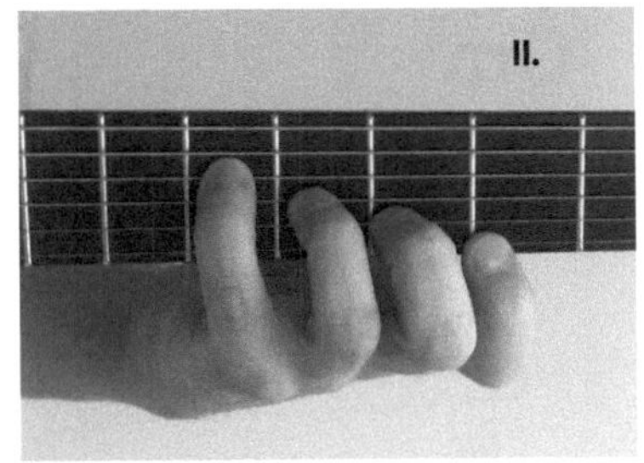

G^{maj7}

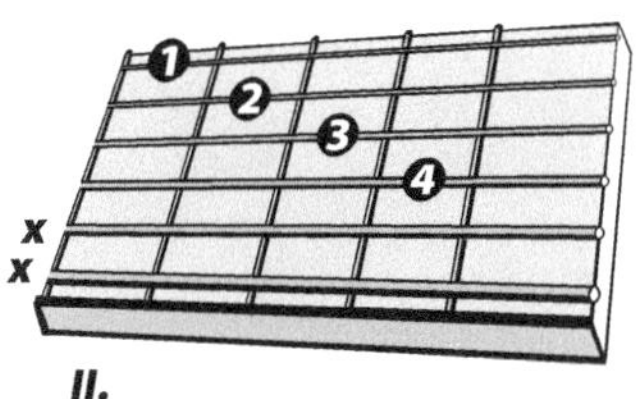

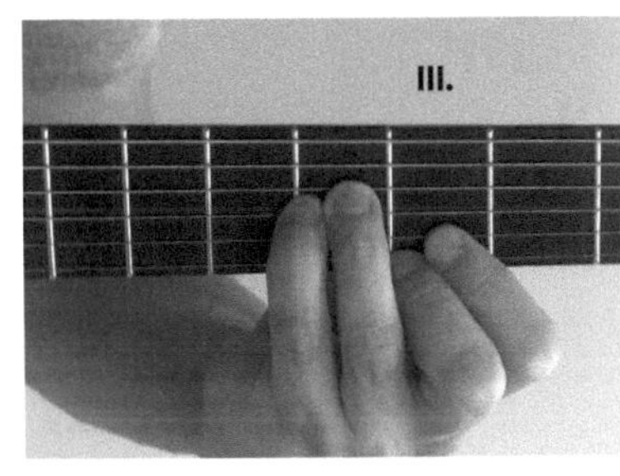

Gmaj7

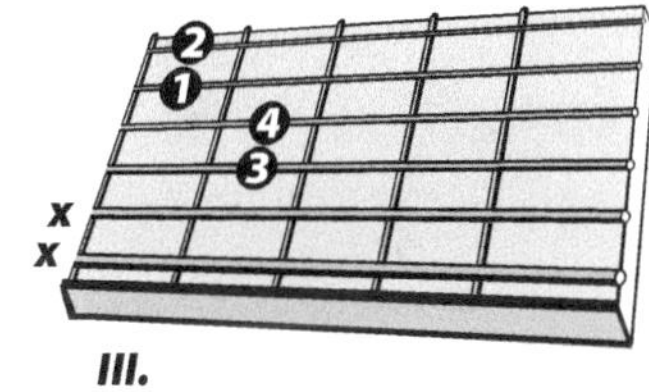

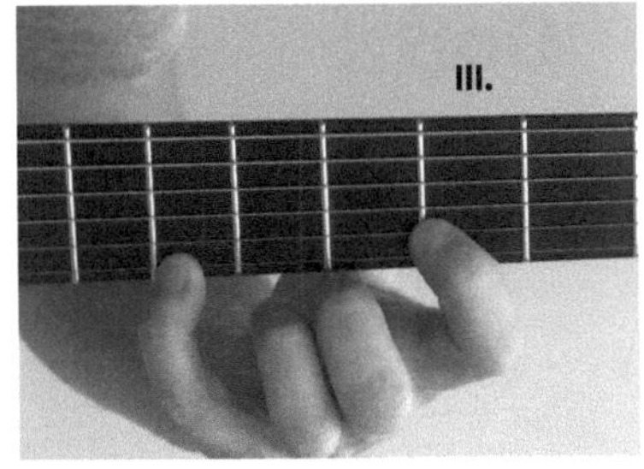

Gm

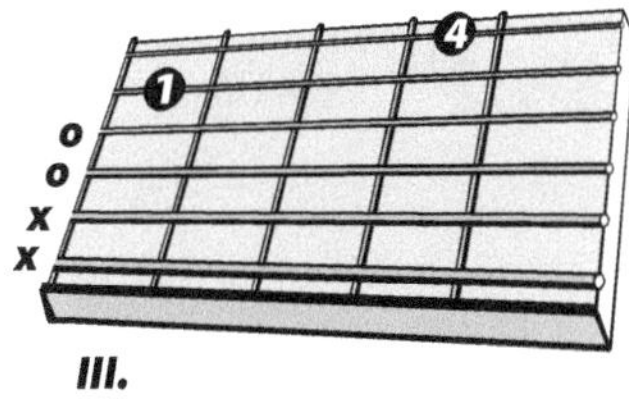

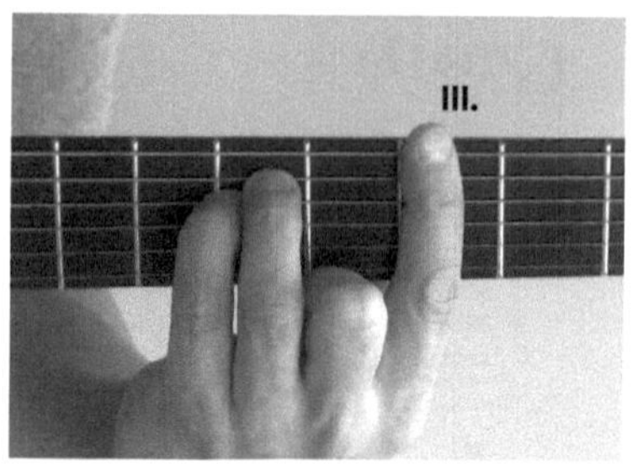

Gm

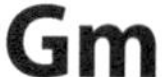

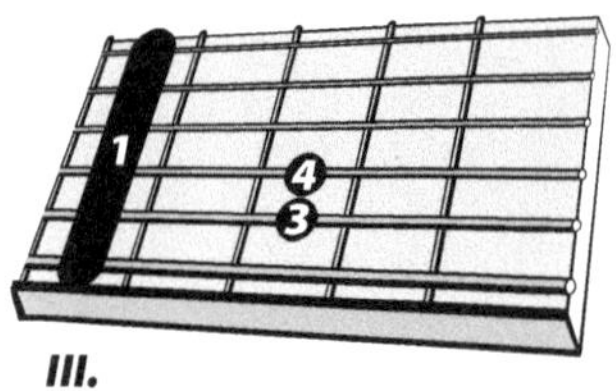

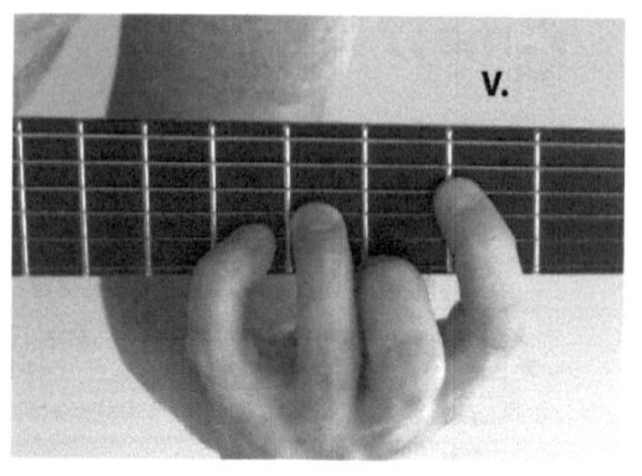

Gm

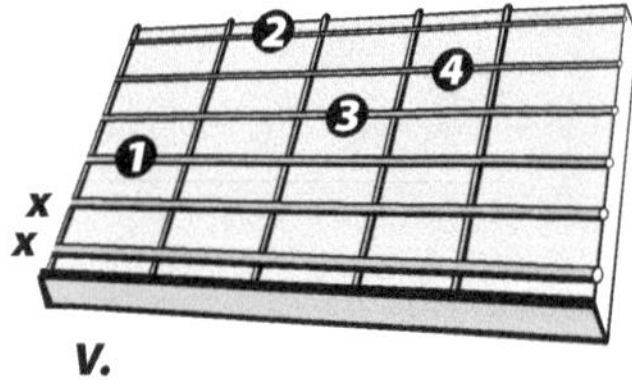

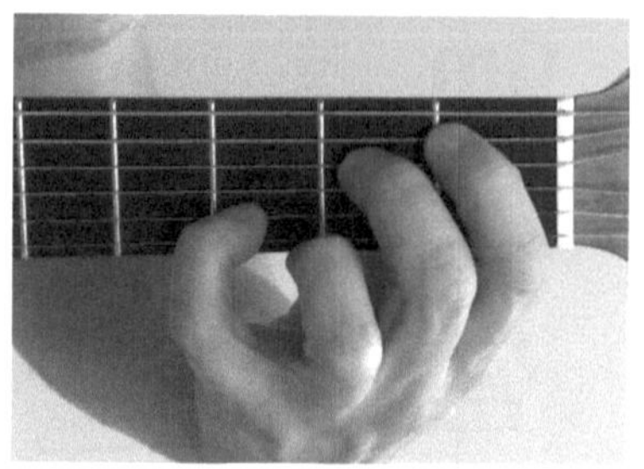

Gm^6

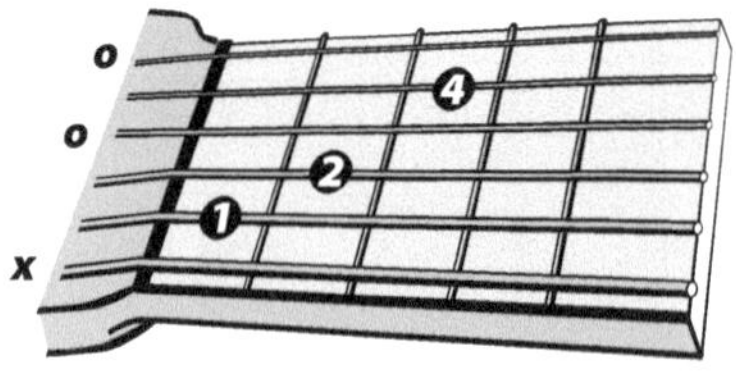

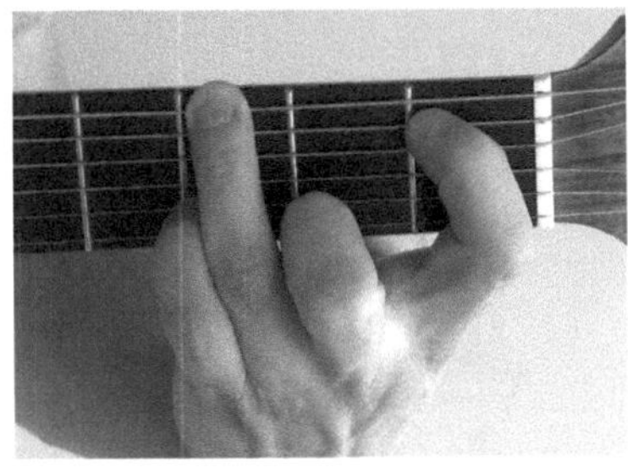

Gm^6

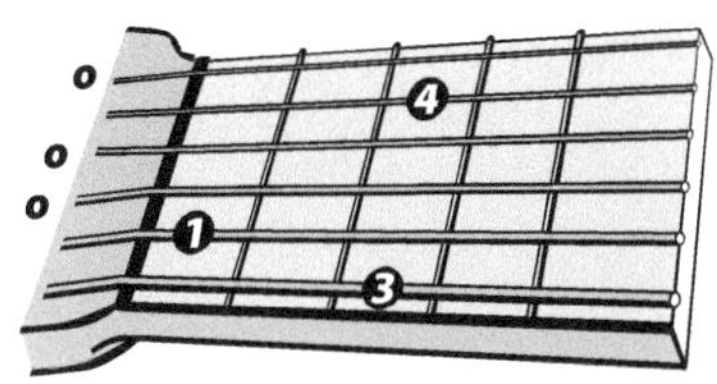

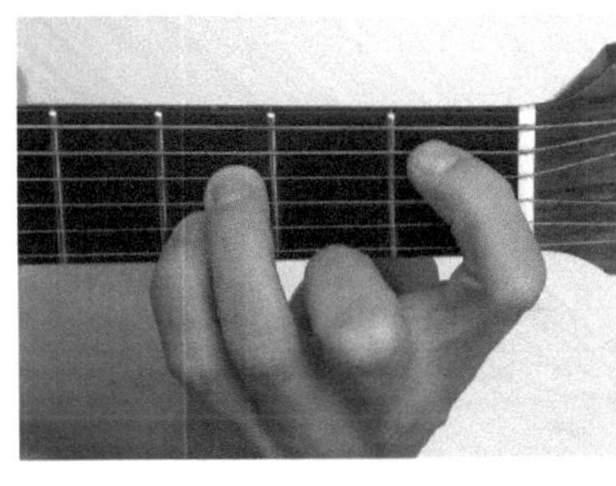

Gm^7

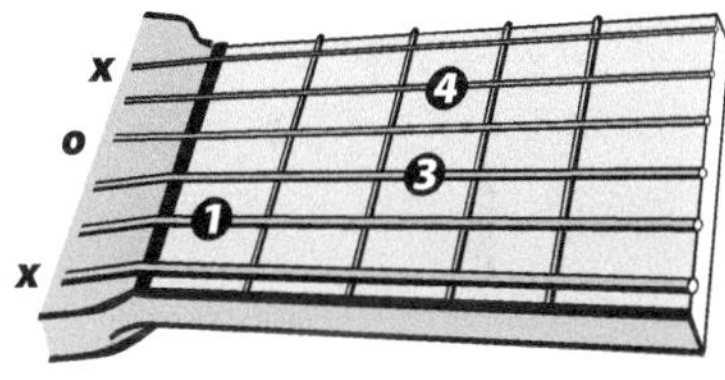

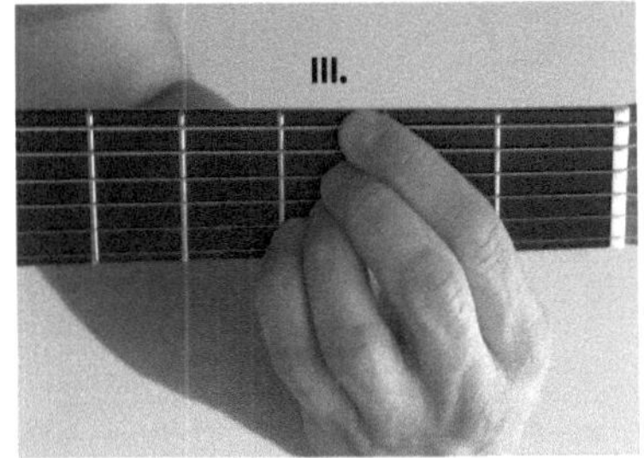

Gm^7

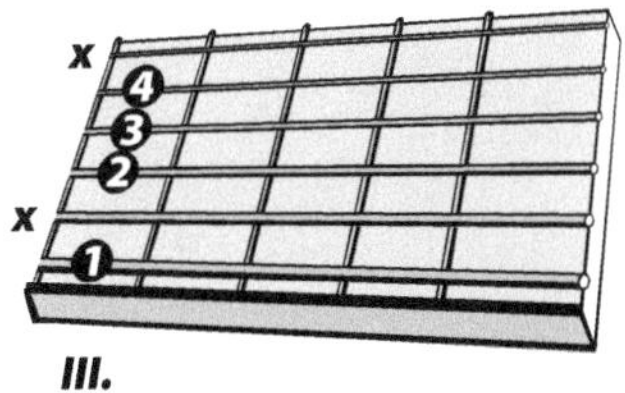

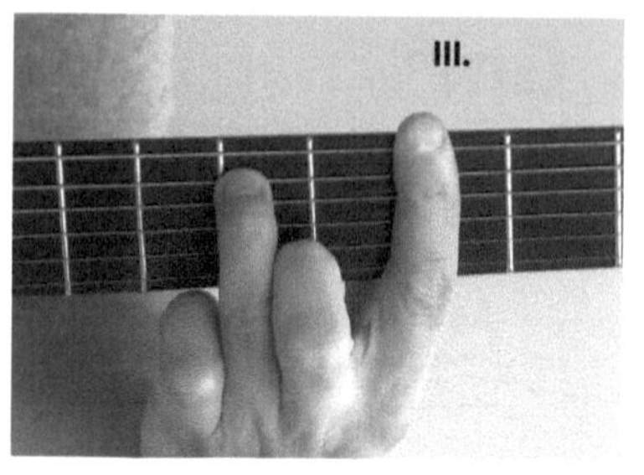

Gm^7

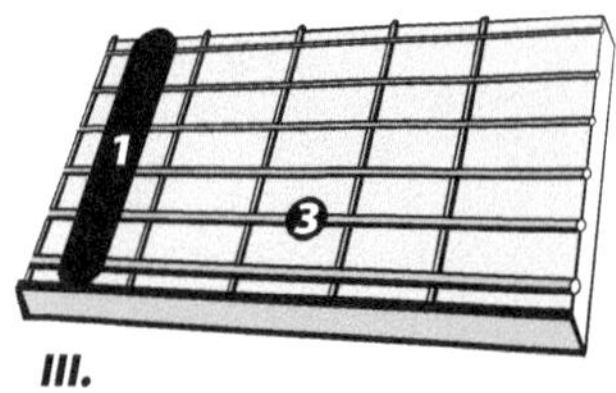

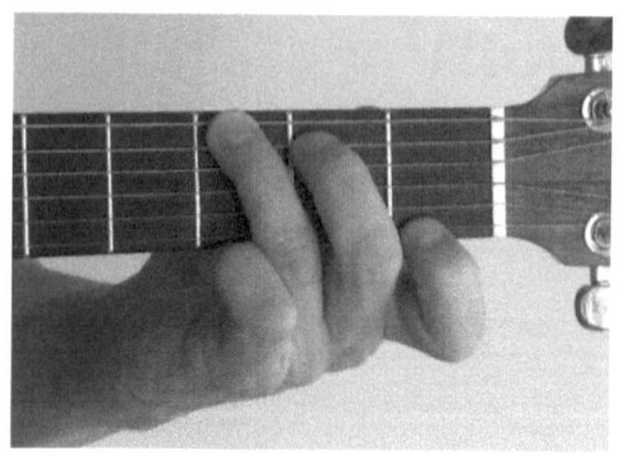

G^7

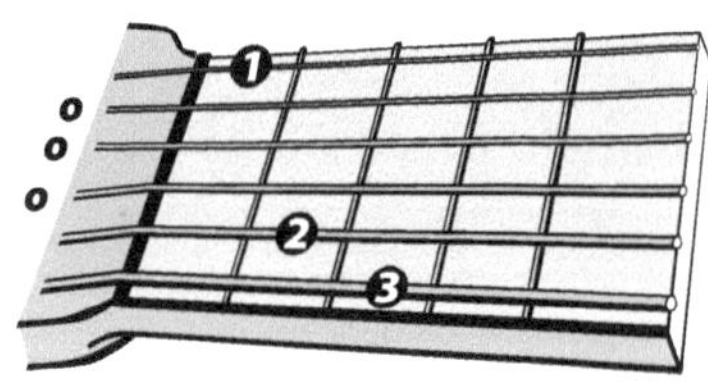

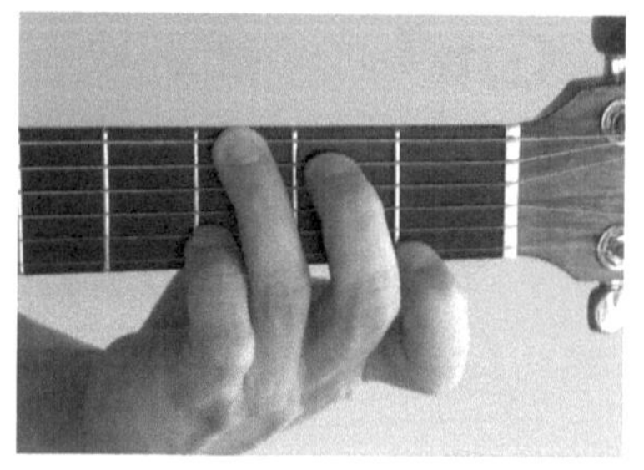

G^7

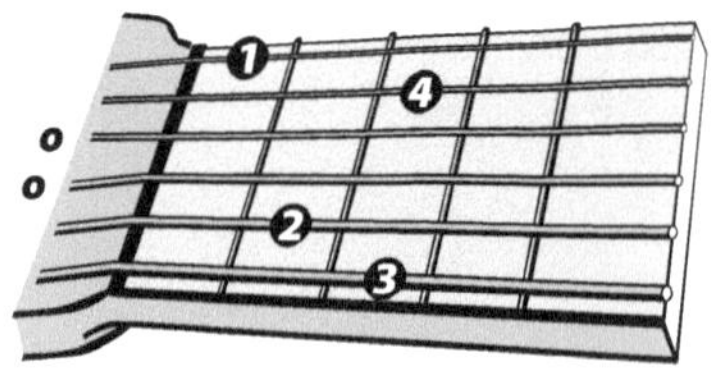

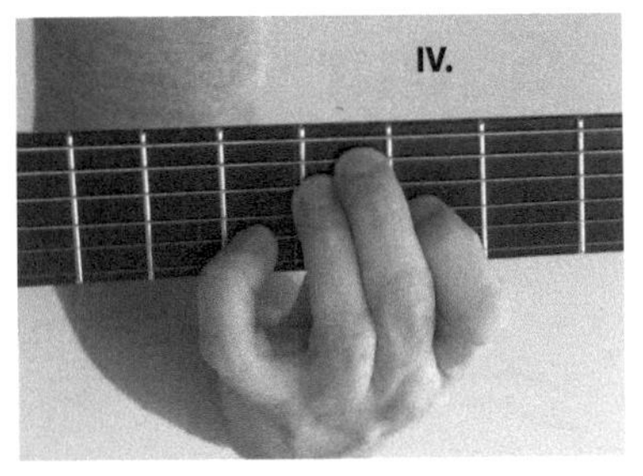

G^7

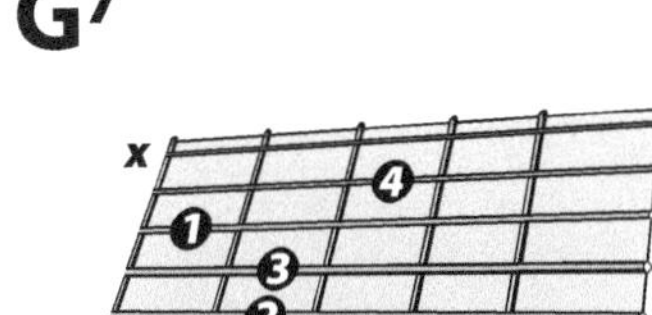

IV.

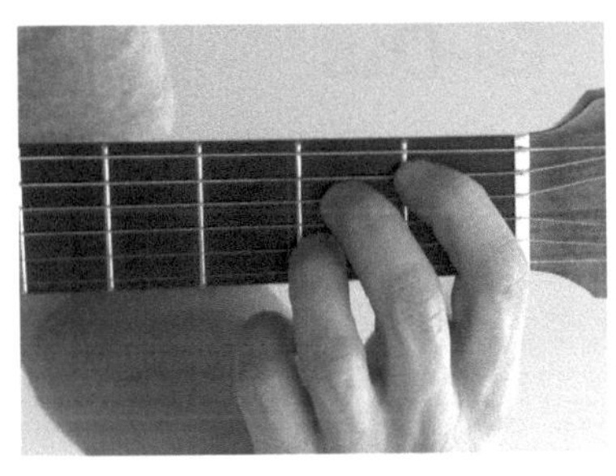

G°

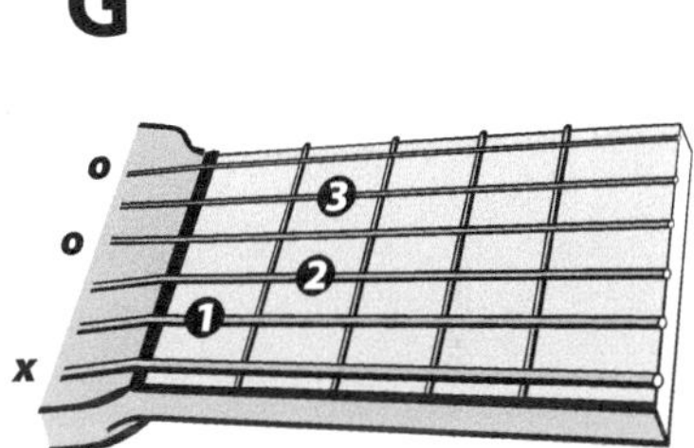

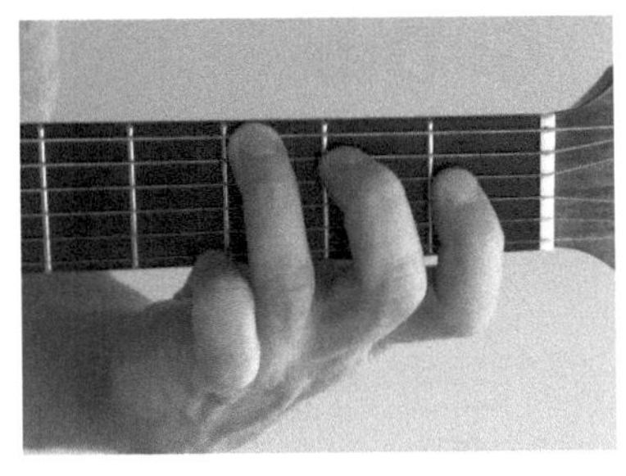

G^+

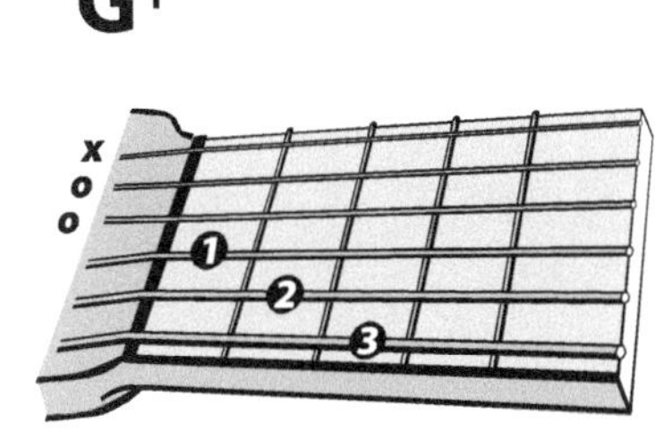

G♯/A♭

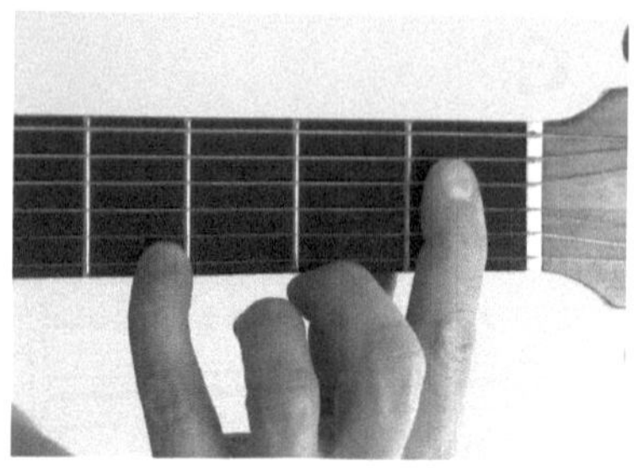

G♯-Dur

x
x

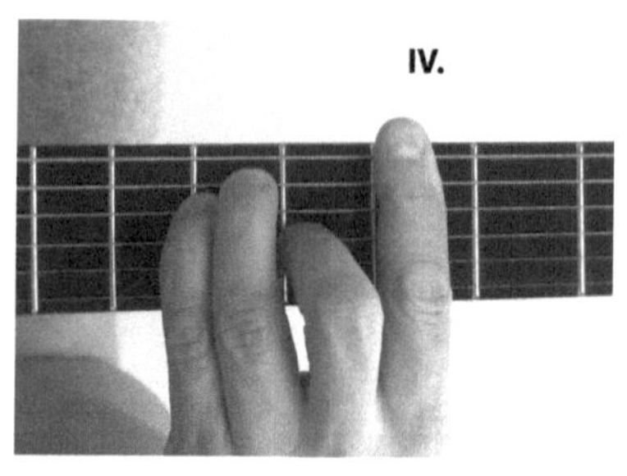

G♯-Dur

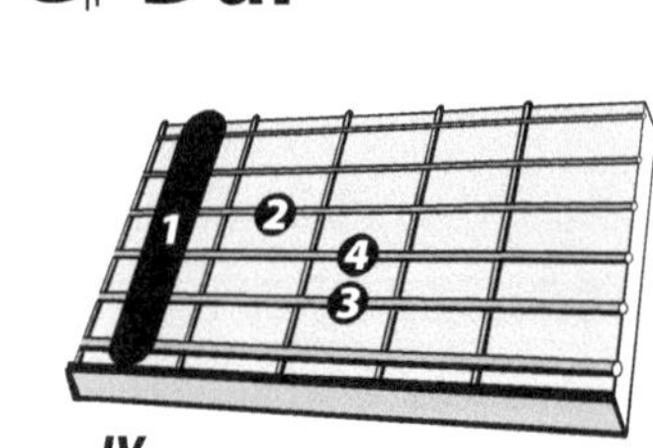

IV.

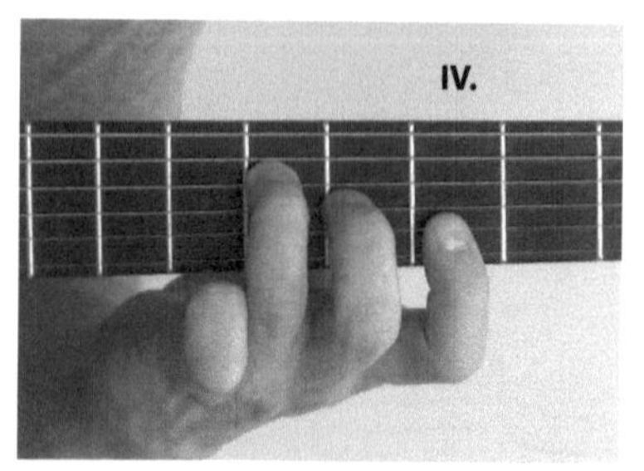

G♯-Dur

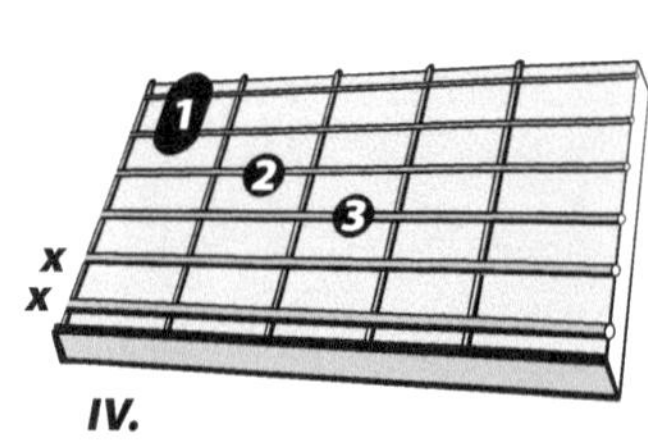

IV.

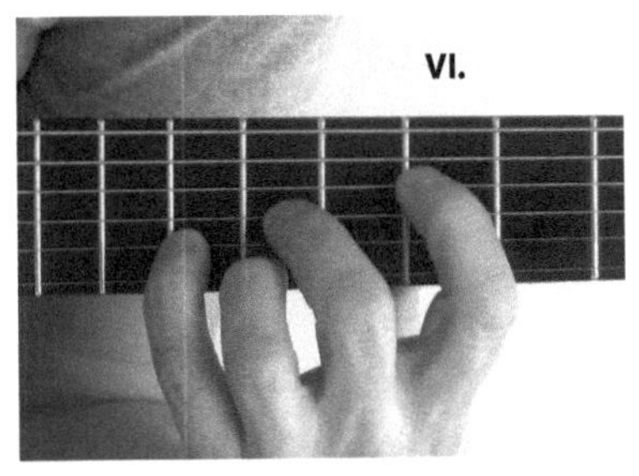

G♯-Dur

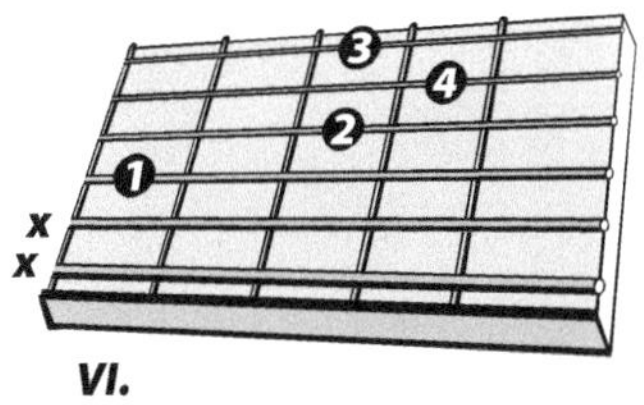

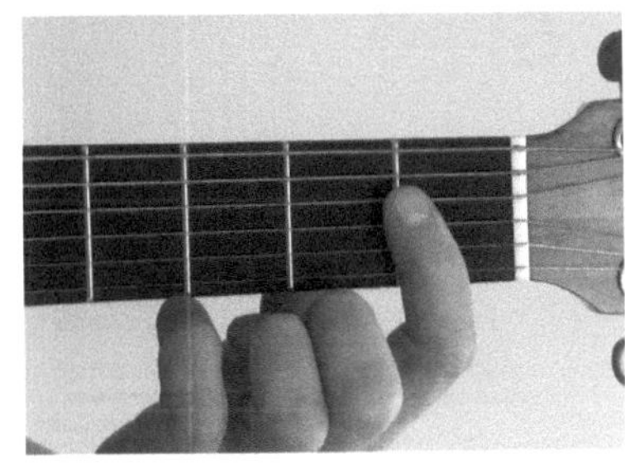

G♯6

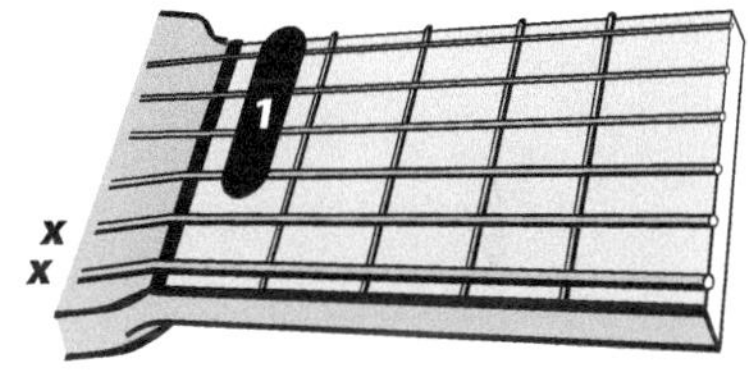

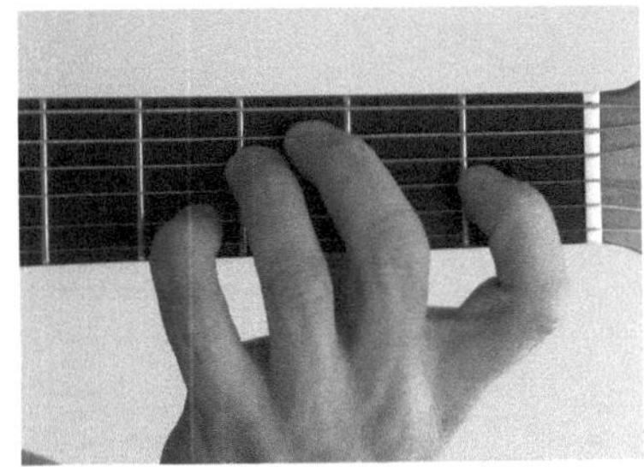

G♯6

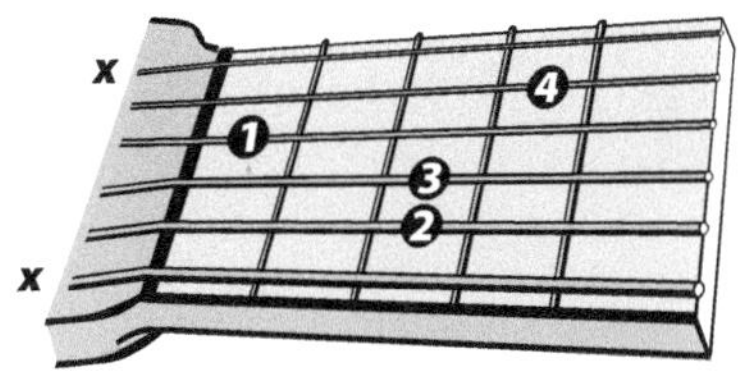

G♯/A♭

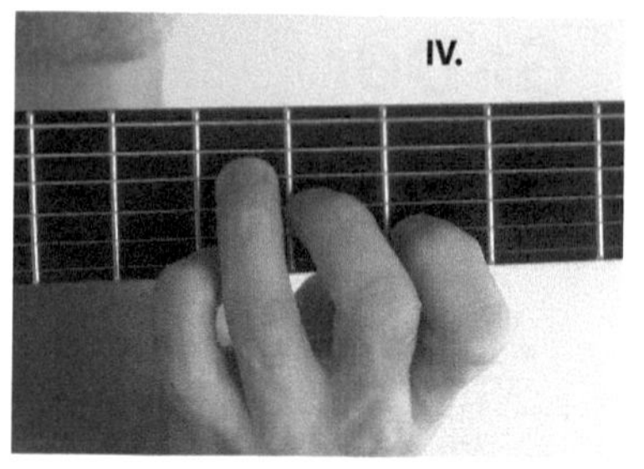

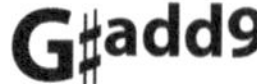

G♯add9

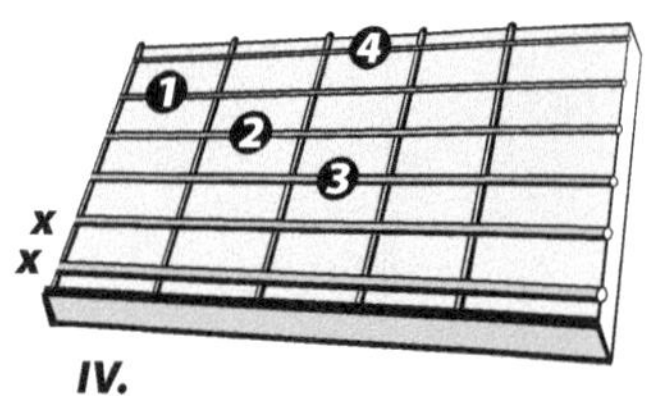

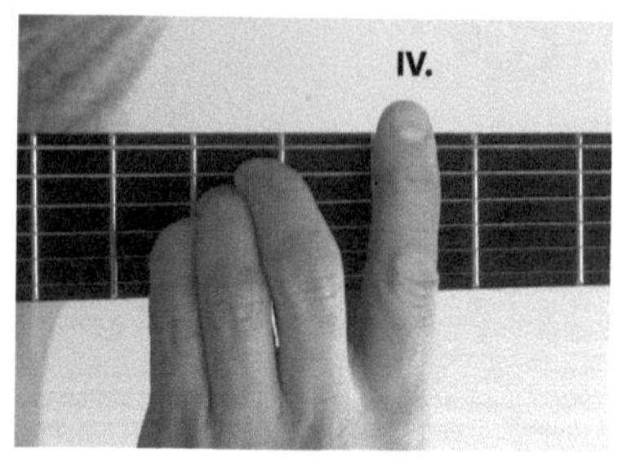

G♯sus4

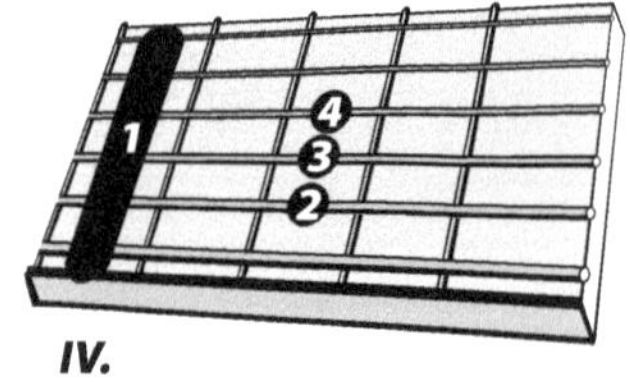

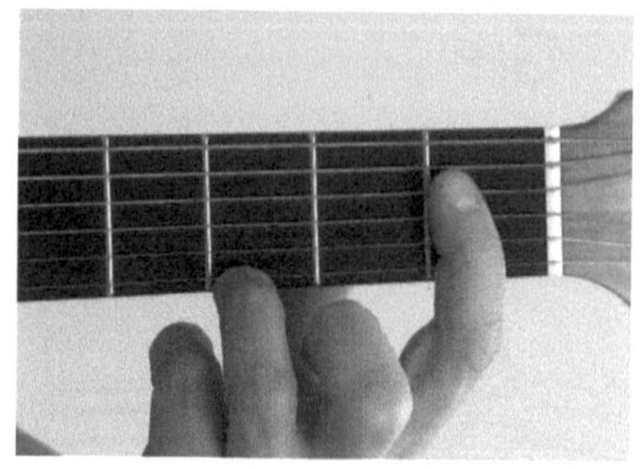

G♯maj7

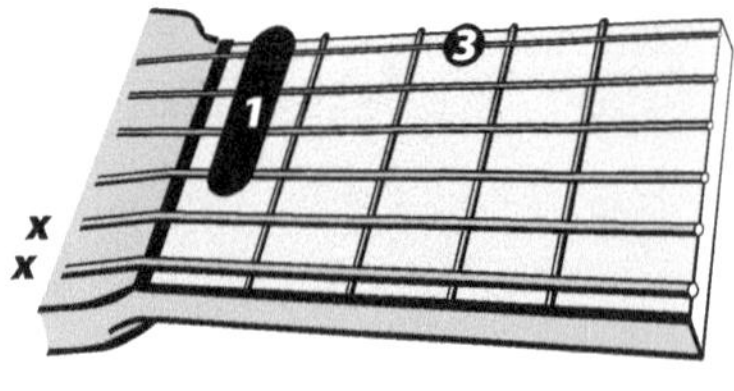

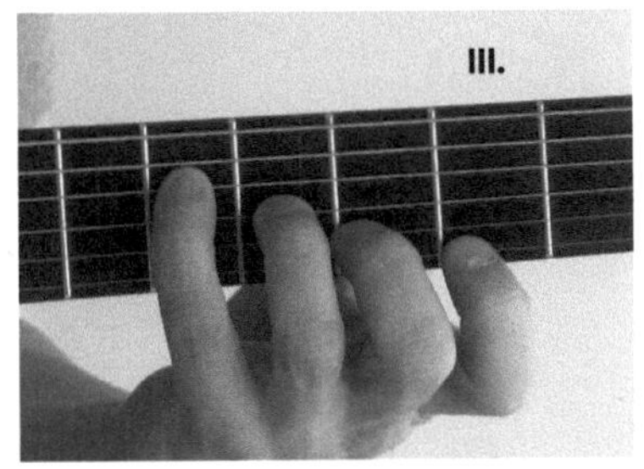

G♯maj7

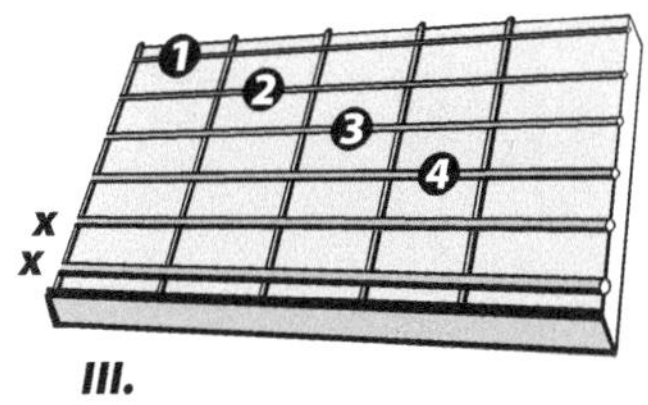

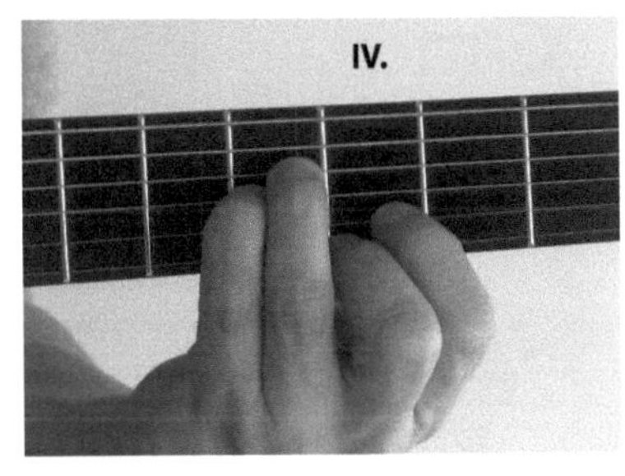

G♯maj7

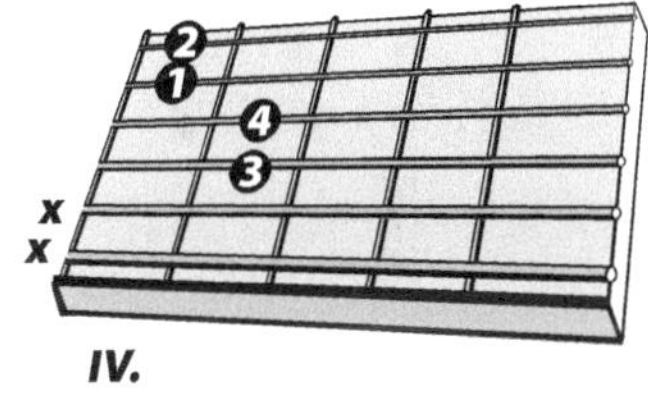

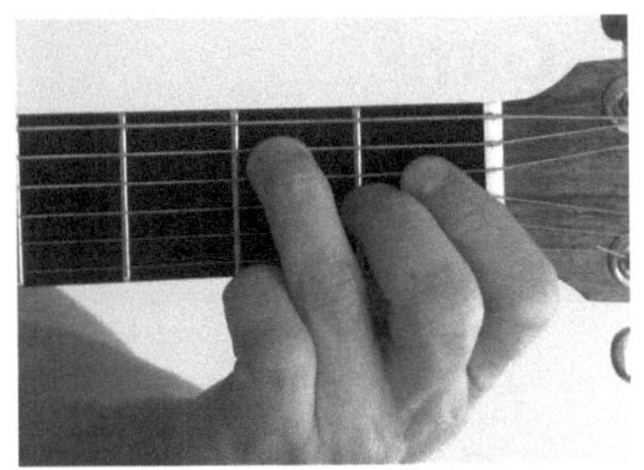

G♯m

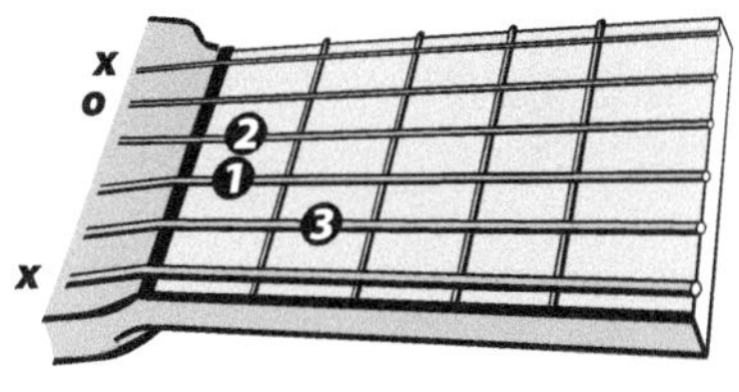

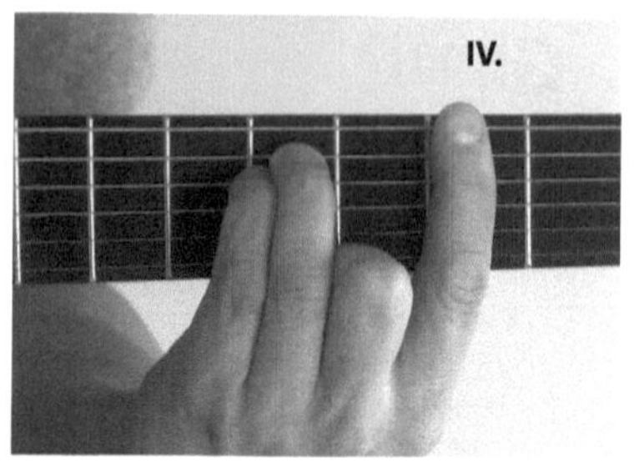

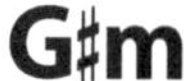

G♯m

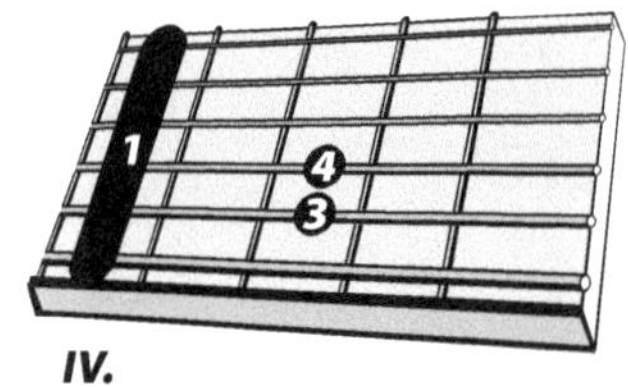

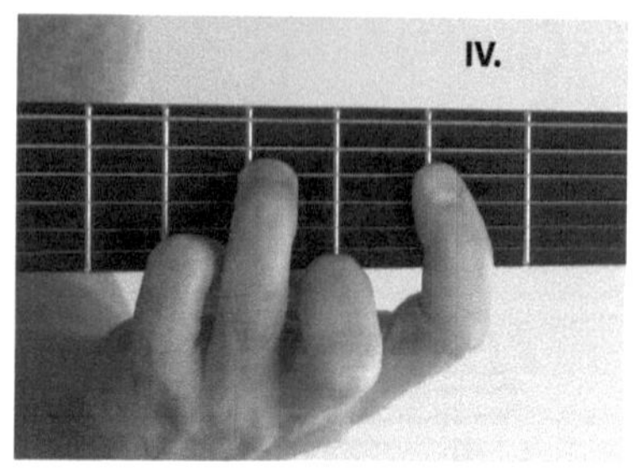

G♯m

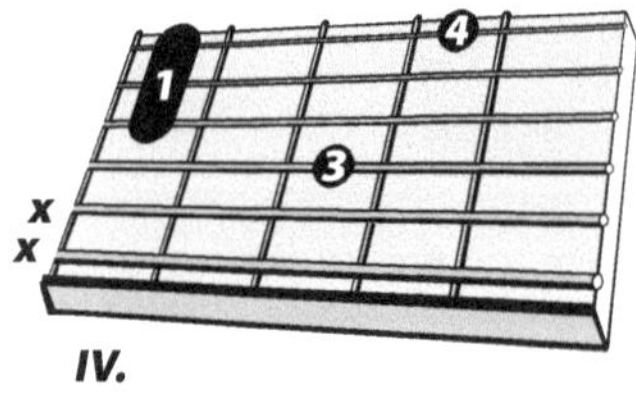

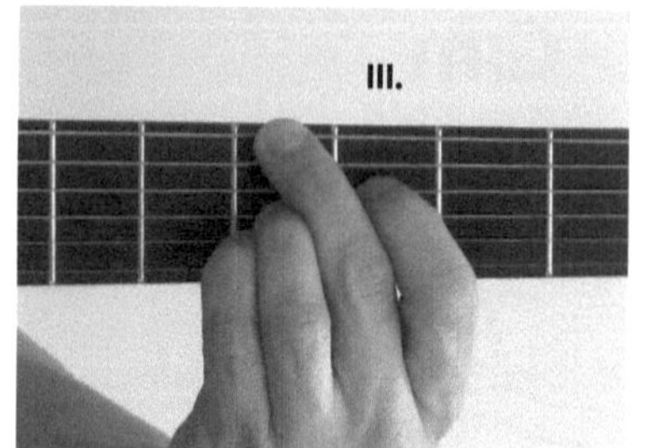

G♯m^6

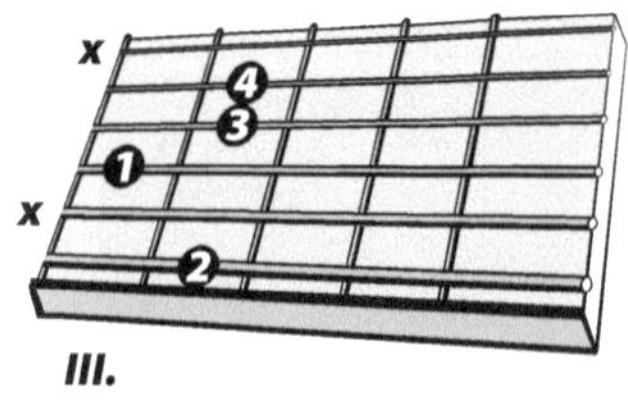

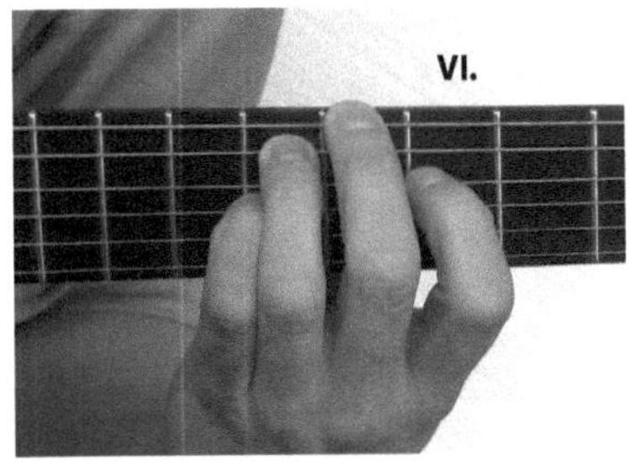

G♯m^6

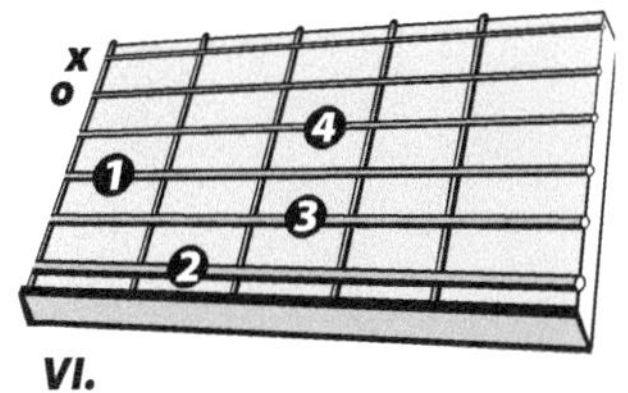

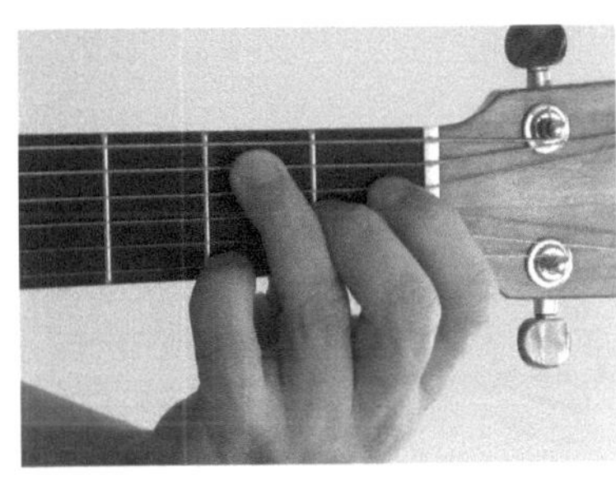

G♯m^7

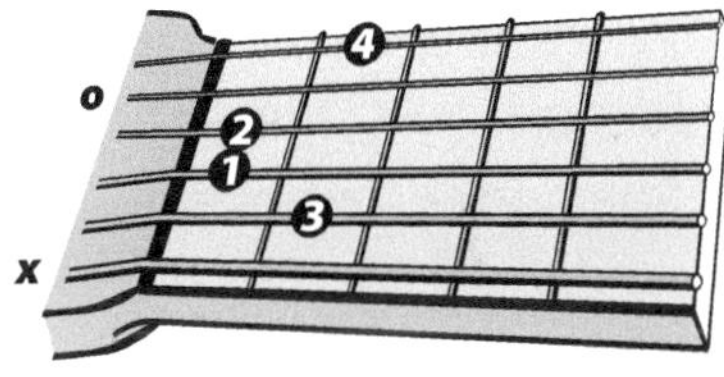

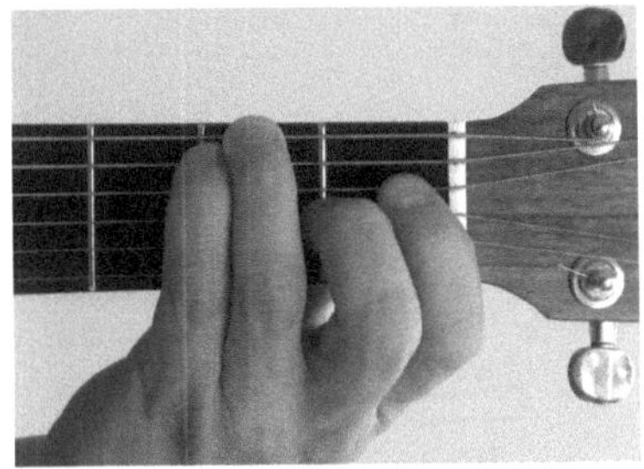

G♯m^7

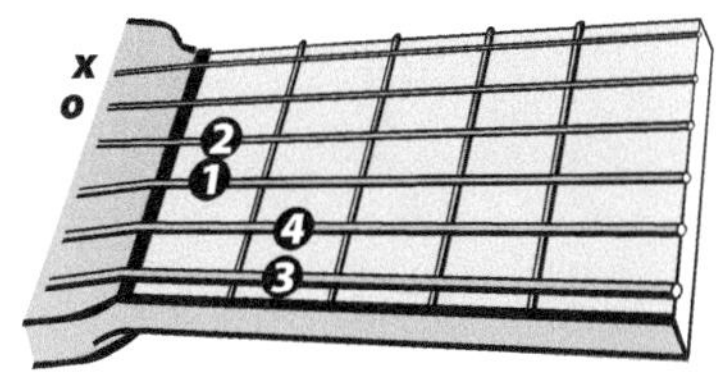

G♯/A♭

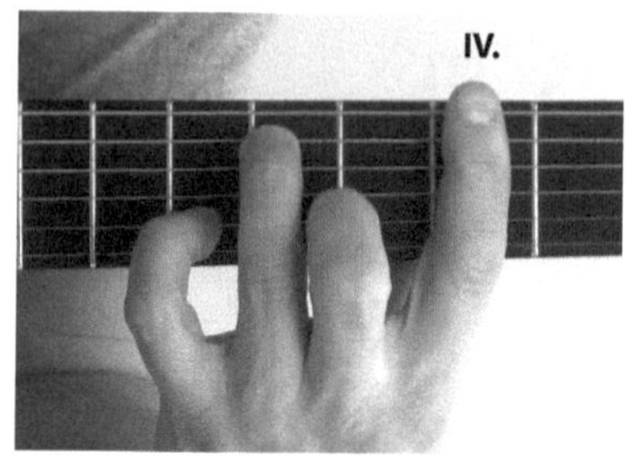

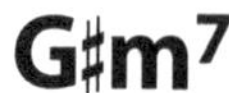

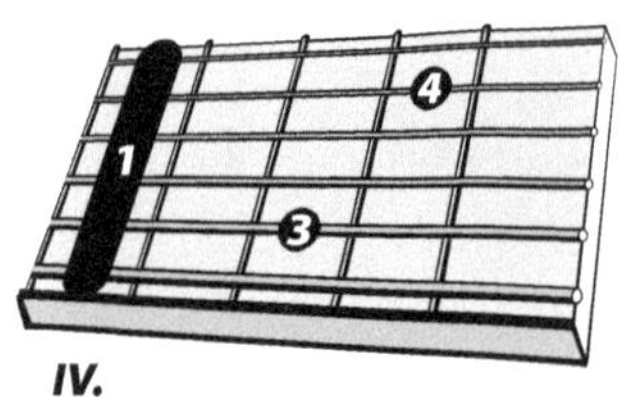

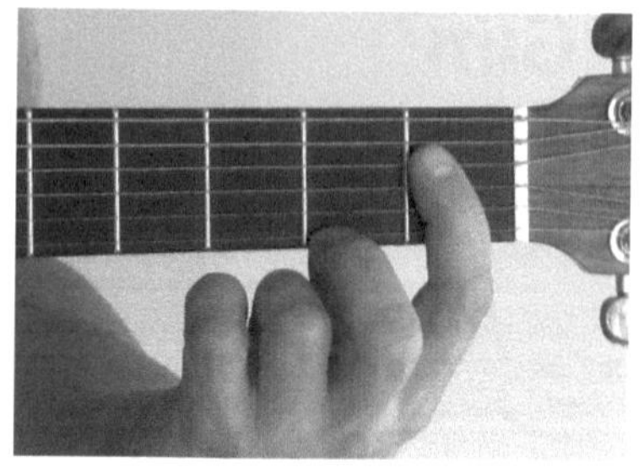

G♯7

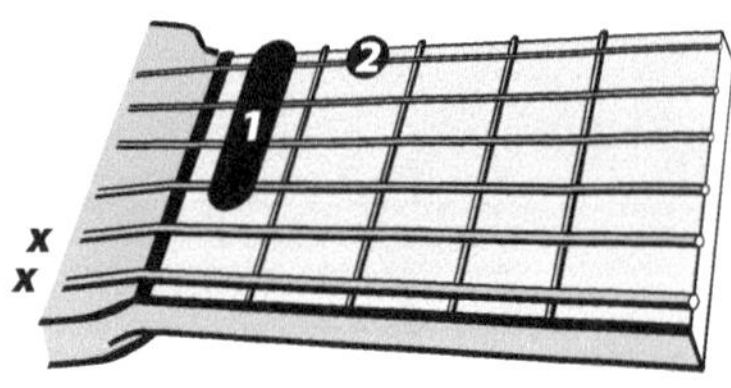

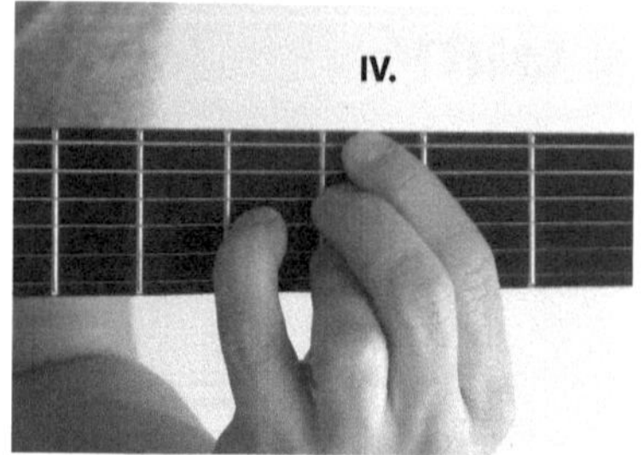

G♯7

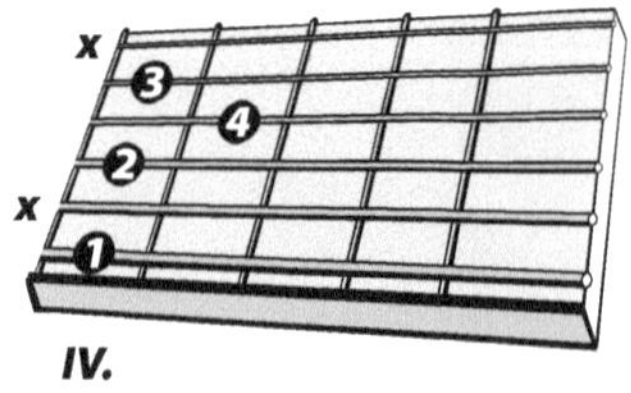

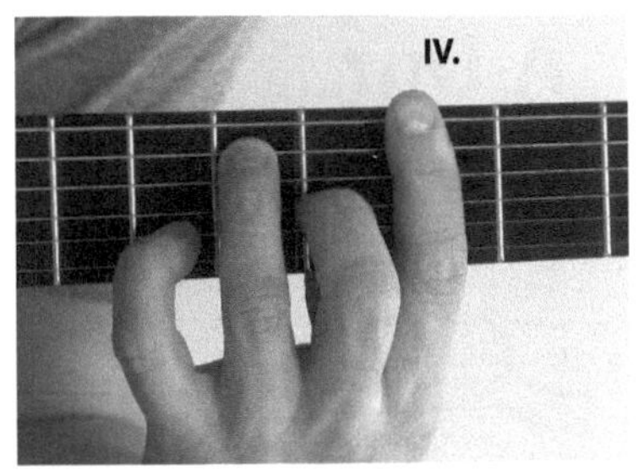

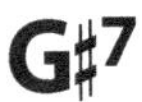

G♯7

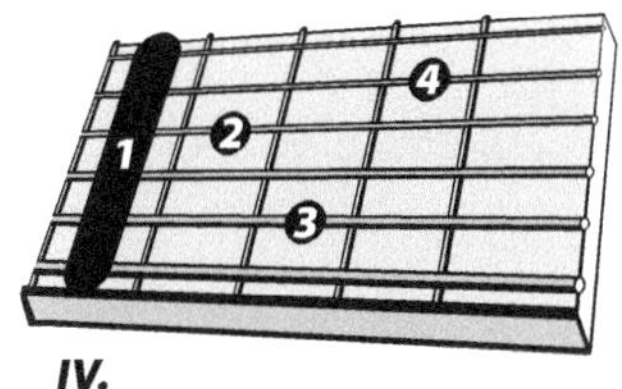

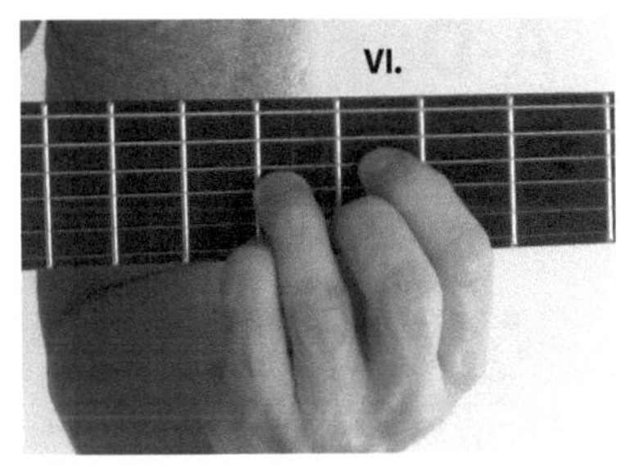

G♯°

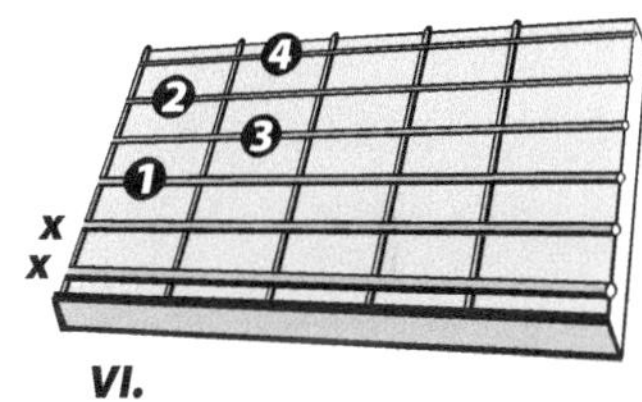

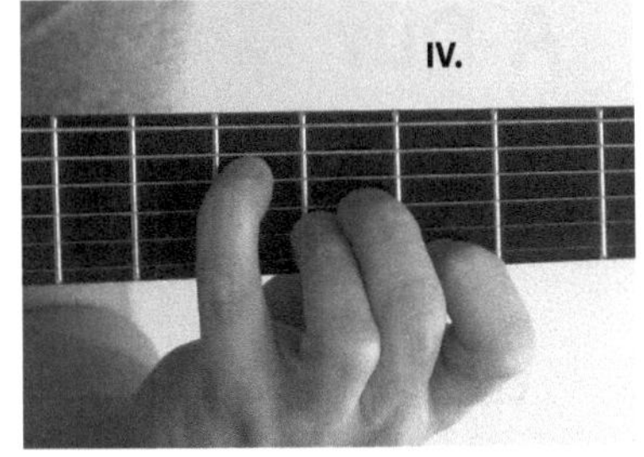

G♯+

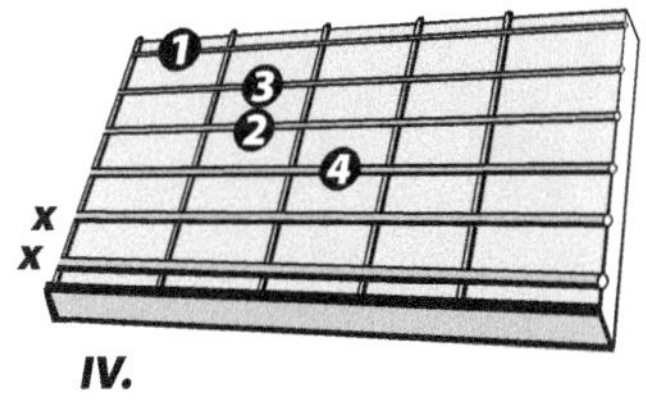

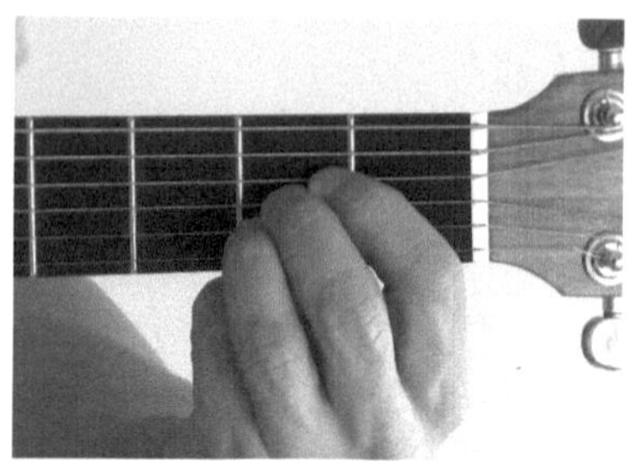

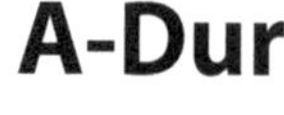

A-Dur

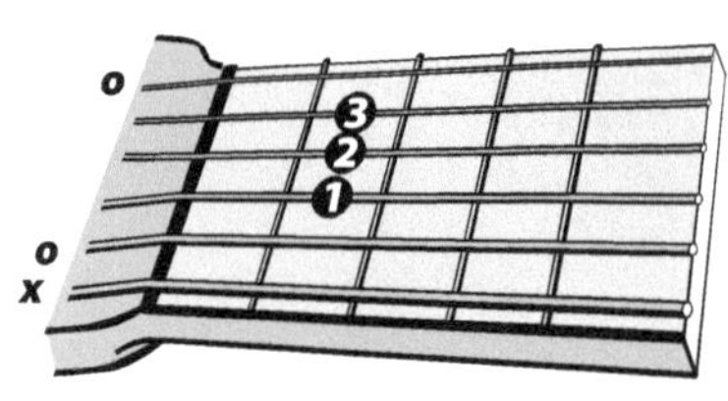

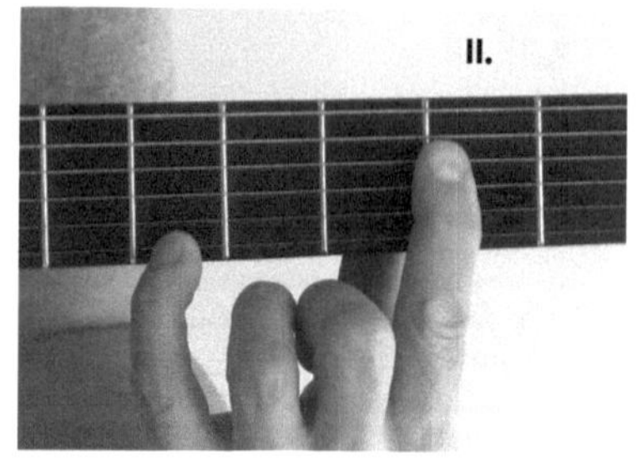

A-Dur

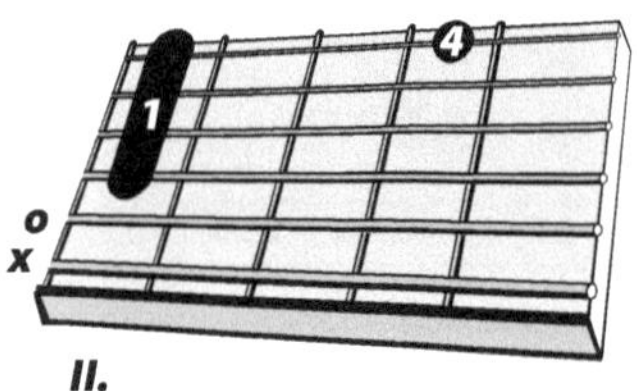

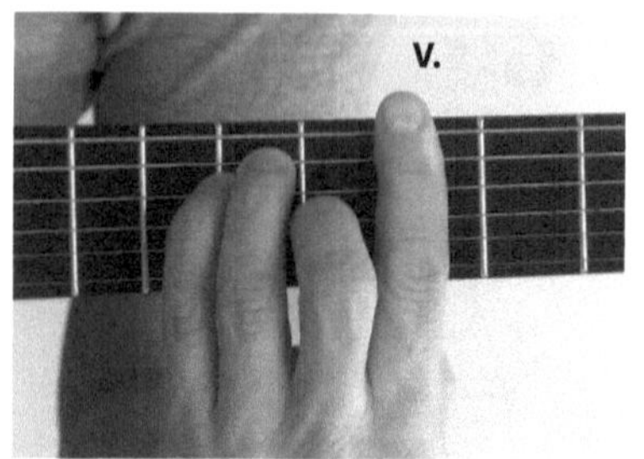

A-Dur

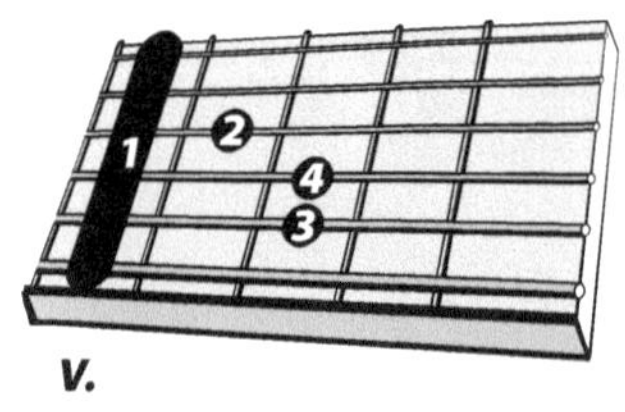

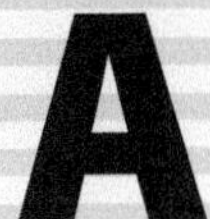

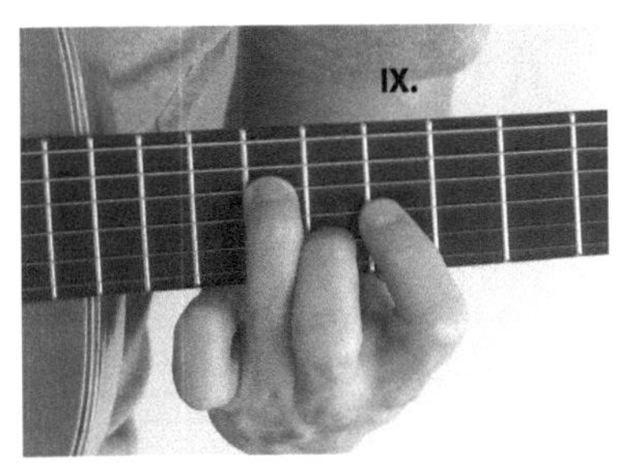

A-Dur

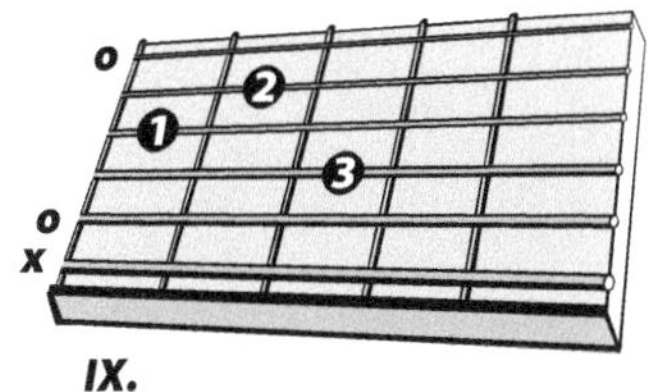

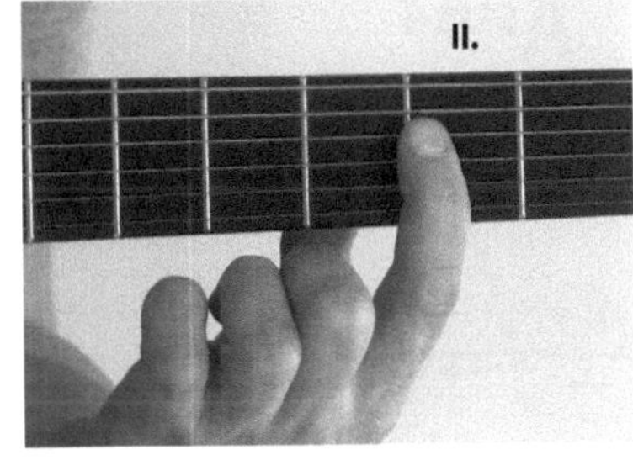

A^6

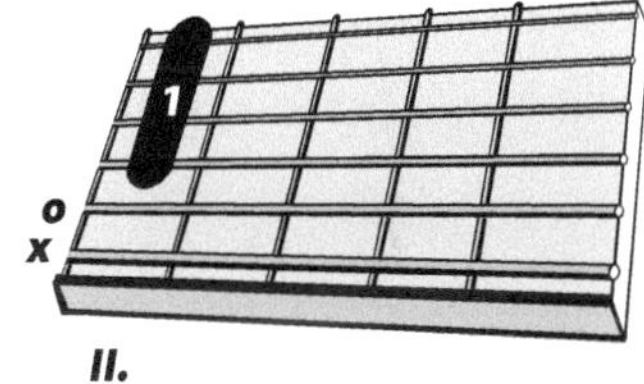

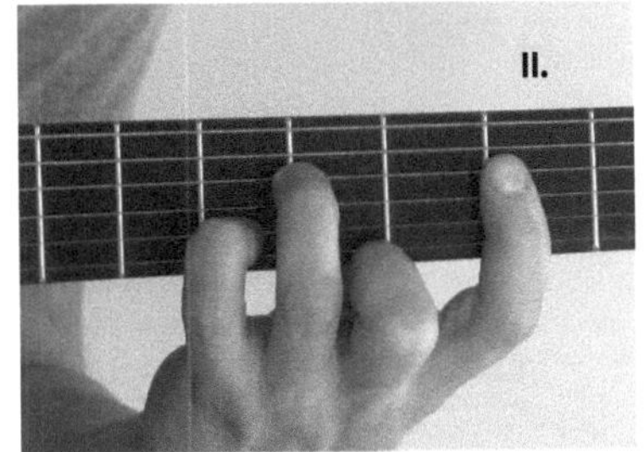

A^6

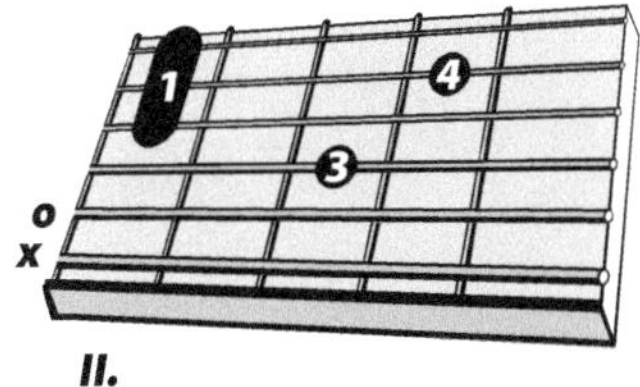

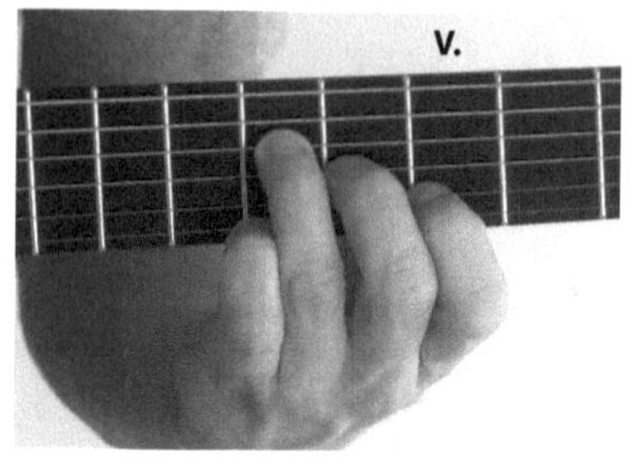

A^{add9}

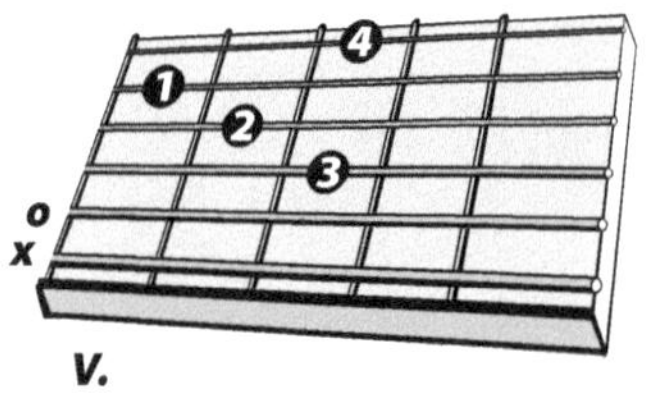

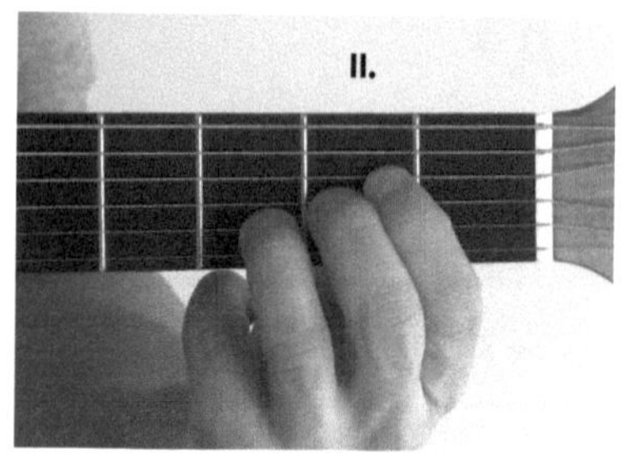

A^{sus4}

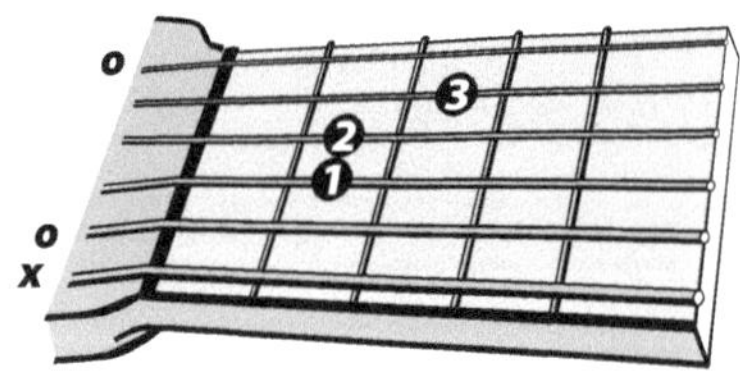

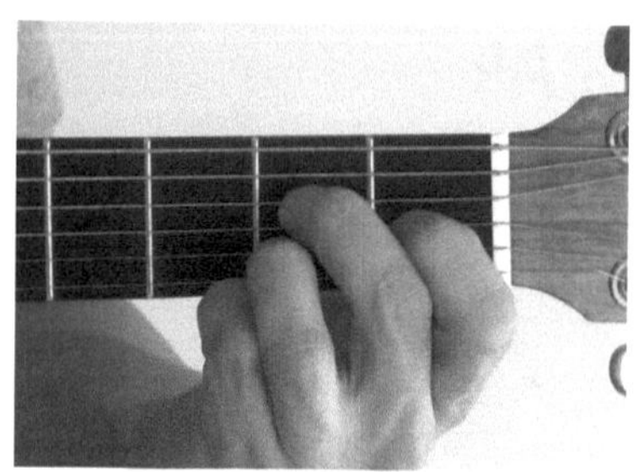

A^{maj7}

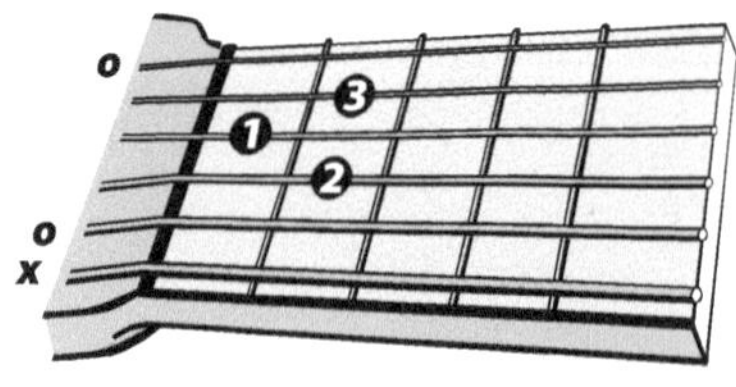

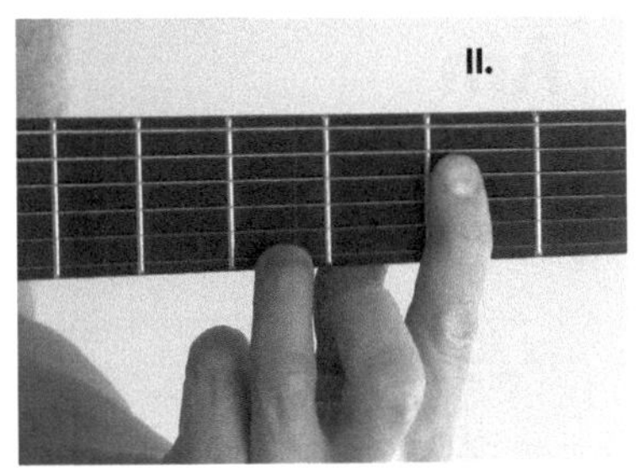

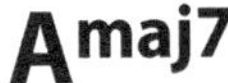

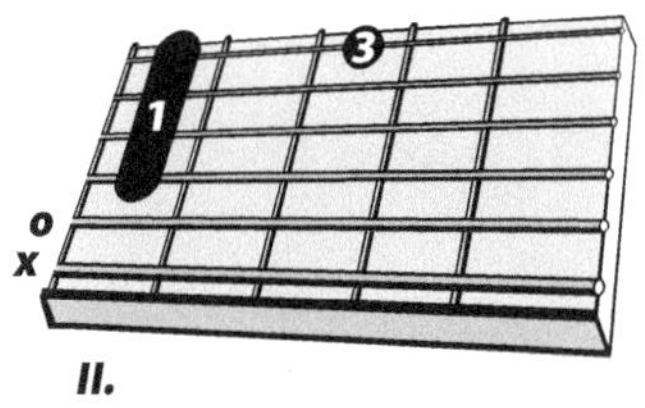

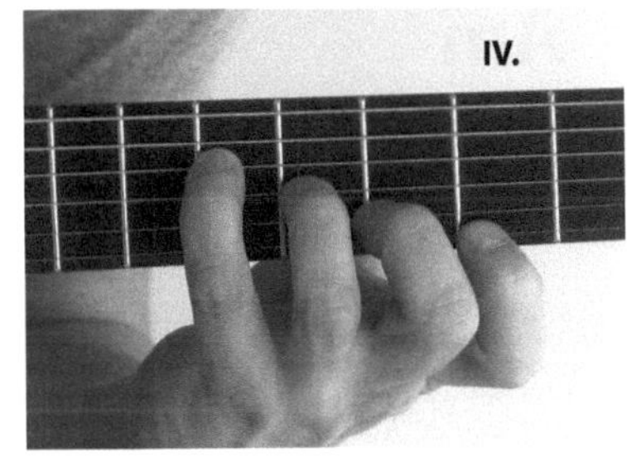

Amaj7

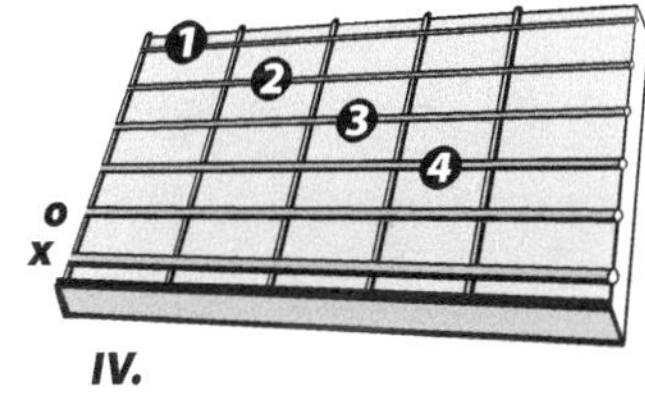

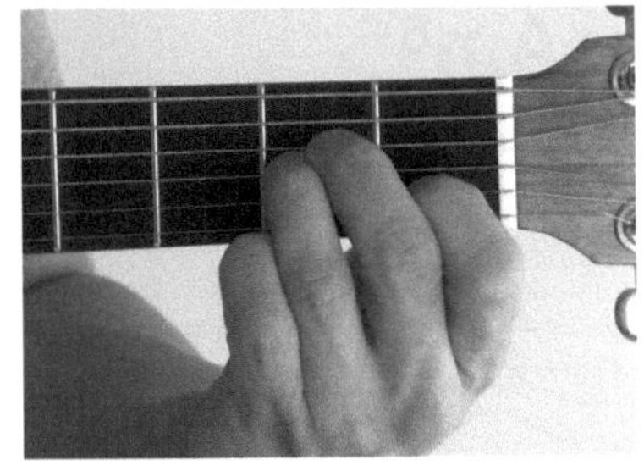

Am

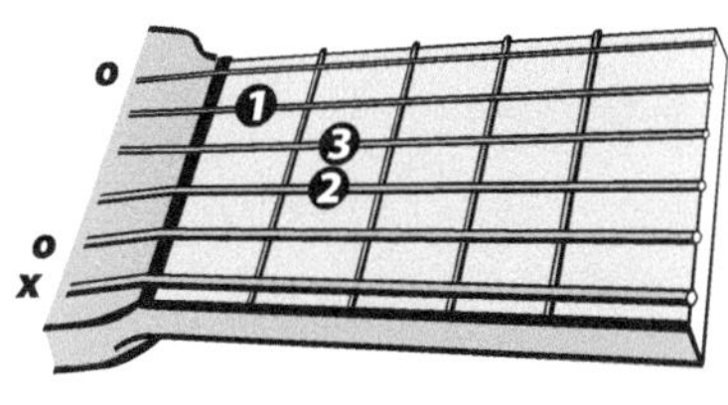

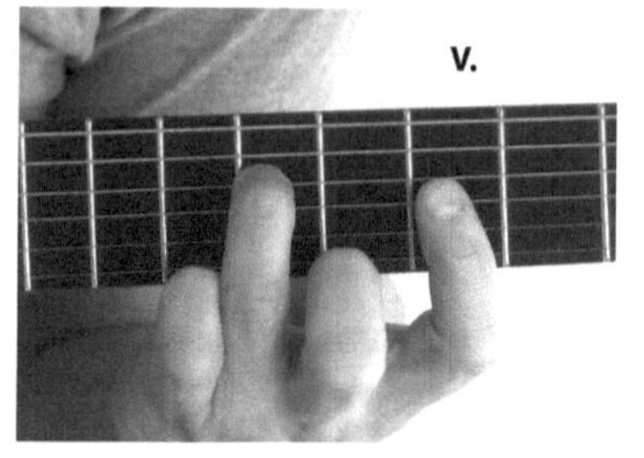

Am

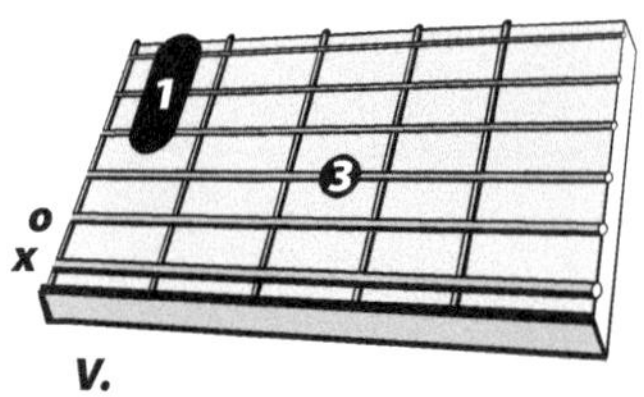

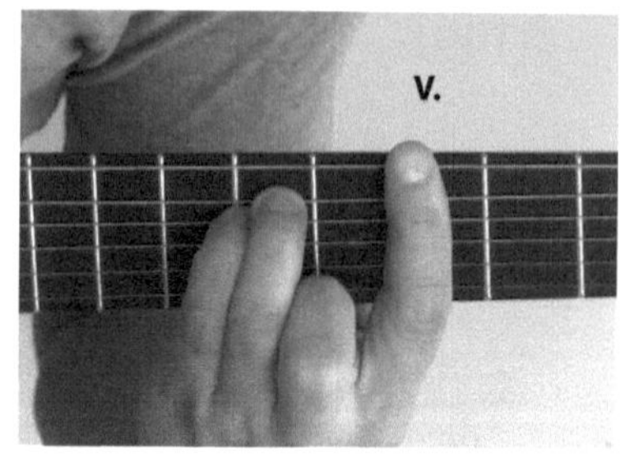

Am

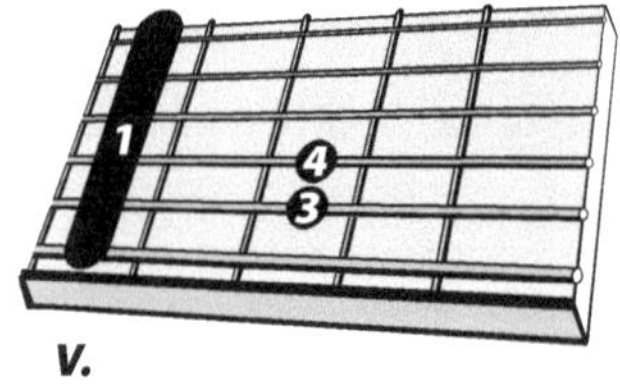

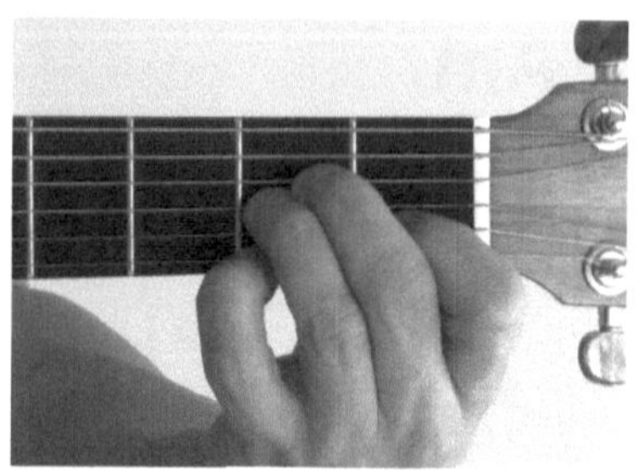

Am6

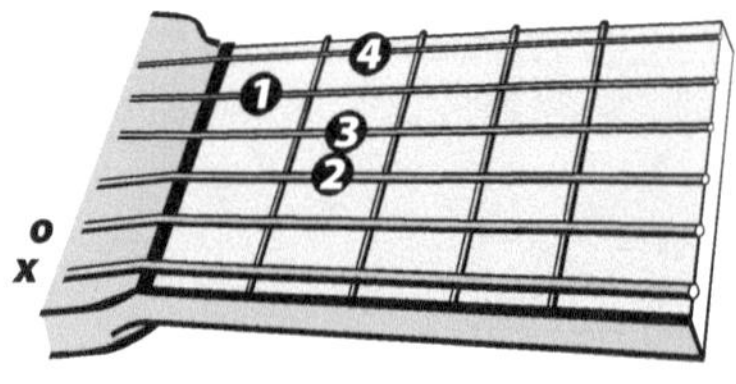

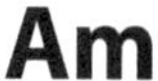

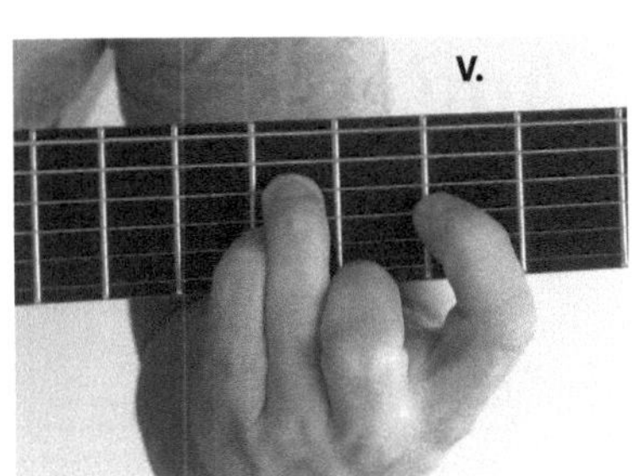

Am⁶

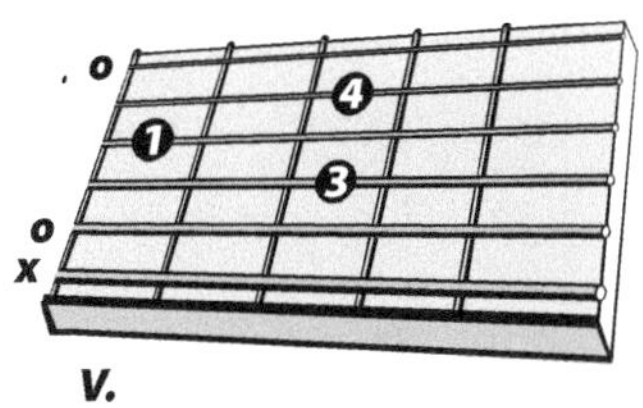

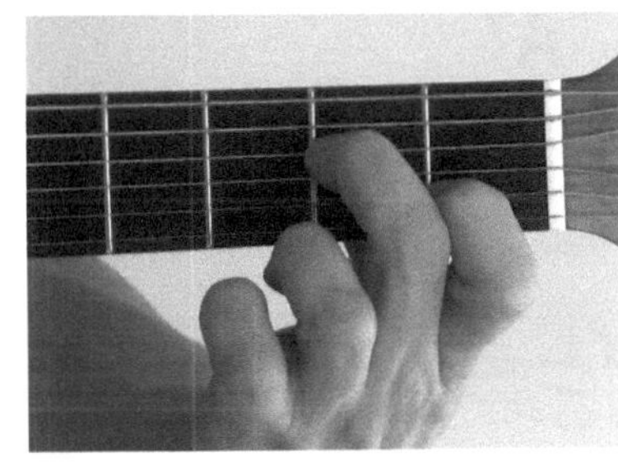

Am⁷

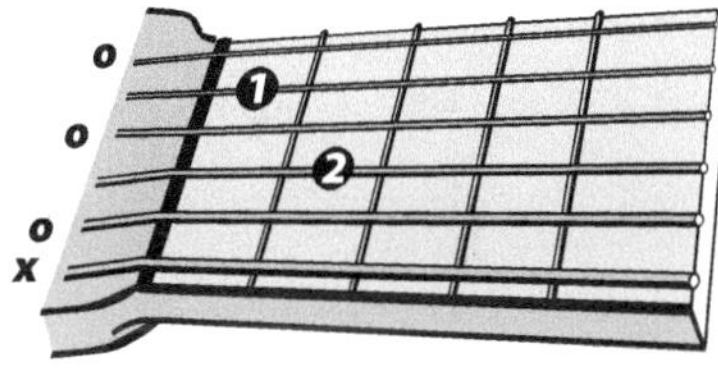

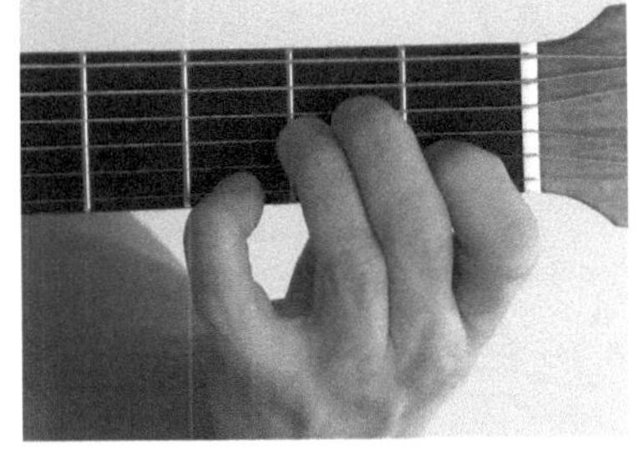

Am⁷

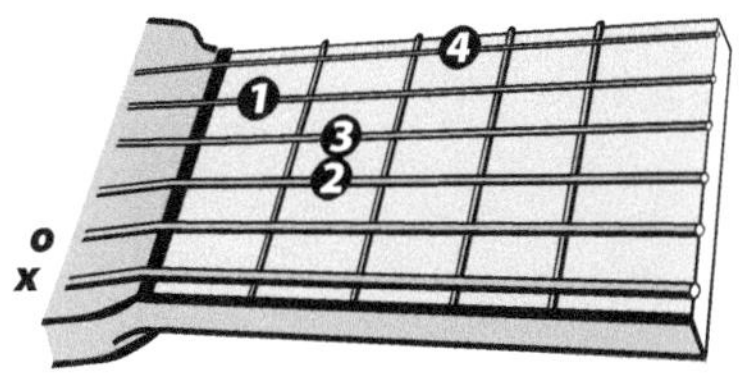

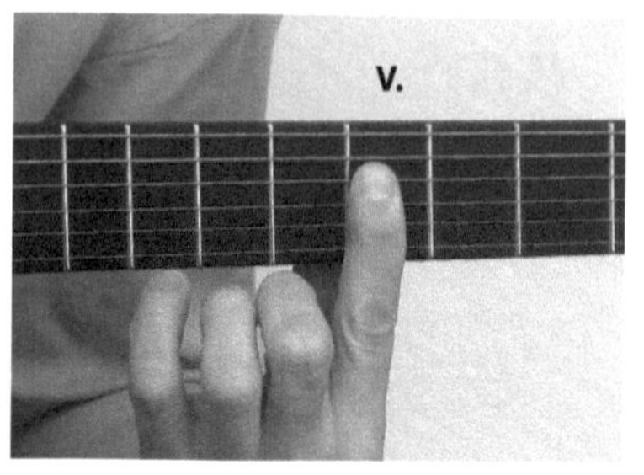

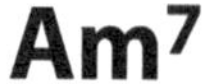

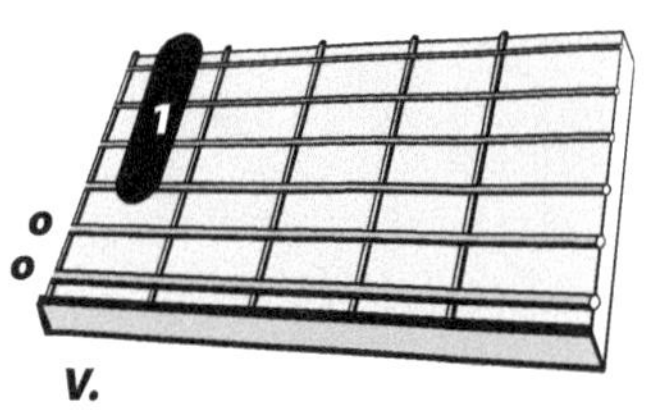

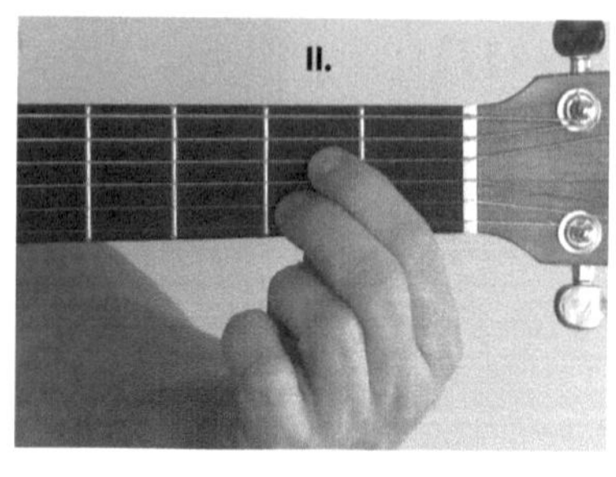

A^7

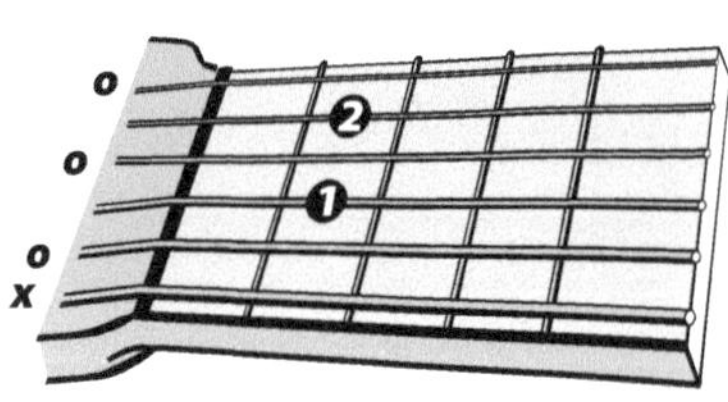

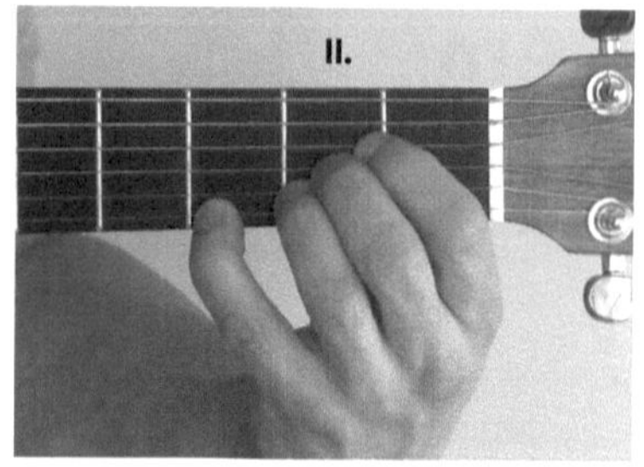

A^7

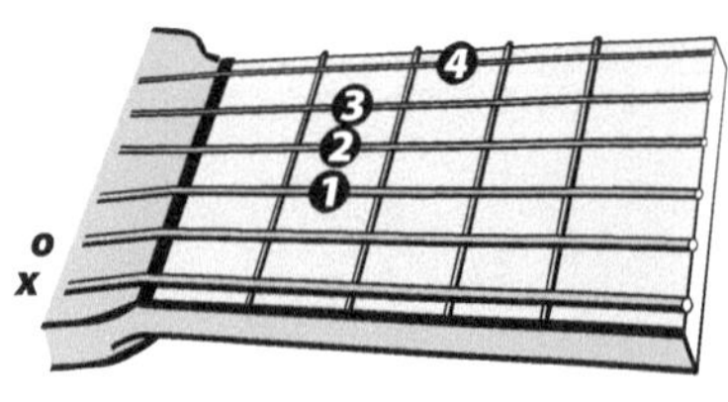

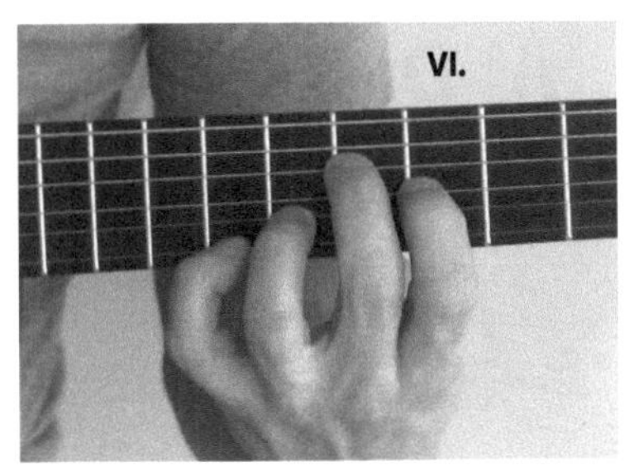

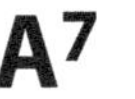

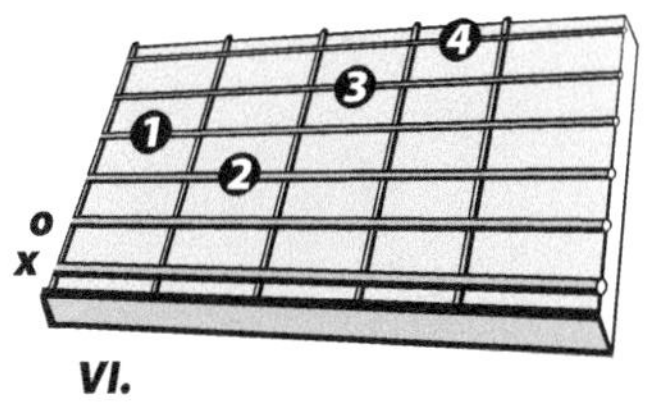

A°

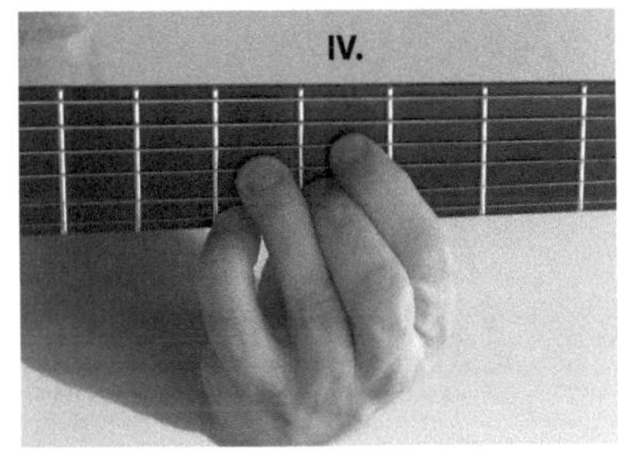

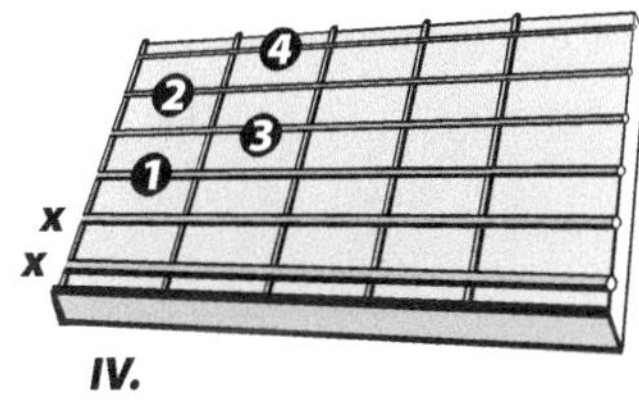

A+

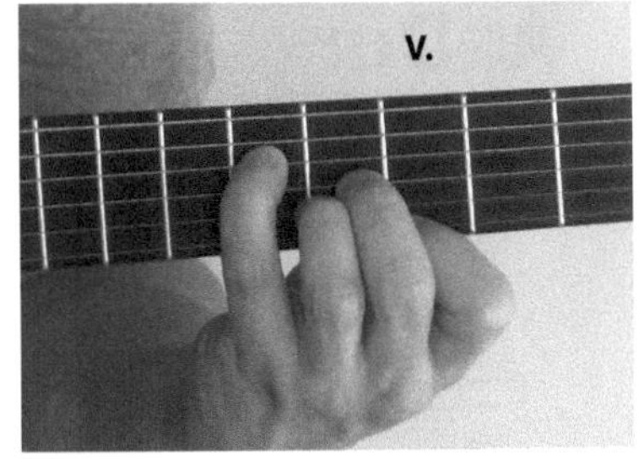

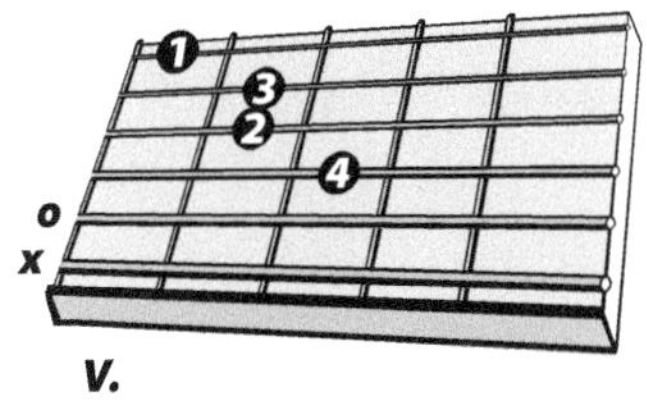

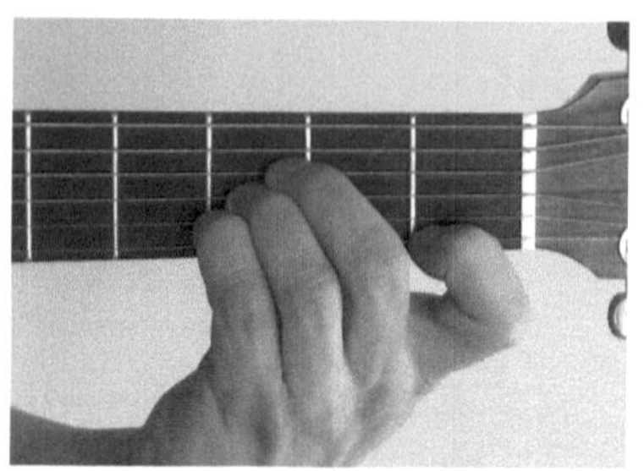

A♯-Dur

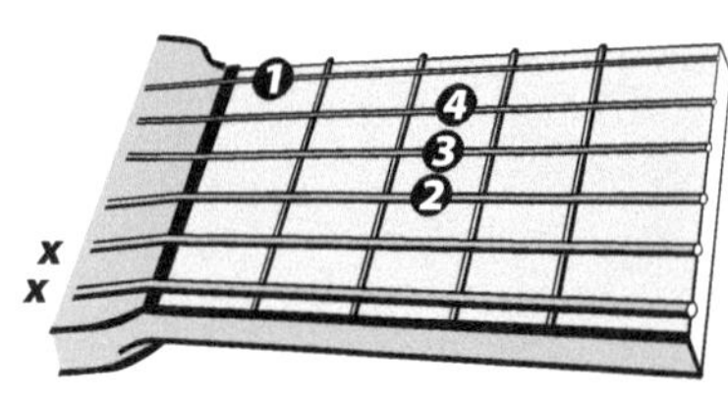

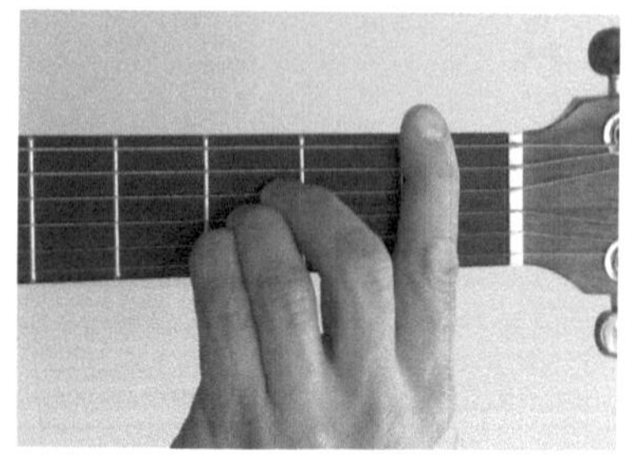

A♯-Dur

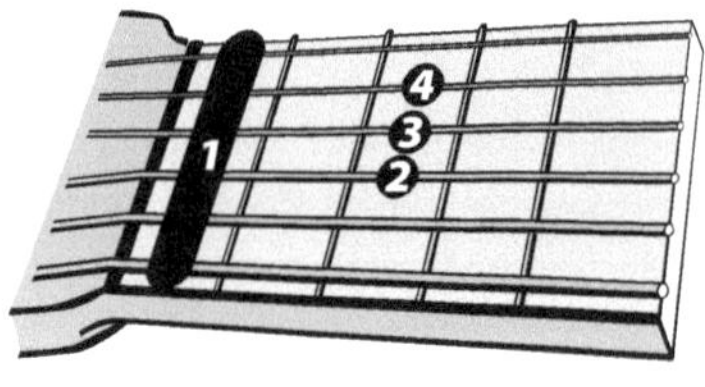

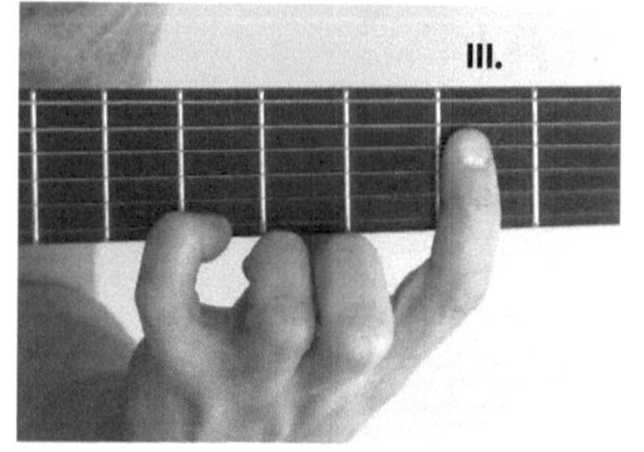

A♯-Dur

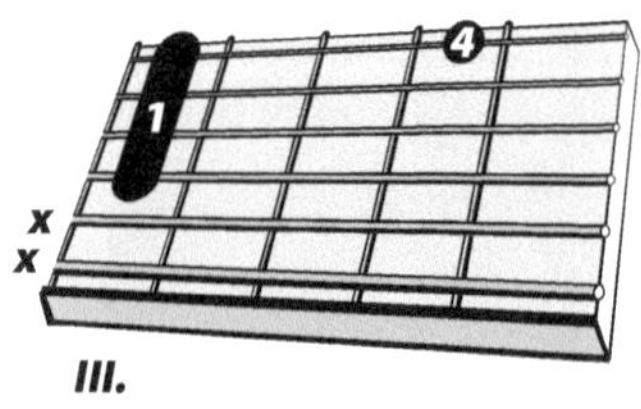

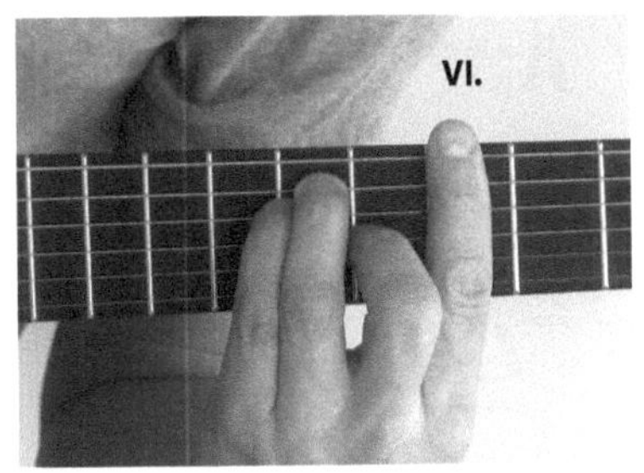

A♯-Dur

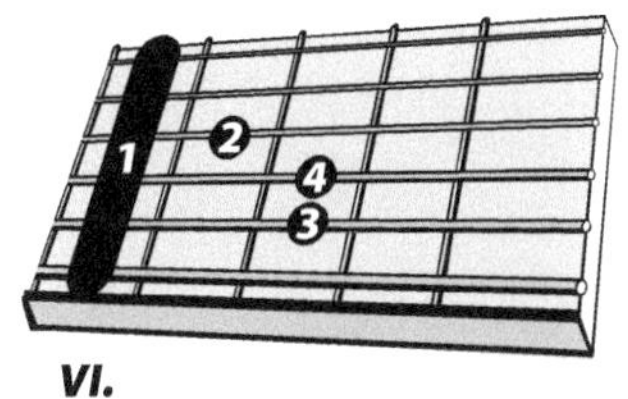

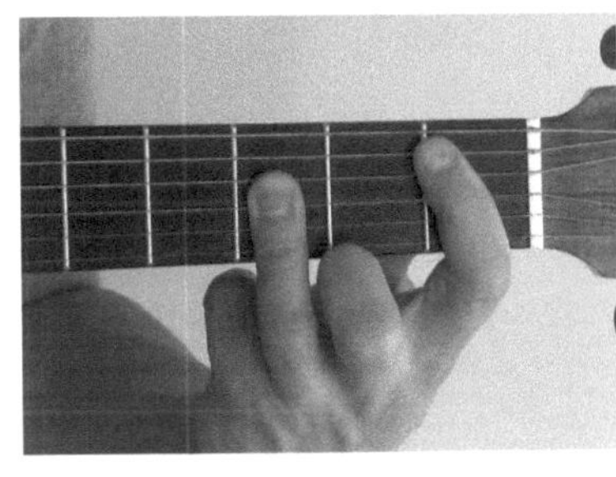

A♯6

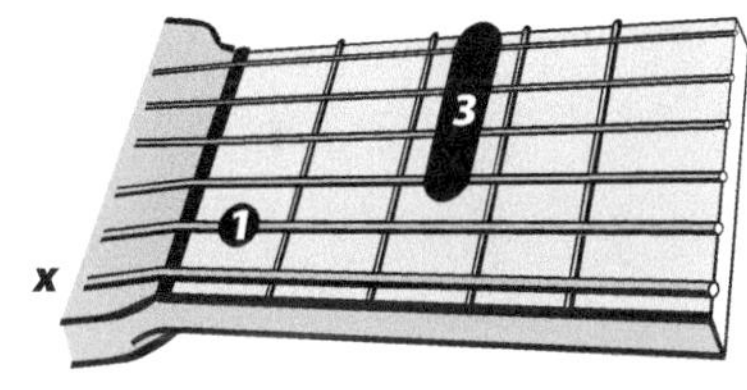

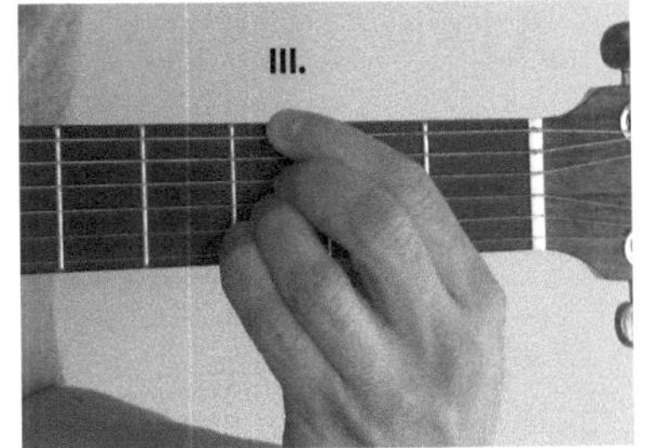

A♯6

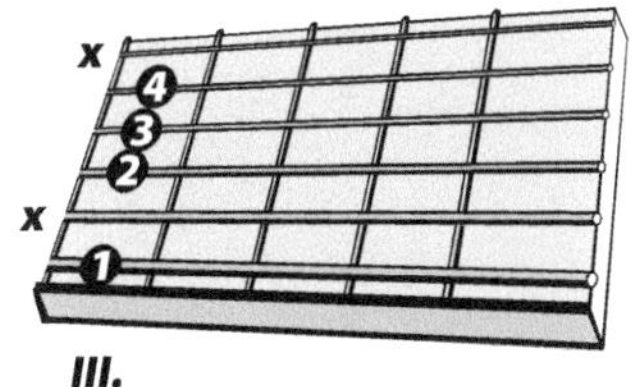

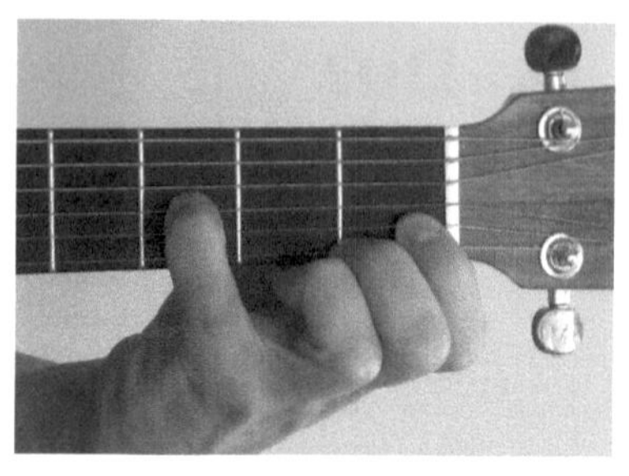

A♯add9

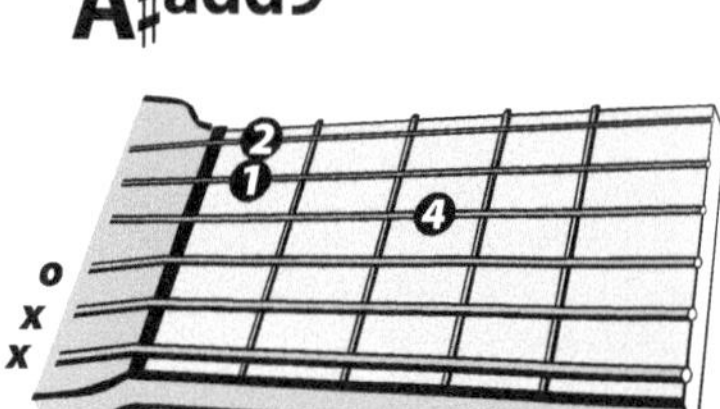

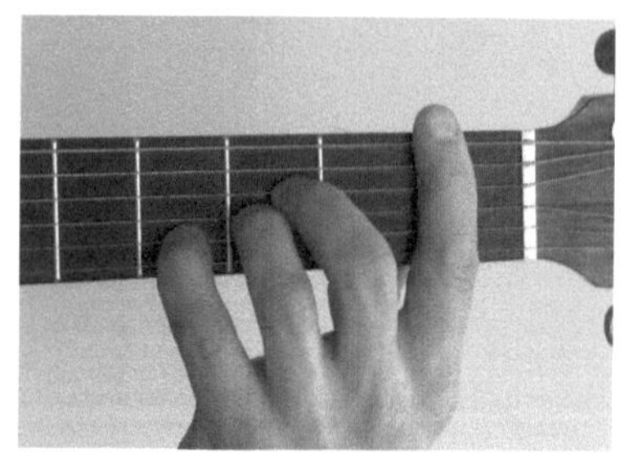

A♯sus4

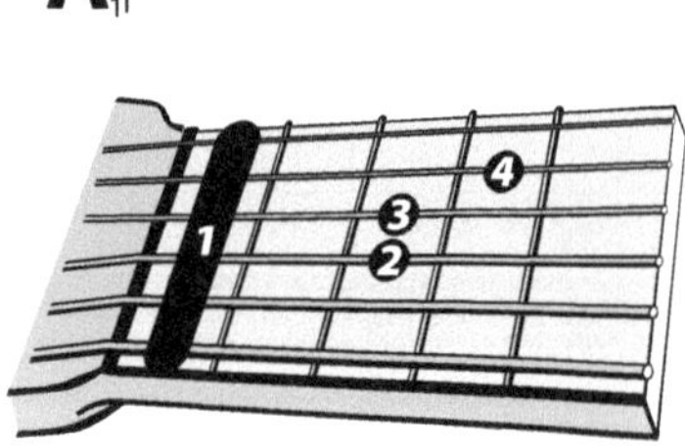

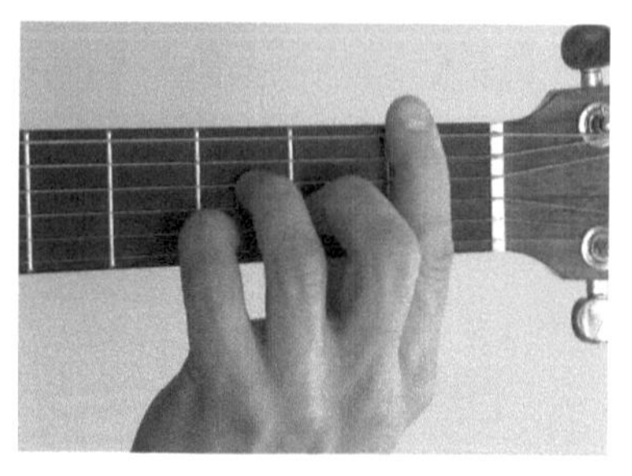

A♯maj7

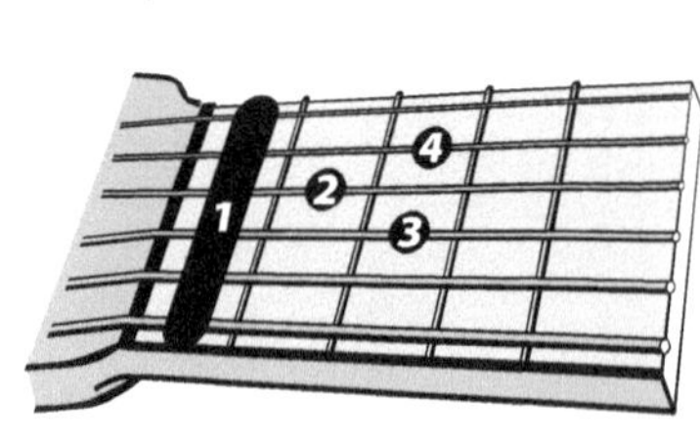

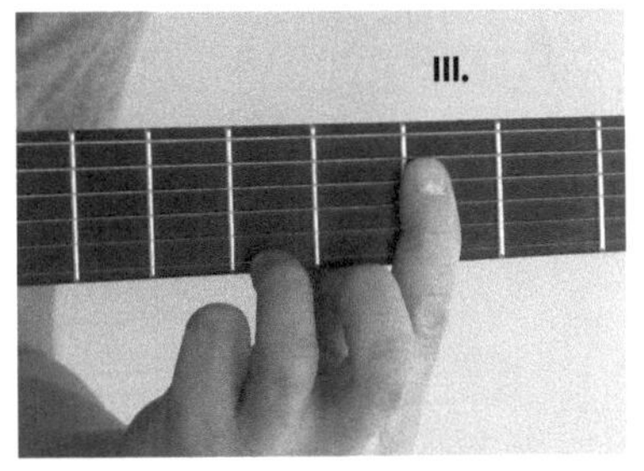

A♯maj7

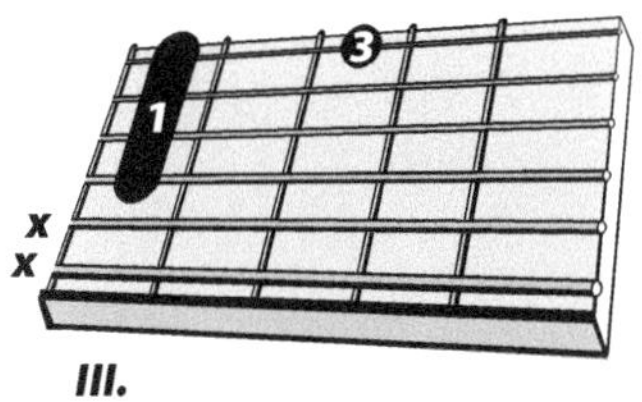

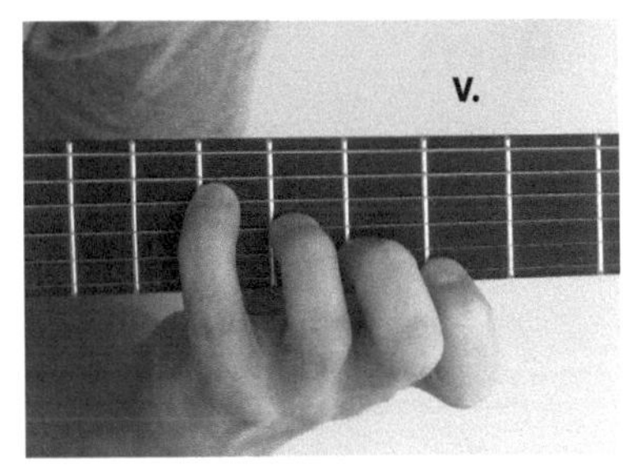

A♯maj7

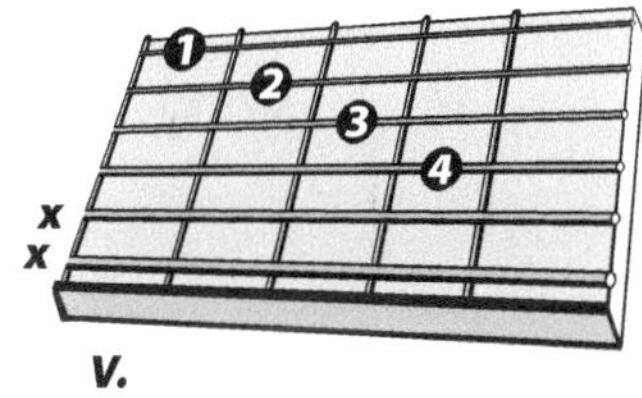

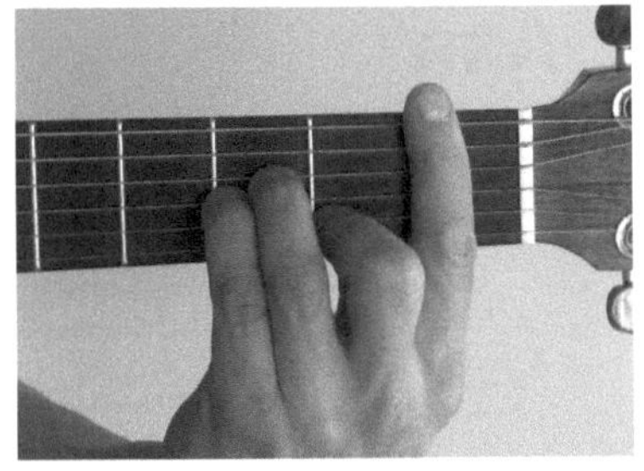

A♯m

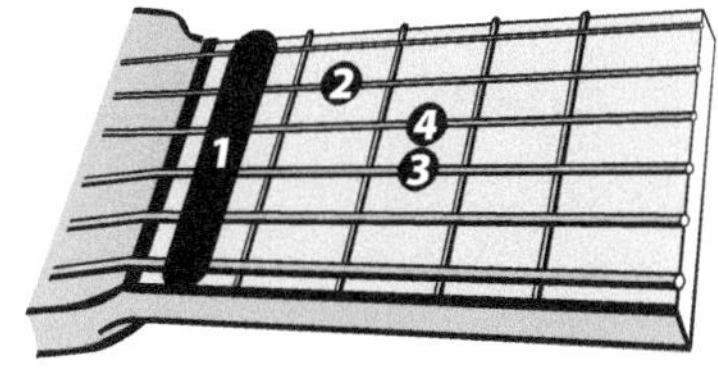

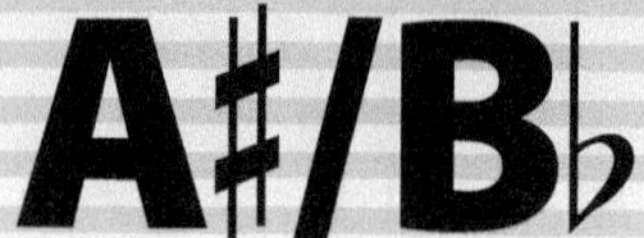

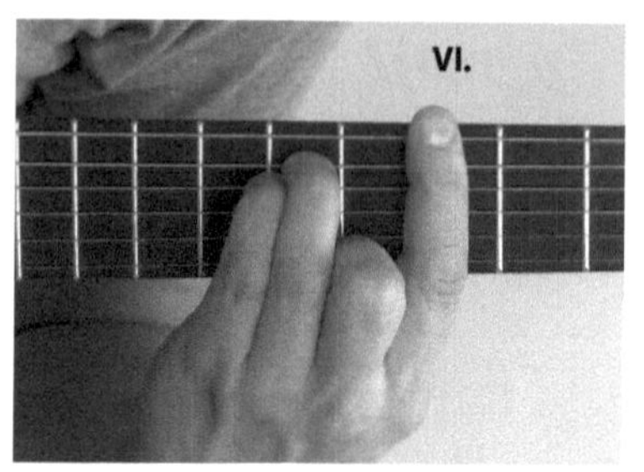

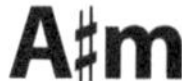

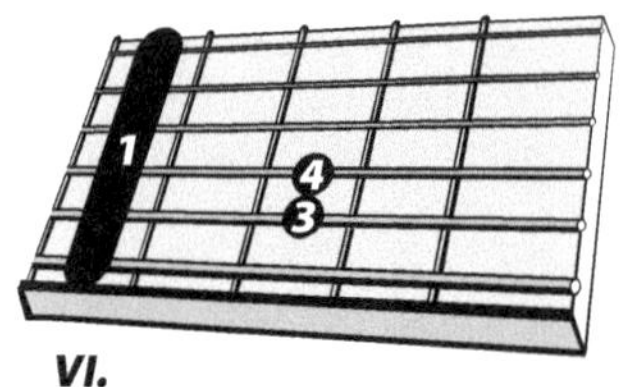

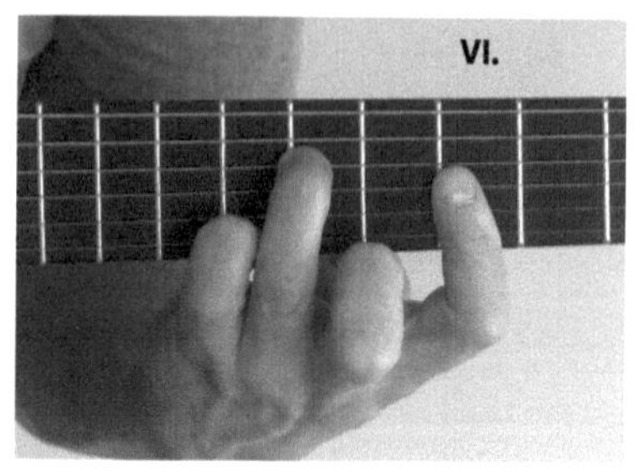

A♯m

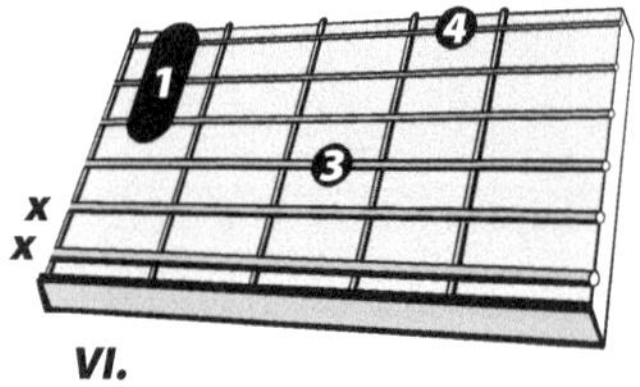

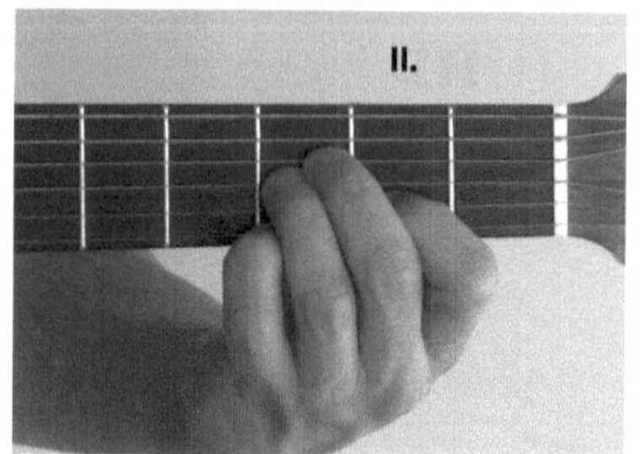

A♯m^6

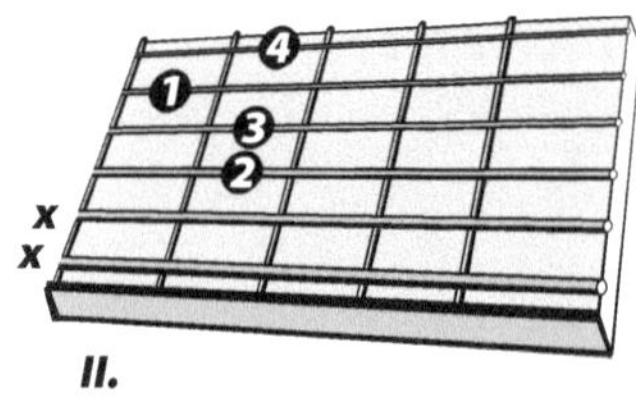

A♯/B♭

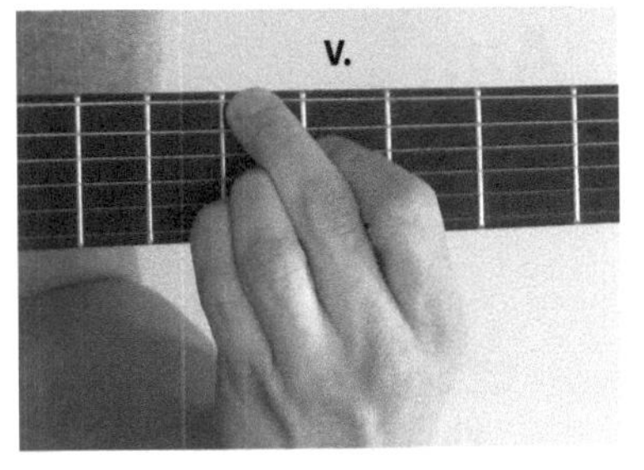

A♯m⁶

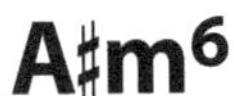

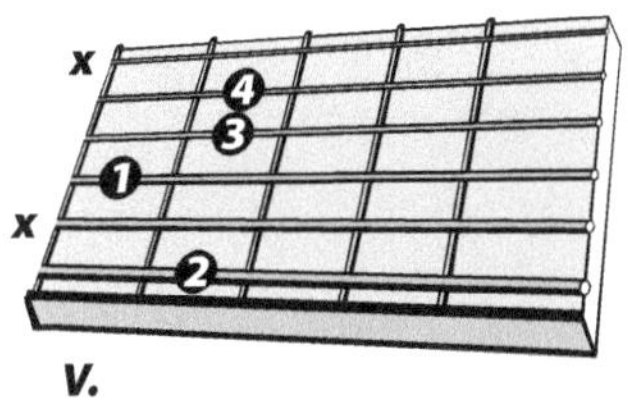

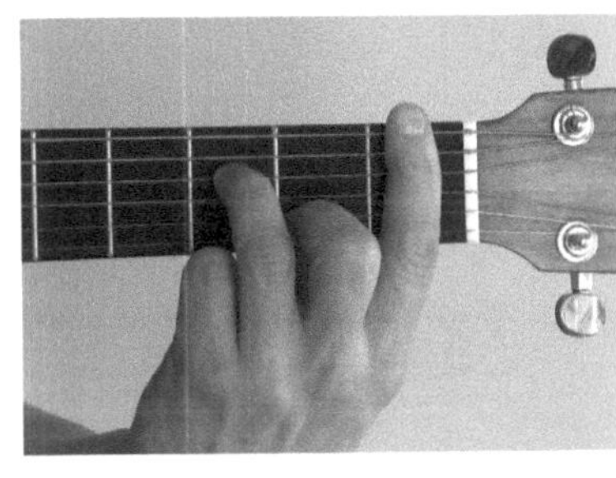

A♯m⁷

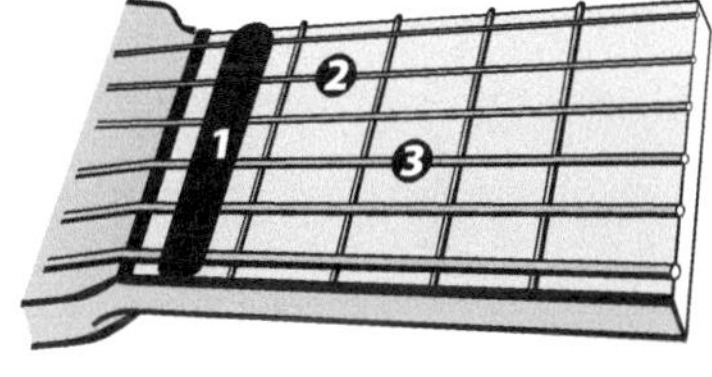

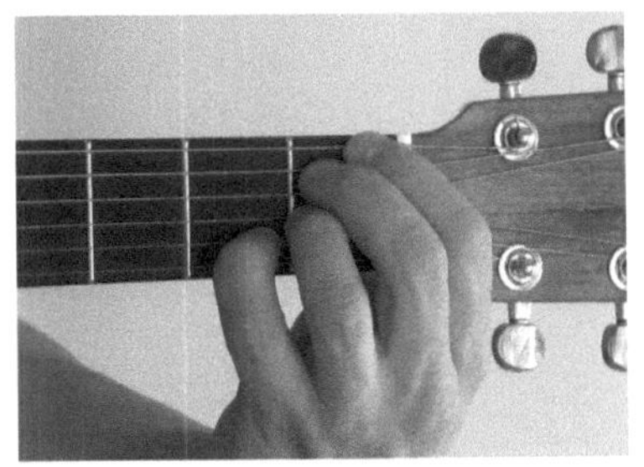

A♯m⁷

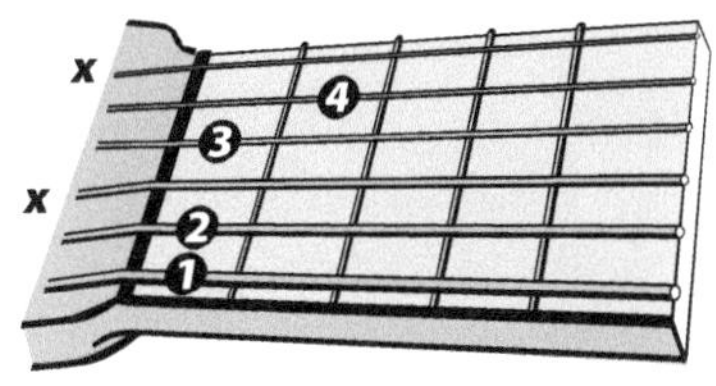

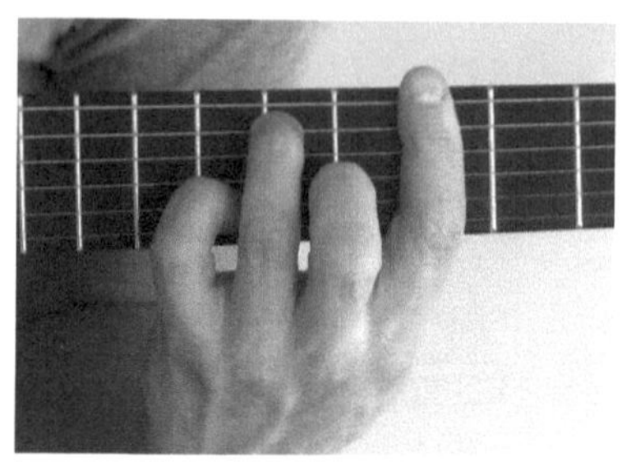

A♯m7

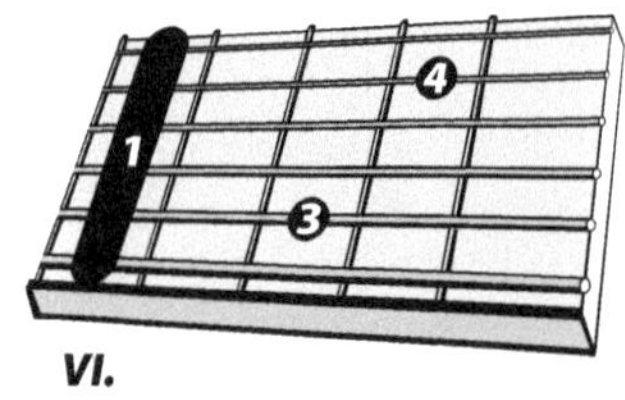

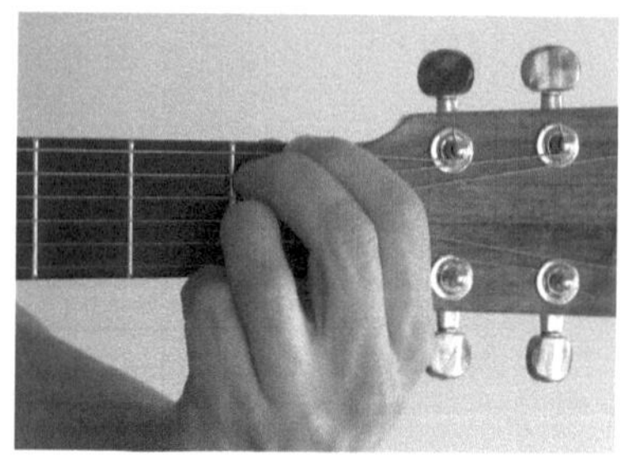

A♯7

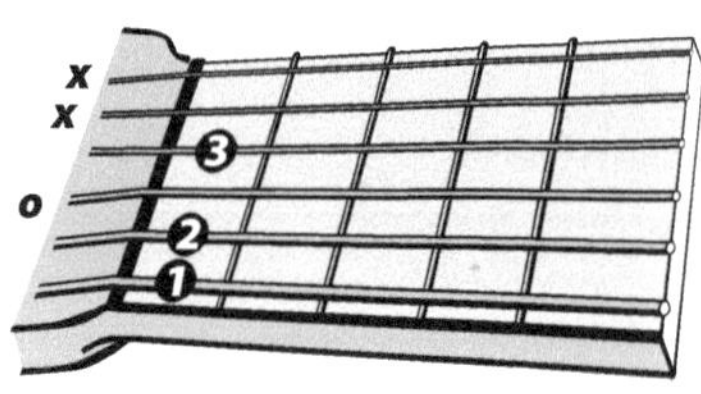

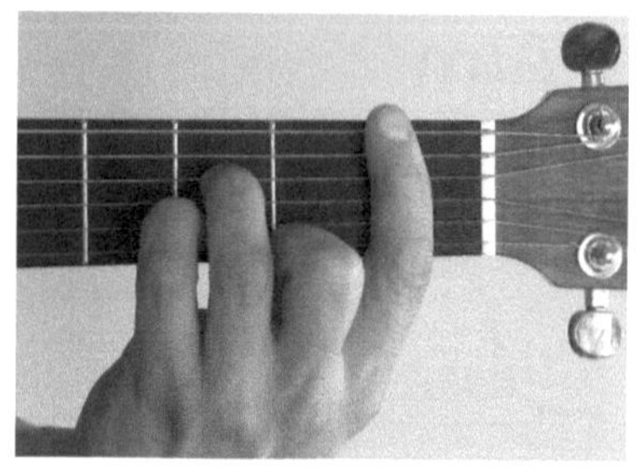

A♯7

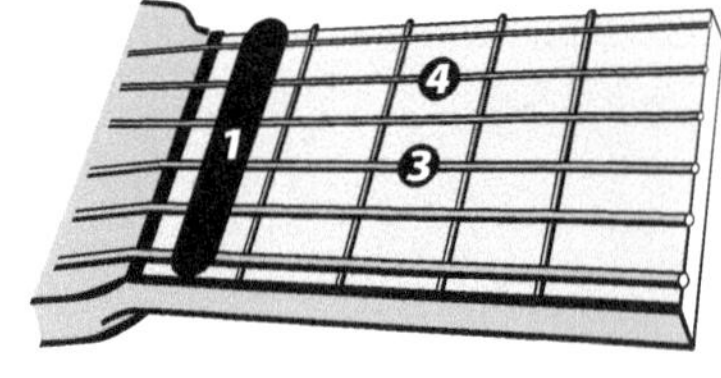

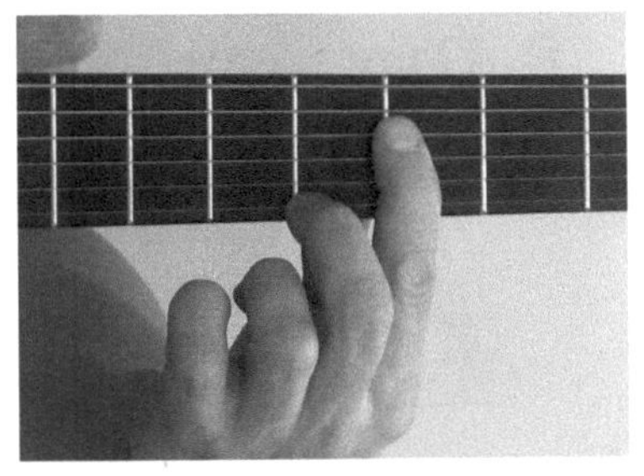

A♯7

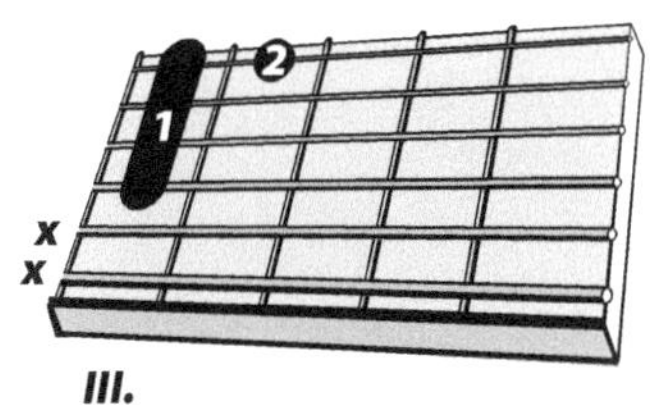

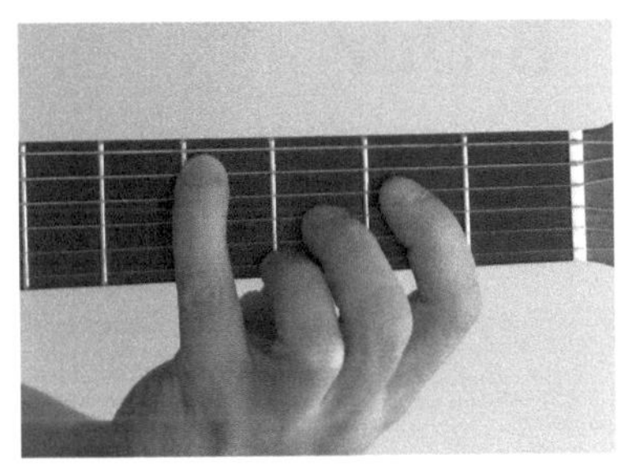

A♯°

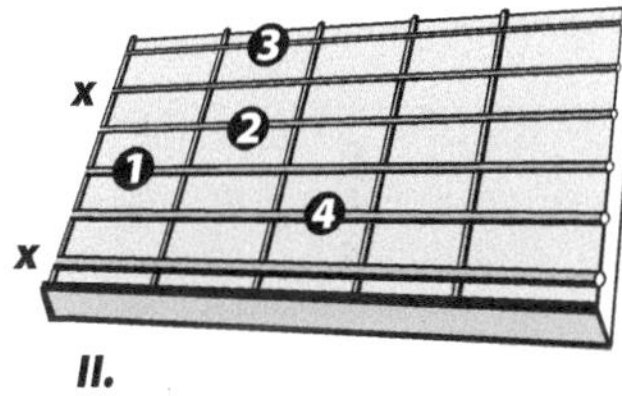

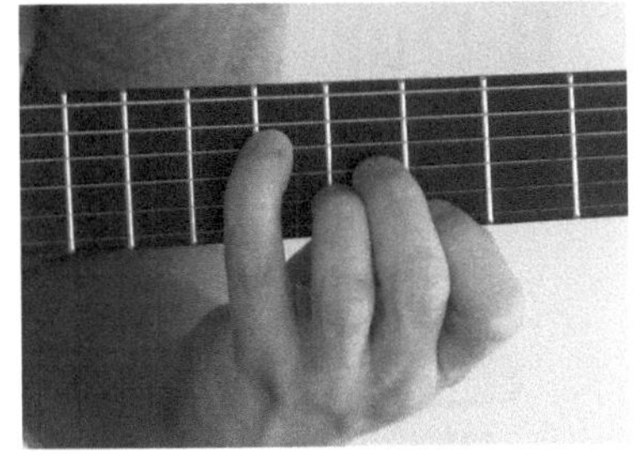

A♯+

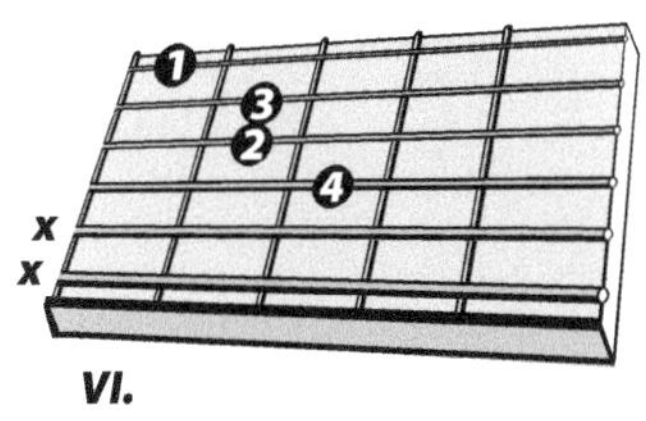

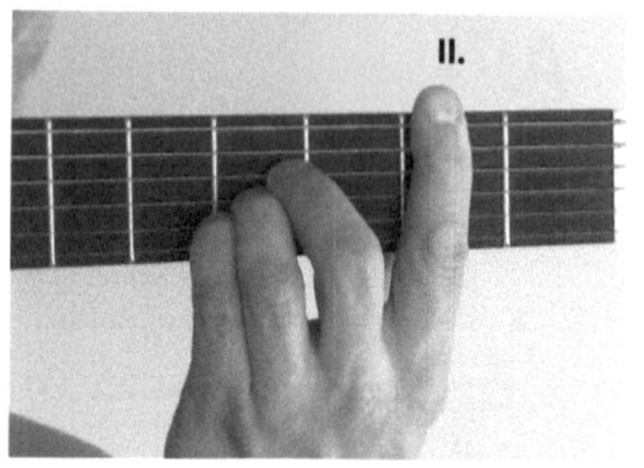

B-Dur

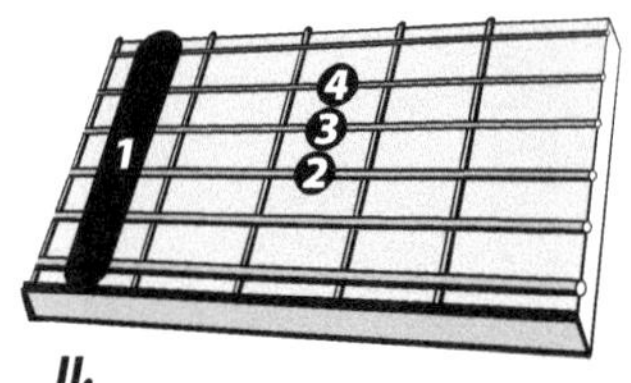

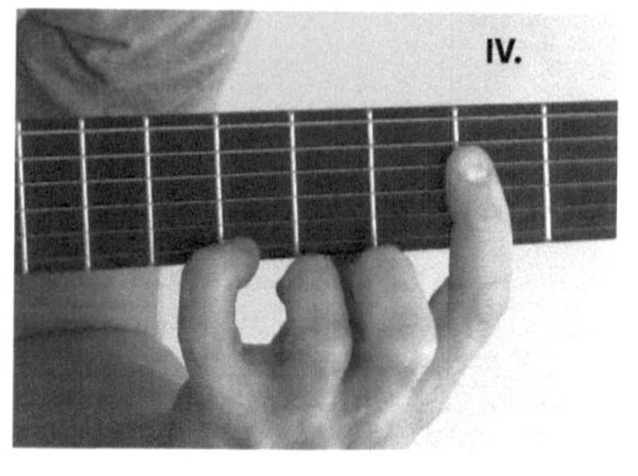

B-Dur

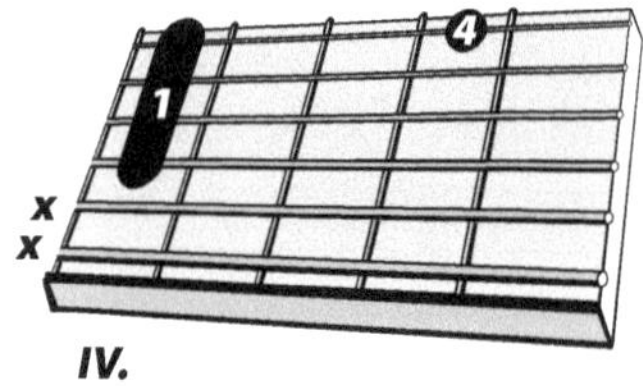

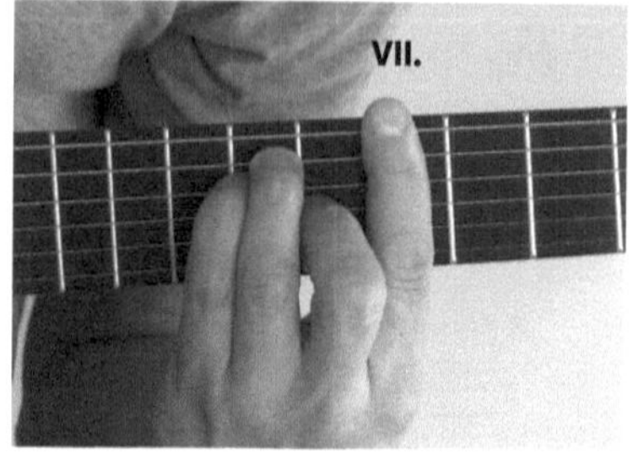

B-Dur

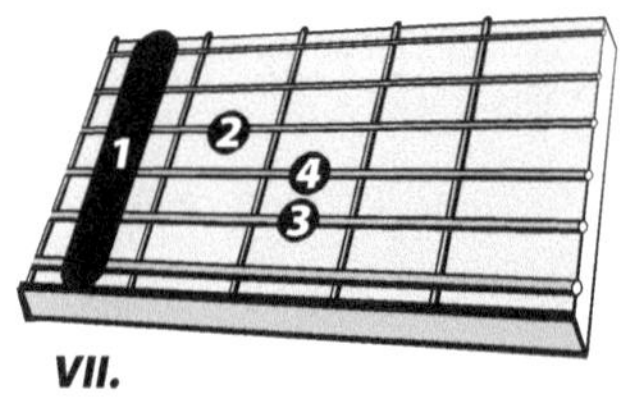

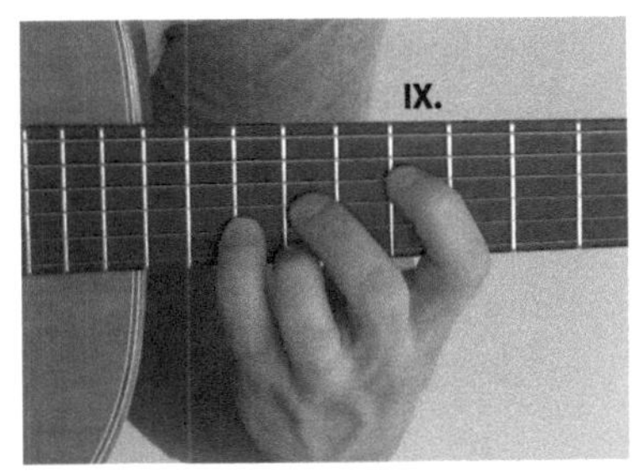

B-Dur

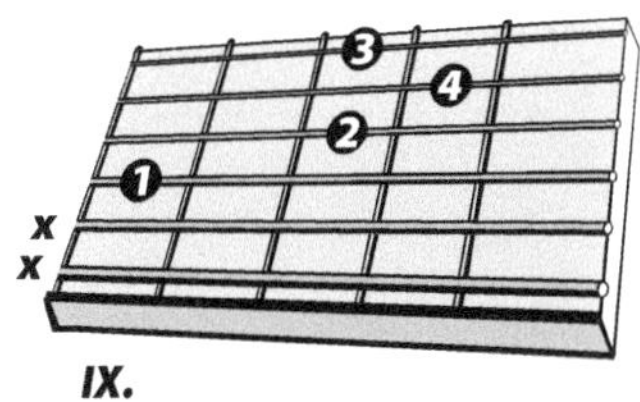

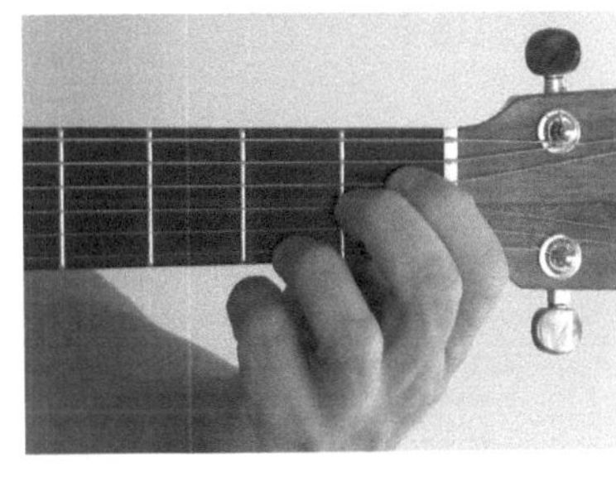

B6

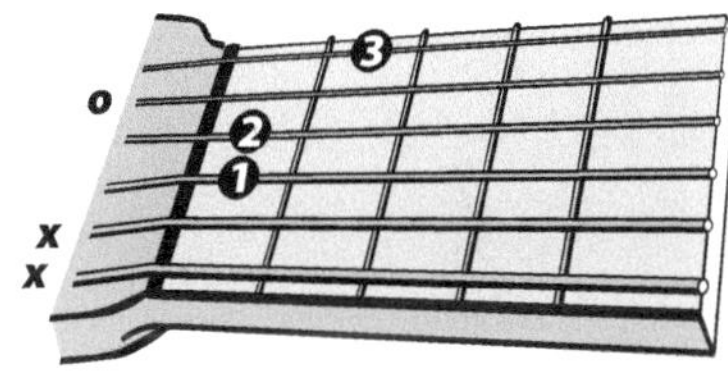

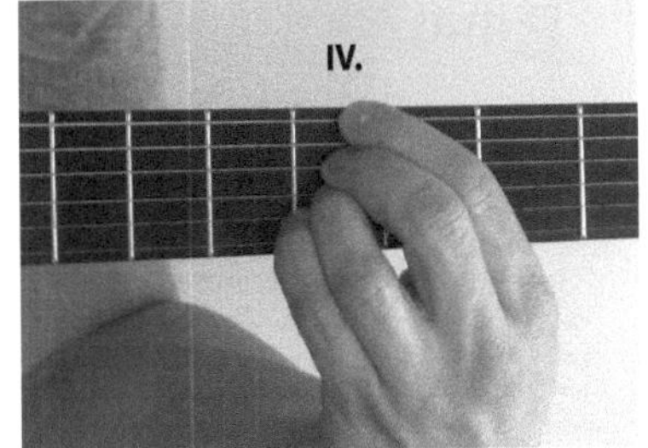

B6

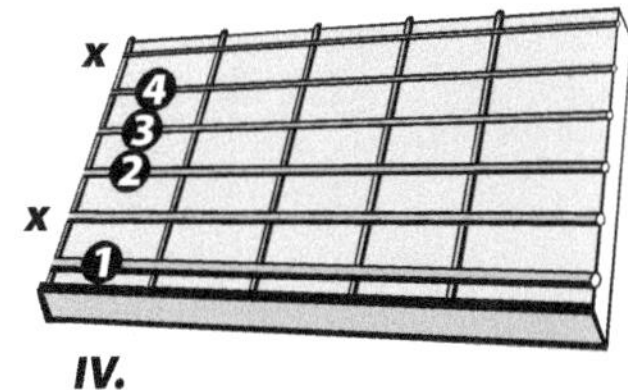

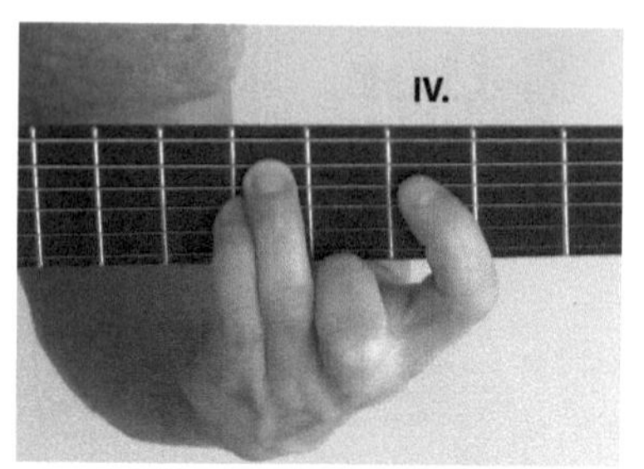

Badd9

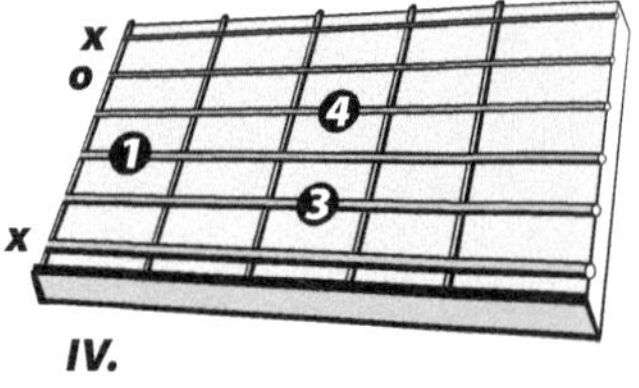

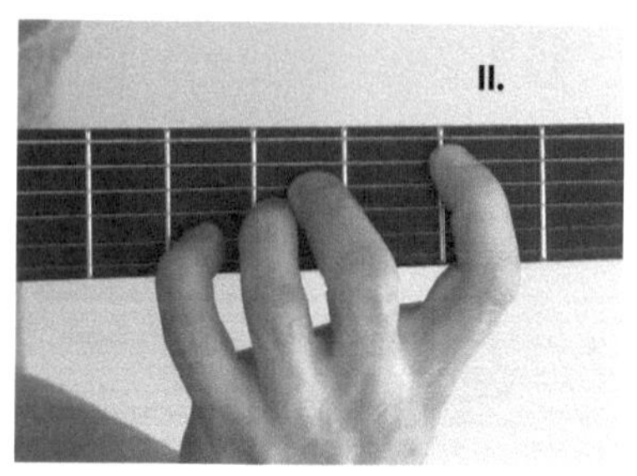

Bsus4

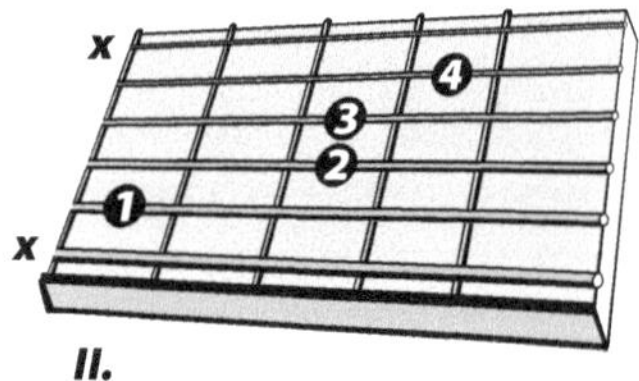

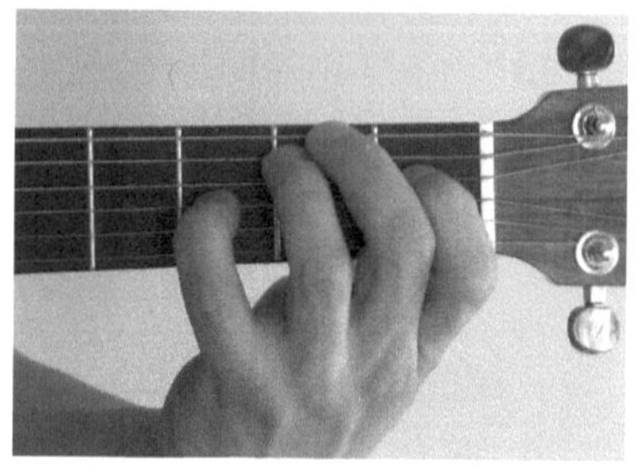

Bmaj7

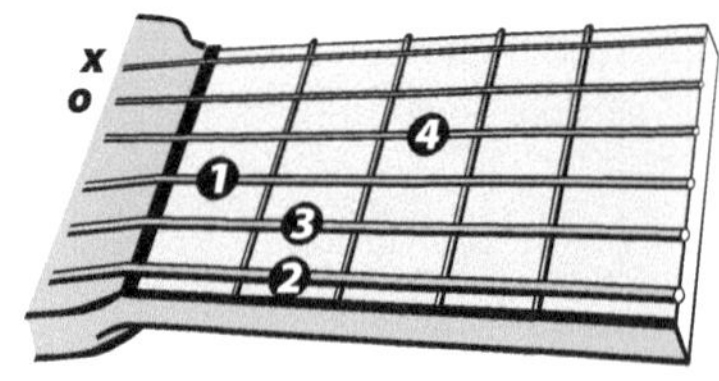

Bmaj7

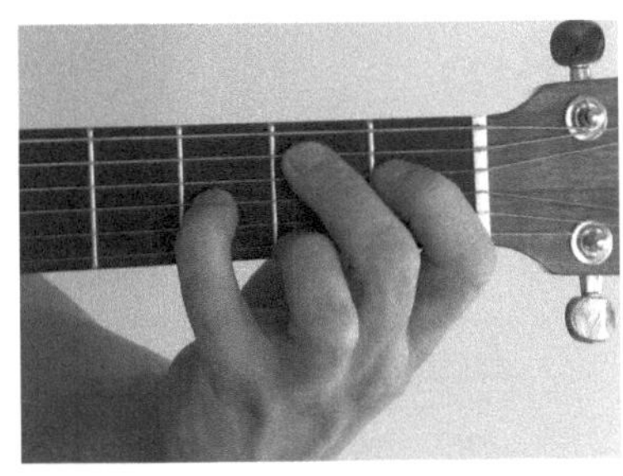

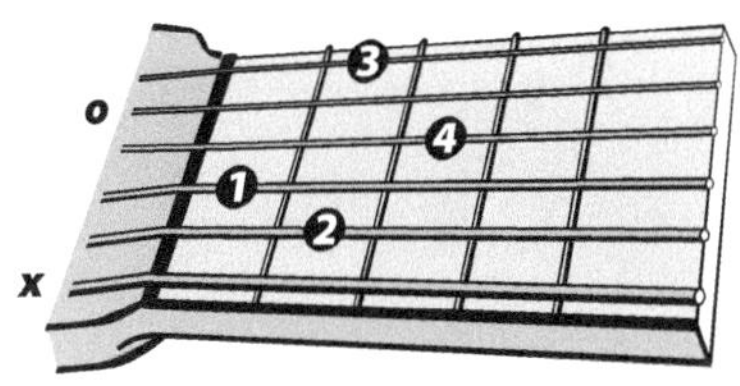

Bmaj7

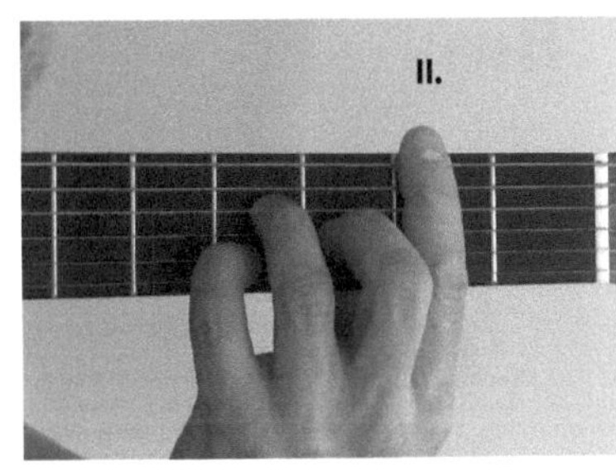

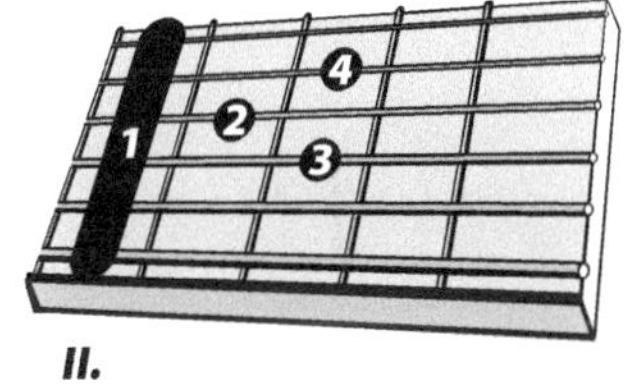

Bm

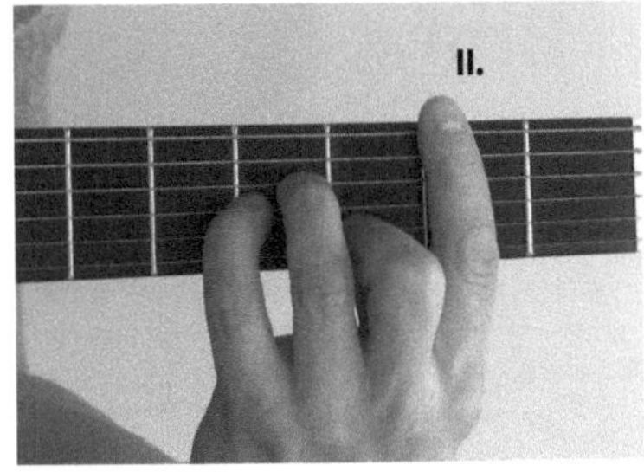

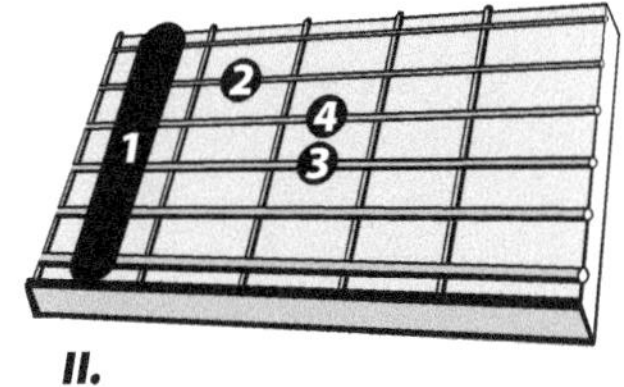

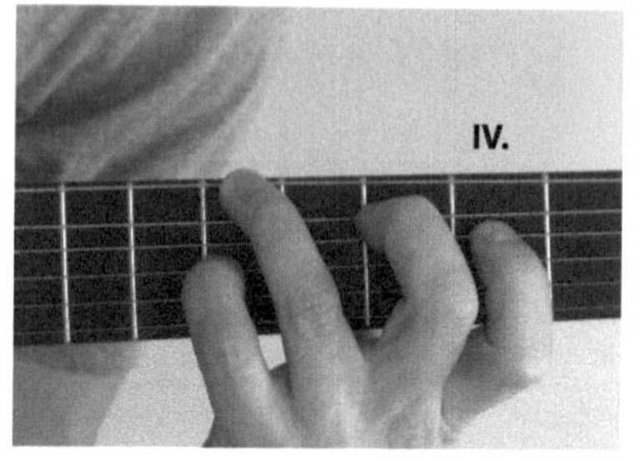
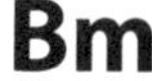

Bm

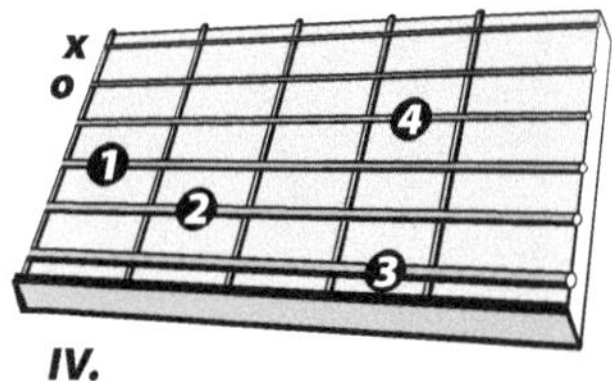

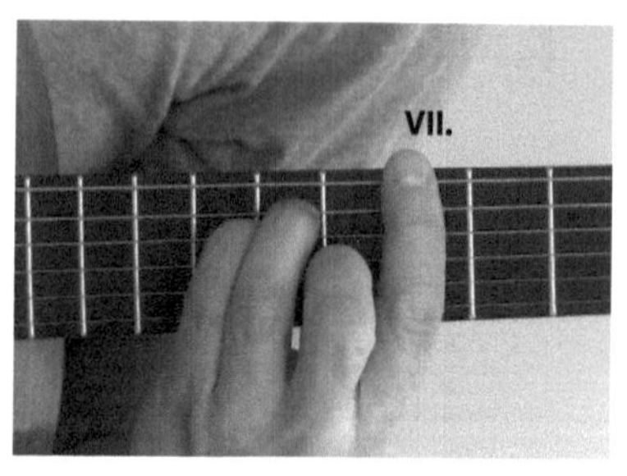

Bm

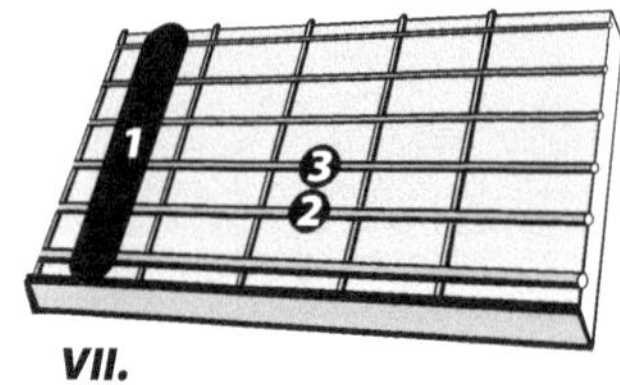

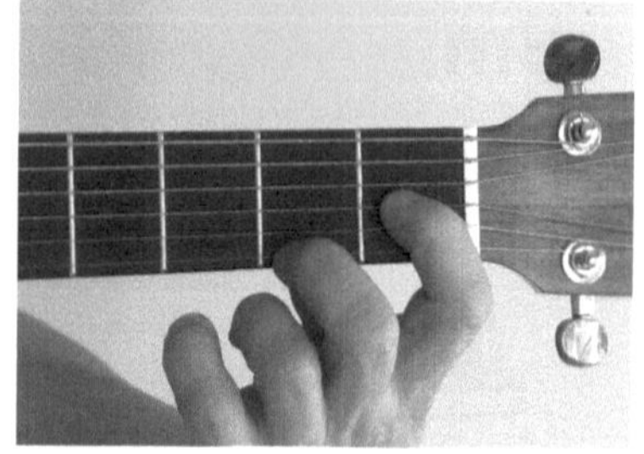

Bm^6

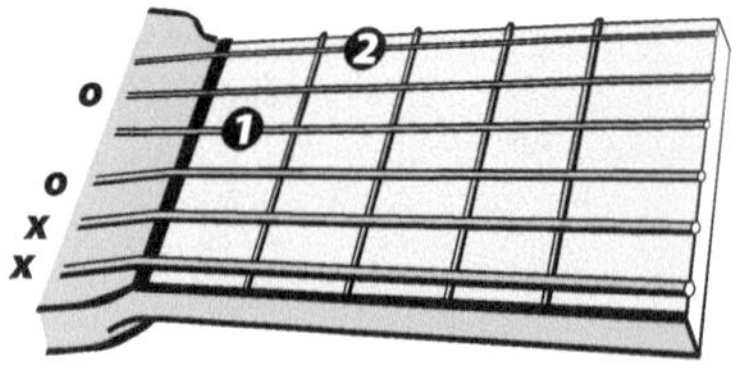

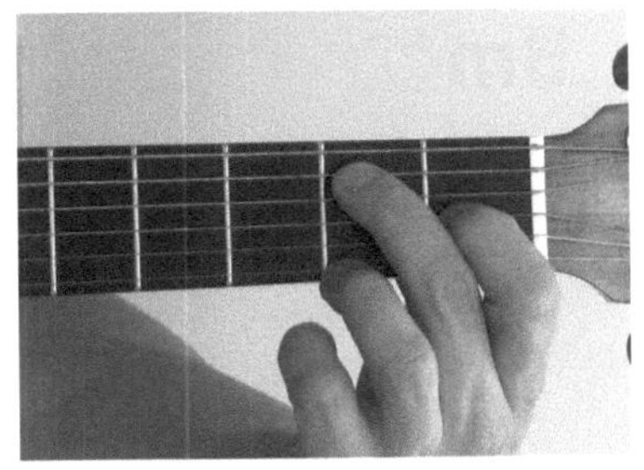

Bm^{6}

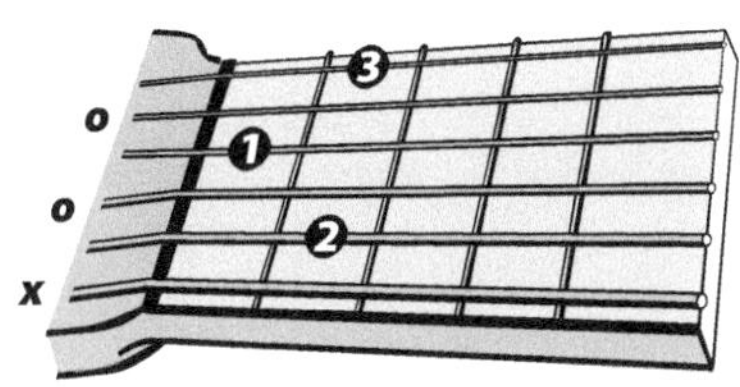

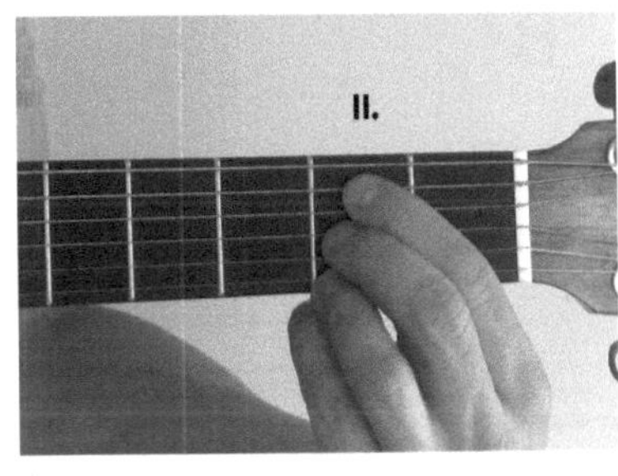

Bm^{7}

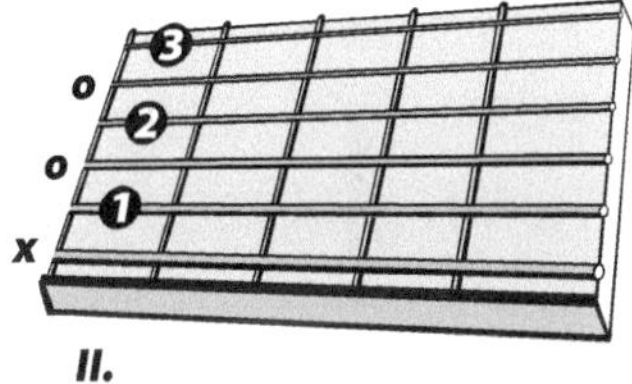

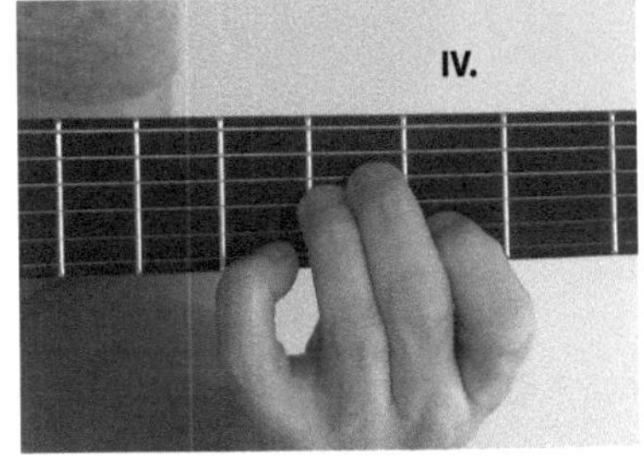

Bm^{7}

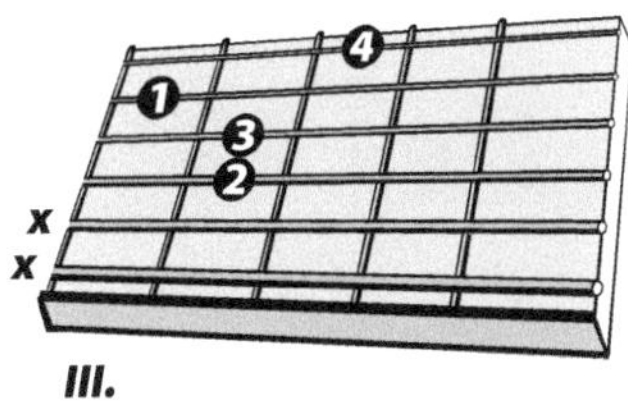

B

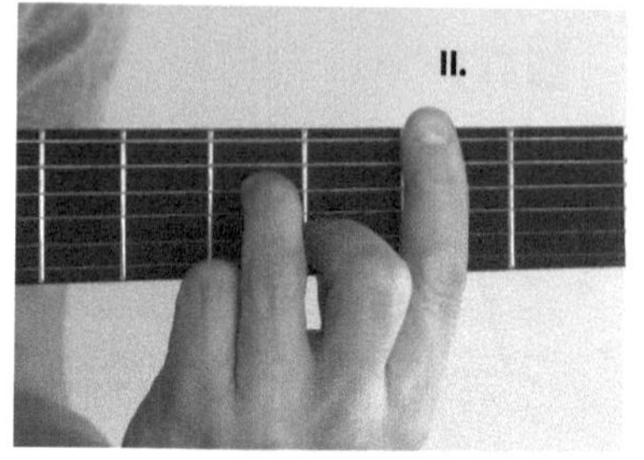
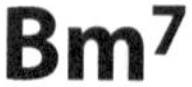

Bm^7

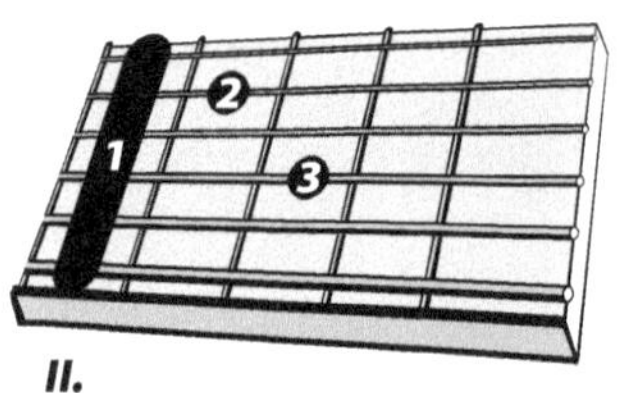

B^7

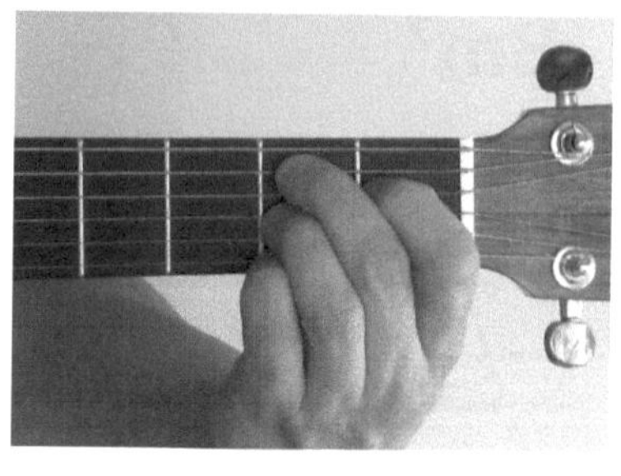

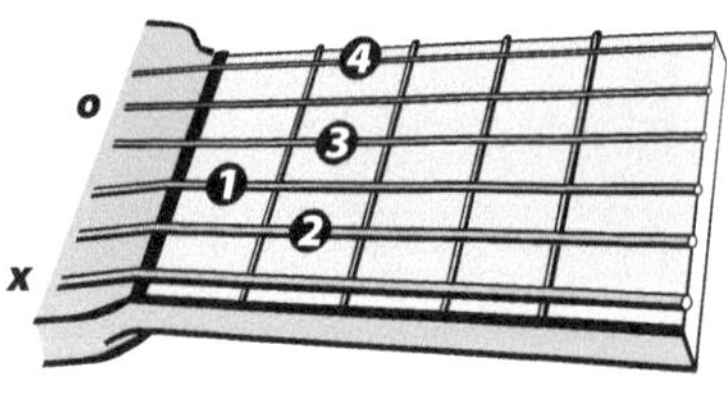

B^7

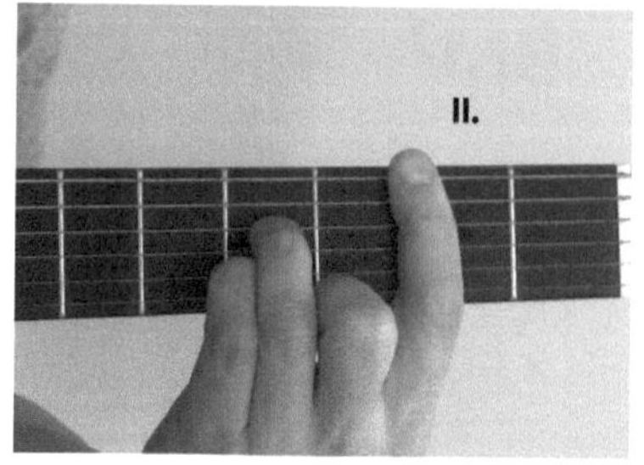

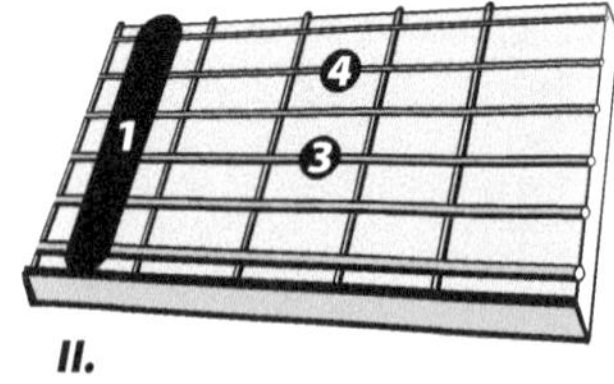

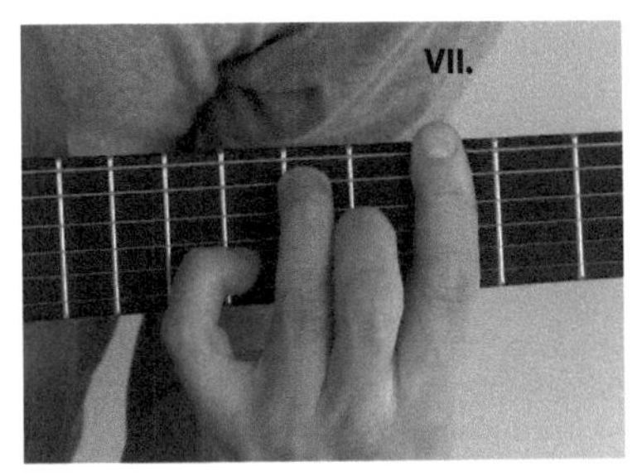

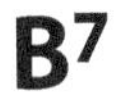

B^7

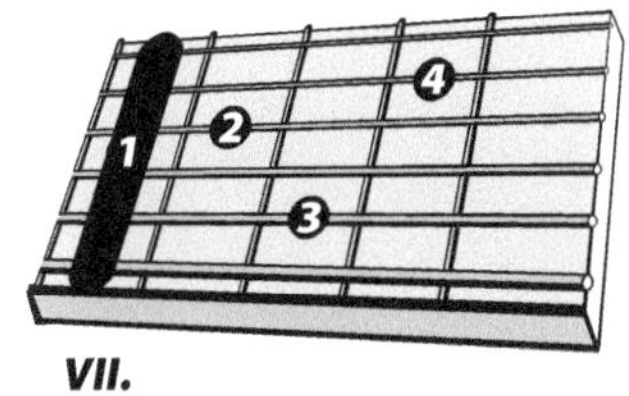

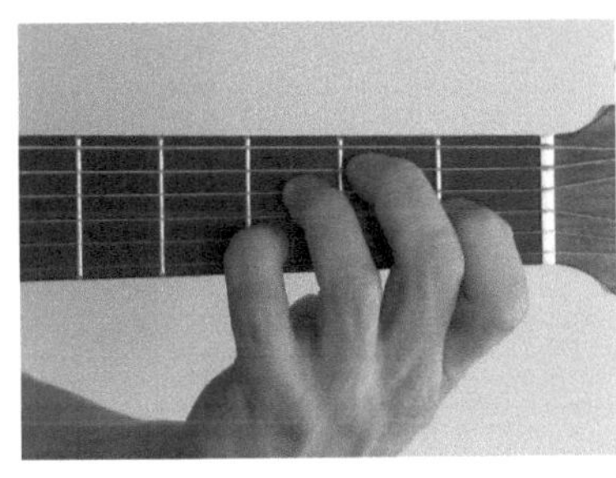

B°

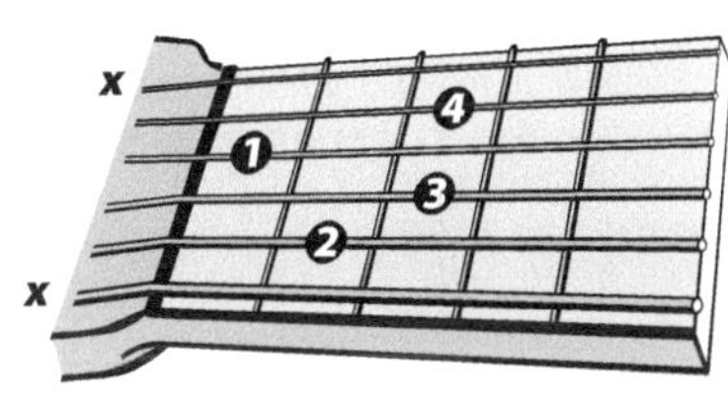

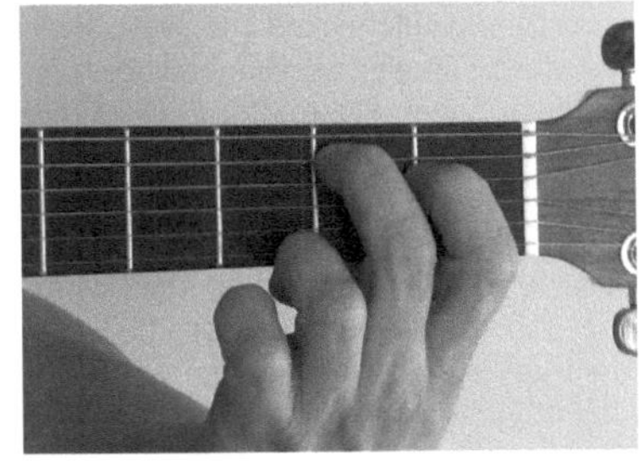

B^+

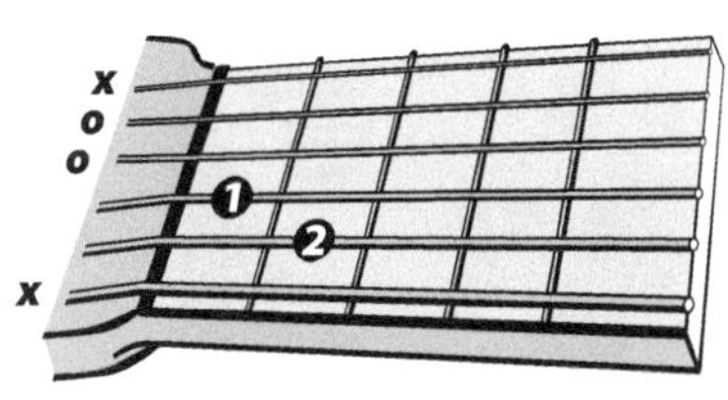

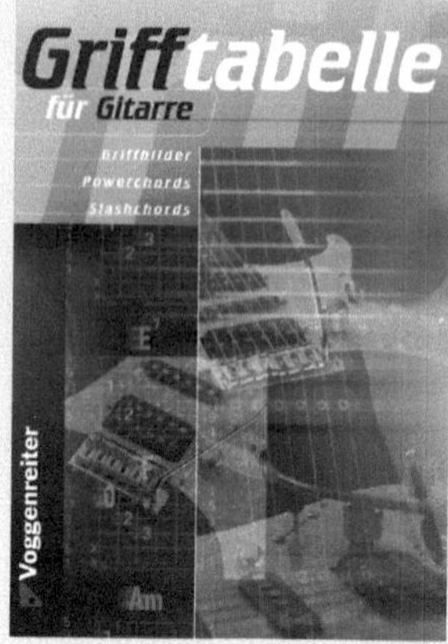

Bessler/Opgenoorth

Grifftabelle für Gitarre

Das unentbehrliche Nachschlagewerk für alle Gitarristen. Hier sind mehr als 4000 Voicings für die gängigsten Griffe der Rock-, Pop- und Jazzmusik zusammengestellt. Alle Akkorde sind nach dem jeweiligen Grundton und den Akkordfamilien geordnet, so dass ein benötigter Akkord schnell gefunden werden kann. Mit Intervallsymbolen für jeden Akkord – so können aus bekannten Akkorden weitere abgeleitet werden.
Außerdem enthält die Grifftabelle eine Übersicht über die einfachen Grundakkorde und Kapitel über Handhaltung und Spieltechnik beider Hände, Akkordsynonyme, Powerchords, Akkordableitungen, eine Akkordskalen-Tabelle für die Improvisation und Literaturhinweise für ein vertiefendes Studium.

Im praktischen Format, DIN A5, 144 Seiten!
ISBN: 978-3-8024-0249-4

„... Dieses Buch ist als Nachschlagewerk absolut empfehlenswert (Hey, endlich weiß ich, welche Skala zu meinem Solo mit dem 7/b9/b13-Chord paßt!)“
(Fachblatt Musikmagazin 1994)

„Die Grifftabelle für Gitarre sieht auf den ersten Blick eher unscheinbar aus, aber das zierliche kleine Buch hat es in sich ... Der theoretische Teil ist gut erklärt, und auch die grafische Aufarbeitung lässt keine Missverständnisse aufkommen. Ein sehr guten Angebot mit hervorragendem Preis/Leistungs-Verhältnis.“
(gitarre & bass 11/2007)

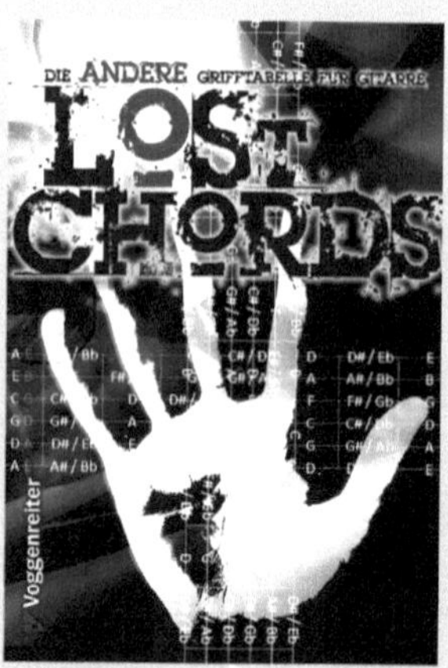

Bessler/Opgenoorth

Lost Chords
Die andere Grifftabelle für Gitarre

Kreative Optionen für Gitarristen!
Die Leersaiten der Gitarre enfalten mit ihrem speziellen Klang eine ganz eigene Magie: Sie klingen voller und kräftiger als gegriffene Saiten. Diese Grifftabelle enthält eine Auswahl der wichtigsten und schönsten Leersaiten-Akkorde, nach Grundtönen und Akkordfamilien geordnet.
Ob als Inspiration für das Songwriting oder als klangliche Alternative – diese Akkorde erschließen dem kreativen Gitarristen interessante Alternativen und Optionen abseits der Standardakkorde und eröffnen neue musikalische Horizonte.

Im praktischen Format, DIN A5, 160 Seiten!
ISBN: 978-3-8024-0682-9